国家出版基金项目
NATIONAL PUBLICATION FOUNDATION

「十四五」时期国家重点图书
出版专项规划项目
第八届中华优秀出版物奖图书奖

中华武术通史

第二卷◎宋元明清

总主编 马学智 崔乐泉
主　编 李吉远 副主编 杨建营

北京体育大学出版社

策划编辑：赵月华　孙宇辉
责任编辑：赵海宁　田　露
责任校对：姜艳艳
封面设计：王齐云
版式设计：北京华泰联合图文设计制作中心
封面题字：柴天麟

图书在版编目（CIP）数据

中华武术通史. 第二卷, 宋元明清 / 李吉远主编
. -- 北京：北京体育大学出版社, 2021.12（2023.9重印）
ISBN 978-7-5644-3502-8

Ⅰ. ①中… Ⅱ. ①李… Ⅲ. ①武术－体育运动史－中国－宋元时期②武术－体育运动史－中国－明清时代
Ⅳ. ①G852.09

中国版本图书馆CIP数据核字(2021)第256318号

中华武术通史　第二卷　宋元明清　　　　李吉远　主编
ZHONGHUA WUSHU TONGSHI DIERJUAN SONG YUAN MING QING

出版发行：北京体育大学出版社
地　　址：北京海淀区农大南路 1 号院 2 号楼 2 层办公 B-212
邮　　编：100084
网　　址：http：//cbs.bsu.edu.cn
发 行 部：010-62989320
邮 购 部：北京体育大学出版社读者服务部 010-62989432
印　　刷：三河市龙大印装有限公司
开　　本：710mm × 1000mm　　1/16
成品尺寸：155mm × 235mm
印　　张：24.75
字　　数：269 千字
版　　次：2021 年 12 月第 1 版
印　　次：2023 年 9 月第 2 次印刷
定　　价：128.00 元

《中华武术通史》丛书编委会

序

武术是中华优秀传统文化的重要组成部分，它文化底蕴深厚，历史传承悠久，至今仍然广泛流行，发挥着重要的体育、社会和文化功能。

党的十八大以来，党和国家的建设事业取得了历史性变革和伟大成就，国际国内形势也发生巨大变化。党的十九大报告正式提出中国发展新的历史方位——中国特色社会主义进入了新时代。2019 年 8 月，国务院《体育强国建设纲要》发布，其中明确指出，要实施中华武术“走出去”战略，要推进传统体育项目文化的挖掘和整理，开展体育文物、档案、文献等普查、收集、整理、保存和研究利用工作。自从 1919 年郭希汾的《中国体育史》系统介绍中国武术以来，历经一个多世纪的学术积累与发展，国内外武术史研究已经取得较为丰硕的学术成果，然则仍显不足。

进入 21 世纪以来，中国社会发展取得巨大成就，中国对世界的影响越来越全面而深入，世界对中国的关注也越来越广泛而深刻。国家发展形势与世界格局发生巨大变化，同时给体育界、文化界、思想界、理论界提出新任务、新课题、新挑战，武术史研究也迎来新局面，进入新领域。如何整体把握中华文明发展演变的历程及其对世界文明的影响与贡献，如何理解中华武术与中华文明的关系，中华武术的总体历史演进脉络如何，武术各门类与流派的起源与发展如何，中华武术的思想内涵与文化价值及演进特点与规律如何，武术在社会生活中与政治、经济、军事、民族关系等是如何互动的，武术在中华传统文化中的地位与影响如何，中华武术的时代精神是什么？这些问题的研究与解决，必将为中华武术在当代社会的弘扬与推广提供坚实的历史支撑与理论基础，对于提升文化软实力，增强中华民族凝聚力，增加中华优秀传统文化在国际社会的吸引力，促进中华文明与世界文化的交流互鉴发挥重要的文化功能与社会作用。

《中华武术通史》系统阐述了武术发展的历史进程及文化成因，把武术历史与文化有机融合，使其更具系统性、条理性、科学性。该丛书的出版丰富了我国体育史的内容，使其更具完整性。该丛书的出版能让世人更加全面、深刻地了解中华民族优秀传统体育的光辉历史及发展脉络，提升中华民族的凝聚力、增强文化自信和加强民族团结，使中华民族优秀传统文化进一步发扬光大，使武术成为世界文明史上一颗灿烂的明珠。

今年是中国共产党成立一百周年，谨以此书向党献礼，这也是我们武术人一种无上的光荣！

是为序。

国家体育总局武术研究院
专家委员会主任
张山
2021年5月

总　论

武术是中华文明与文化发展的重要组成部分，是源远流长的东方传统体育体系中最具特色的文化形态之一。在中华武术日益走向世界的今天，对其在不同历史时期的演进历程进行研究，从弘扬中华传统文化的角度而言，有着更直接的现实意义。

对中华武术的系统研究始于民国初年。1919 年由上海商务印书馆出版、郭希汾（1893—1984）编著的《中国体育史》，第一次对中国武术史做了较为系统的梳理。该书共分十编，其中“角力”“拳术”“击剑”“弓术”等四编属武术史的内容，反映出武术历史已经成为中华古代体育体系中的主要组成部分。尤其是在角力、拳术、器械诸编中再分种属、流派加以论述的体例，对后来中国武术史研究产生了深远影响。

继郭希汾的《中国体育史》之后，20 世纪 30 年代相关武术史专著开始出现。如 1932 年杭州集益合作书局出版的由李影尘编著的《国术史》，成为近代中国第一部武术专门史。该书分列概论、记述、支派、传考、摔角[1]、剑考、剑术、器械、图考

〔1〕摔角：同“摔跤”。

等九章，分别梳理了内家拳、外家拳、潭腿[1]、查拳、短打、太极、形意等的渊源。此书虽然记述极其粗略，但在中国武术专门史的研究方面，有着开创之功。

与上述武术专门史的著述同时，一些武术理论与技术综合性的书籍，开始对武术史的研究有所涉及。如 1936 年武术教育家吴图南（1884—1989）的《国术概论》一书，就在第四章《国术史略》中系统地论述了太极、形意、八卦、少林、通臂等主要拳种的历史渊源和传播脉络，尤其是该书挖掘的清末以来诸拳种流派演变的史实，翔实可信，有着较高的参考价值。

20 世纪 30 年代出现的两位功底深厚、治学严谨的武术史家唐豪与徐震，将早期中国武术史的研究推向了一个新的发展阶段。

唐豪（1897—1959），字范生，中国近代著名武术史学家、体育史学家。曾任中央国术馆编审处处长，20 世纪 50 年代到国家体委从事体育史料编撰工作。先后出版有《少林武当考》《少林拳术秘诀考证》《行健斋随笔》《中国武艺图籍考》等多种武术史研究著述，并参与《中国体育史参考资料》第一至八辑的编写。徐震（1898—1967），字哲东，青年时即酷爱武术，文武兼长，曾任西北民族学院中文系教授。他以科学的态度对武术源流史实进行了诸多研究。先后出版有《国技论略》《太极拳考信录》《太极拳谱理董辨伪合编》《少林宗法图说考证》等多部著作。

唐豪和徐震对武术史研究的重大贡献，一是通过对大量史料的分析与严谨考证，就《易筋经》的来源问题进行了分析，对少

---

〔1〕潭腿：同“弹腿”。

林拳、太极拳源流提出了较为可信的科学结论[1]。二是他们对待武术史研究严谨的科学方法与态度，为后来武术史研究奠定了基础。为取得可信资料，唐豪曾多次到登封少林寺、温县陈家沟等地实地考察，徐震亦多次深入民间挖掘武术谱籍。这种通过实地调研获得第一手资料的实证性研究方法，为后来武术史研究树立了典范。三是为了规范武术史的研究，唐、徐二人对武术文献学、目录学的建立做出了努力。1940 年由上海市国术协进会出版的唐豪编著的《中国武艺图籍考》，将中国武艺分为诸艺、角力、手搏、擒拿、射、弹、弩、枪、棍、戈、戟、刀、剑、斧、干盾、狼筅、镗钯、器制、仪节等，在分类详列有关典籍著述史料的同时，亦介绍了作者的年代以及相关武艺的性质、意义，进行了真伪辨识和价值评判等。同类著述还有《中国民族体育图籍考》和《行健斋随笔》等；而徐震的《太极拳考信录》和《太极拳谱理董辨伪合编》等著述，亦通过对浩繁的太极拳文献的系统整理，就相关文献学和目录学的建立做了尝试性分析。

20 世纪五六十年代，学界就着手对中国武术史进行研究，如在当时国家体委组织的体育史资料搜集整理中，就涉及诸多武术史的史料和研究。不过真正系统的研究和史料整理，则出现在 20 世纪 80 年代。70 年代末由日本松田隆智编写的《图说中国武术史》，经吕彦、阎海译成中文，于 1984 年以《中国武术史略》之名由四川科学技术出版社出版。此书在搜集中国武术史料的基础上，分项介绍了中国武术拳种的历史。该书虽然尚未形成一个完整的中国武术史系统，且缺乏对武术发展规律的整体把握，但

〔1〕旷文楠：《中华武术历史研究的回顾与展望》，《成都体育学院学报》1995 年第 3 期。

对一个外国作者而言，其严肃的治学态度和取得的成绩也是难能可贵的。1985 年，成都体育学院习云太[1]先生编著的《中国武术史》出版，该书第一部分按朝代概述了从远古到现代武术发展的历程，第二部分则以拳种、器械为体系叙述其简要历史与特色。两个部分、两种体系互为补充，较为全面地反映了中华武术发展历史轨迹。在同一时期，随着全国各地掀起修史、撰志热潮，尤其是随着全国武术挖掘整理工作的进行，一些省市（区域性）的武术史志相继出版，如《广东武术史》《湖北武术史》《沧州武术志》等。众多武术史料的挖掘与整理、出版，填补了我国武术史研究的空白，对武术史研究具有深远的影响。

随着中国武术史研究的整体推进，20 世纪 90 年代，以通史性质编撰的武术史研究成果纷纷问世。1993 年，由张纯本、崔乐泉合著的以古代武术为研究主体的《中国武术史》在台北文津出版社出版。该书最大特点是运用诸多文献和考古学史料，按照历史年代分述各朝代武术发展的历史。1994 年，由林伯源[2]编著的《中国武术史》在北京体育大学出版社出版。该书在体系上以朝代为序，先后论述了武术发展的历史，相对于习云太的《中国武术史》，对民国时期和抗日战争时期武术的发展情况做了更详尽的描述，对明清两代的武术论述也更为深入。1997 年，人民体育出版社出版的由国家体委武术研究院组织众多武术史专家编纂的《中国武术史》，仍然采用朝代为序的通史编写方式，上自中国武术的发源，下至 20 世纪 90 年代初。这一时期出现了多

〔1〕习云太：又名“习云泰”。
〔2〕林伯源：又名“林伯原”。

部武术通史著述，在吸收多学科研究成果的基础上，极大地丰富了武术史研究的内涵，标志着中国武术史研究达到了较高的水平。

进入21世纪，在通史性中国武术研究方式畅行的基础上，区域武术史及武术专题史的研究方兴未艾。代表性著述主要有蔡宝忠的《中国武术史专论》、周伟良的《中国武术史》、余水清的《中国武术史概要》、于志钧的《中国传统武术史》、郭志禹的《中国武术史简编》、邱丕相的《中国武术史》等。此外上海体育学院郭志禹教授带领他的博士生分别对中州、巴蜀、吴越、齐鲁、燕赵、陇右、荆楚、岭南、关东、秦晋、闽台、漠南、青藏、西域等地域武术展开深入的研究，先后出版了《中州武术文化研究》《岭南武术文化研究》《滇黔武术文化研究》《关东武术文化研究》等书籍。而其他区域武术史研究成果也陆续问世，如《河北武术文化》《浙江武术文化研究》《大连武术简史》《晚清民国时期的广东武术》等。总体上说，这些论著具有较大的理论及实践价值，它们的出版为进一步认识博大精深的中国武术起到了积极的作用，也表明中国武术研究在向精细化方向发展。

总之，21世纪以来的武术史研究，已经向更宽广、更深入的领域拓展，尤其是相关武术通史、区域武术史、专题武术史等多体例研究成果的出现，进一步拓展了中华武术历史发展的研究范围。

国运盛，体育兴。随着时代的进步和中国当代体育事业的不断发展，人们对悠久的中国武术历史文化也开始给予了更多的关注。而遵循历史唯物主义的原则，应用通史的形式，整理和传播具体的中华武术历史文化知识，则理所当然地成为一项时代的重要工程，也成为武术历史文化工作者责无旁贷的任务。基于上述考虑，在北京体育大学校领导的大力支持下，通过多方论证筹备，2019 年 12 月《中华武术通史》项目的编撰工作正式启动。

《中华武术通史》按照中国古代武术史、中国近现代武术史和中国当代武术史三个大的历史阶段进行划分，以古代两卷、近现代一卷和当代两卷的形式，分别对不同时代中华武术的发展历程进行了研究和梳理。

《中华武术通史》第一卷，以史前文化时期的武术前形态至隋唐五代多元王朝体系中的武术创造为历史区间，叙述了武术第一次从捕食和军事战争中分离出来，人文化成为集德性、审美、礼仪、教育功用为一体的人本精神载体的历史进程，呈现出为日后武术的成熟与发展奠定前提与基础的武术“元历史”阶段的文化形态。

《中华武术通史》第二卷，对宋、元、明、清时期的武术发展做了全面分析。尤其是对宋元民族交流与融合时期武术体系的形成与发展、明代趋于成熟的武术套路与武术拳种流派以及清代完善的武术技术体系及理论体系，做了有针对性的研究。

《中华武术通史》第三卷，全面阐释了清末的社会变革对民国时期武术的影响；在尚武精神和军国民主义教育思潮影响下，民国初年武术的再次勃兴；民国中期武术运动的蓬勃发展；全面抗战到中华人民共和国成立前夕武术运动的开展情况等。

《中华武术通史》第四卷，以 1949 年 10 月 1 日中华人民共和国成立至 1982 年第一次全国武术工作会议召开之间 30 余年的武术发展为研究对象。内容涉及了诸如“国术”易名为“武术”、中国武术协会成立以及党的十一届三中全会后武术迎来新的发展机遇等。1982年第一次全国武术工作会议的召开，拉开了武术发展的新序幕。

《中华武术通史》第五卷，以1990年第11届亚运会和2008年北京奥运会为节点，分别围绕武术管理、竞技武术、传统武术、学校武术、武术科研和武术国际化六个方面横向铺开，纵向贯通，深层次、多维度、全方位叙述了1983年以后中国武术的发展历程。

《中华武术通史》由北京体育大学中国武术学院院长马学智教授和中国体育博物馆崔乐泉研究员担任总主编，第一卷由华东师范大学张震副教授担任主编；第二卷由杭州师范大学李吉远教授担任主编；第三卷由北京体育大学李印东教授担任主编；第四卷由天津体育学院杨祥全教授、北京体育大学李英奎教授担任主编；第五卷由北京体育大学武冬教授担任主编。初稿完成后由马学智教授和崔乐泉教授通读全书并提出修改建议。《中华武术通史》各卷分之可独立成书，合之为一有机整体。参加撰写的学者40余人，其中大多为国内各院校的体育史、武术史、民族传统体育学科研人员。同时我们还邀请国内有关科研机构的专家参与本书的编写工作。

作为一个集体性的项目，本书涵盖了中国武术上下数千年发展的历史，以及武术在长期发展过程中与政治、经济、文化等的交融与影响，因此我们力求在现有的文献资料、考古资料和研究成果的基础之上，于撰写中突出历史性、科学性、全面性和客观性，同时更要有创新性。鉴于《中华武术通史》尤其是当代中国武术史编写的复杂性和难度，我们自项目启动伊始，先后邀请史学理论与史学史研究权威、北京师范大学资深教授瞿林东先生及武术界耆宿张山先生、门惠丰先生等担任总顾问，多次召开座谈会，就提纲的拟定及编写的具体原则征求意见和建议，并召开数次由各卷主编和具体编写人员参与的研讨会，从源头上保证丛书的编写质量。书稿基本完成后，还得到上海体育学院邱丕相教授和苏州大学罗时铭教授的悉心指导。尽管如此，对于这样一部由几十人参与，涉及年代如此之长久、地域如此之广阔、内容如此之广泛、问题如此之复杂的庞大著作，其中的不足和缺陷在所难免，我们诚挚地希望得到读者的批评与指正。

《中华武术通史》在编写出版过程中，得到了国家体育总局武术运动管理中心和武术研究院有关领导、专家的关心、鼓励和悉心的指导；中国体育博物馆、华东师范大学、杭州师范大学、天津体育学院等相关院校、体育科研机构给予了无私的帮助和大力的支持。

作为国内知名体育专业出版机构，北京体育大学出版社承担了《中华武术通史》的编辑出版工作。在赵月华副社长带领下，出版社成立了《中华武术通史》项目组，闫翔社长、郭晓勇总编辑亲自承担审读工作，并给予项目极大支持。孙宇辉、赵海宁、田露、姜艳艳、吴珂、韩培付、吕哲等老师，以认真负责的精神和饱满的热情，组织统稿会、审读书稿、提出修改意见和建议，做了大量的编审校工作，正是他们的辛勤努力使得本通史能够顺利出版。就在即将完成全部编辑工作之时，经北京体育大学出版社申报，《中华武术通史》被列为2021年度国家出版基金资助项目，这不仅是北京体育大学出版社首次获得国家出版基金项目资助，也是体育类专业出版社近年来首次入选该项目。

在《中华武术通史》付梓之际，我们向所有关心、指导、支持和帮助过我们的同志，向全国各相关单位的朋友表示衷心的感谢！

马学智　崔乐泉

2021年5月12日

目　录 Contents

绪 论

本卷是《中华武术通史》第二卷，朝代历经宋、（辽[1]、西夏、金）元、明、清，时间跨度大体自907年至1900年，以清末义和团运动失败作为本卷终止时间点。本卷所述，大体正是中华武术的成熟期和繁荣期[2]。

在中国封建社会的历史文化演进中，宋代（960—1279）是一个承前启后的朝代，"华夏民族之文化，历数千载之演进，造极于赵宋之世。后渐衰微，终必复振"[3]。20世纪70年代，台湾学者傅乐成先生提出"唐型文化"与"宋型文化"，他认为唐型文化表现为兼容并蓄、开放活泼，尤其是安史之乱后回归中国文化本位，儒学复兴，是一种士族文化；而宋型文化则表现为高度成熟、发育定型、向内收敛，是一种庶族文化[4]。从唐型文化转向宋型文化，其中有着复杂的政治、经济、文化内因，这在宋代武术史上亦有所表现。960年，后周大将赵匡胤发动"陈桥兵变"，建立宋朝，史称北宋（960—1127）。1127年，金国

〔1〕907年由契丹建立的辽，实际建国时间早于宋，为了研究便利，将辽、金、西夏、元由我国少数民族建立的政权一起研究。

〔2〕周伟良：《古代武术的历史分期及其基本特征研究》，《中华武术（研究）》2012年第7期。

〔3〕陈寅恪：《金明馆丛稿二编》，第2版，生活·读书·新知三联书店，2001，第277页。

〔4〕苗叶芳：《唐型文化和宋型文化的区别——以唐宋文人及其诗词创作为例》，《沧桑》2010年第6期。

攻陷北宋首都开封，北宋灭亡。作为幸免未被金押解北归的皇子赵构，于1127年在南京应天府即位，改年号为建炎，是为宋高宗，后建都于临安（今浙江杭州），史称南宋。两宋始终饱受边境侵扰，战事不断，故而注重加强军事武备、军队习武训练，制定了较为规范的军事训练制度。宋仁宗时设立武学，即军事学校，命曾公亮集古代兵法及谋略编撰成《武经总要》，以供武职官员阅读。宋神宗时，武学作为常设制度确立。为适应军事、教学及武科举[1]需要，元丰三年（1080），国子监司业朱服、武学博士何去非等从340多部中国古代兵书中甄选出《孙子兵法》《吴子兵法》《司马法》《黄石公三略》《尉缭子》《六韬》《唐太宗李卫公问对》7部兵书，定为武学必读书，即《武经七书》（共25卷），南宋高宗时作为选拔将领的考试内容。宋代这些部兵书对后世影响深远，尤其是《武经总要》中保留有一些珍贵的武术文献资料。宋代虽然实行了科举制，从制度上体现了文武并举，但由于主流社会的“抑武”，“尚武”群体转入下层民众中。由于宋代社会经济繁盛，市民及游民阶层壮大，武术在民间具有广阔的发展空间。“套子”武术的文献记载、以姓氏命名的枪法、体系完备的拳棍擂台赛等，展现出中国古代武术成熟期的重要特征。

辽（907—1125）、西夏（1038—1227）、金（1115—1234）、元（1206—1368）是与宋长期共存的我国少数民族（契丹、党项、女真、蒙古）建立的政权。1279年，忽必烈灭南宋，结束了纷争割据的局面。辽、西夏、金都是盘马弯弓的游牧狩猎民族，以骑射为主，其武术格

[1] 武科举：同“武科”“武举”，不同史料中的表述方式不同。

斗器械均具有浓郁的民族特色[1]，如与骑兵作战配合使用的短枪、契丹人惯用的骨朵[2]、女真人使用的窄柳叶状铁矛[3]、党项人有“天下第一”美誉的“夏人剑”及军刀[4]。这些武术器型及其在作战中的应用，促进了不同民族武术之间的交流，丰富了中华武术器械形制及其技法。元代的兵器种类及形制更加繁多，沿袭宋代的特点，亦有受其他民族兵器影响的痕迹，形成了多种兼容并蓄且具有自身特色的兵器，如长兵器有枪、柄刀、扑把等，短兵器有环刀、剑、斧等。元代，尤其是元代初期，民间习武活动禁令严苛，这使得民间习武不得不隐藏起来，以另一种形式在不断发展，如元杂剧中的武术活动，保存了诸多元代武术样式，为后世研究这一时期武术提供了依据。同时，由于元代军队一直四处征战，所以在一定程度上促进了武术器械、民族技艺的大发展，也促进了民族武艺的交流，如元代与阿拉伯国家的交流与融合，出现了一个新的民族——回族。回族素以善武著称，回族武术中的查拳、弹腿、马家枪等均可追溯至元代。在这个多民族并存的时代，值得注意的是，民族交流与融合对中华武术体系的丰富与形成具有重要作用，尤其是多种多样的兵器，显示了古代少数民族为中华武术体系的完善所做出的不可磨灭的贡献，这些都值得深入研究。

明代（1368—1644）是中国武术发展承前启后的重要时期，前承曾长期严禁民间私藏兵器、严禁民间习武的元代，后接中华

---

〔1〕史仲文、胡晓林主编《中国全史·军事卷》，中国书籍出版社，2011，第629页。

〔2〕骨朵是一种以铁或木做成大头，用以锤击敌人的短柄兵器。

〔3〕铁矛矛头呈枪尖式，梭形横阔，中间起脊较明显，箍部无刻纹，这种矛应对金属麟状、片状铠甲有奇效。

〔4〕这种刀是一种由直身单刃战刀向弯形战刀过渡的一种军刀，是骑兵善用之刀。

武术繁荣昌盛的清代。尤其是明代中后期，无论是军阵武艺还是民间武术，均呈现出一派大发展气象。明代始终有“北虏南倭”之患，在这种外有远患、内有近忧的历史背景下，明朝统治者亟待解决的问题是如何以“武备”“暴力”解决问题，这迫使其很重视武备发展。明代不仅涌现出诸如戚继光、俞大猷这样的精通武艺的武将，还有诸如唐顺之等文武兼备的一代风流人物，尤其是明代后期文人谈兵之风盛行，一派尚武气象；民间还涌现出多家各有绝技的武术家，如程宗猷、张松溪、王征南、石敬岩等。明代武举制度经弘治、正德时期的初步完备，嘉靖、万历年间的不断完善，至天启、崇祯年间成熟，不断完善与加强。同时，明代军事武艺与民间武术也在相互交流中得以提高，促生了军事著作中武术文献的涌现。诸多明代军事著作中都留下了蕴含着极高价值的武术篇章，如戚继光的《纪效新书》、何良臣的《阵纪》、俞大猷的《续武经总要》、茅元仪的《武备志》、郑若曾的《江南经略》等。明代军事著作不仅保存了珍贵的武术史料，亦揭示出军事武艺与民间武术的双向交流，民间也出现了如《耕余剩技》这样的武术巨著。明代已经形成了以棍著称而名满天下的少林武术、以拳法与枪法闻世的峨眉武术、有别于少林武术的浙东内家拳及器械和西南少数民族壮族武术等典型武术。“十八般武艺”的形成、武术套路的趋于成熟、武术拳种流派的形成以及武术功法的发展，标志着中国武术体系的基本形成。明代中国武术对外交流也达到了一个高峰，如与日本、朝鲜诸国的交往，促进了各国武艺的发展。

清代虽然是中华武术的昌盛繁荣期，但因鸦片战争（1840）

的爆发，中国社会开始沦为半殖民地半封建社会。随着社会性质的变化，以鸦片战争为界，清代的武术亦有所变化。清代军阵武艺以骑射为主，清政府自诩以“弧矢定天下”，尤重骑射。清代前期军队分为八旗军与绿营军，其训练武艺各有特色，如八旗军除重视骑射外，还有一些杂兵器，如战斧、战镰、鞭等。另外，清代摔跤也得以大力发展，军队中设有善扑营，民间亦多摔跤手。绿营军多为汉人，其兵器侧重于刀、枪、剑等。清代武举制度承袭明代，并较以往朝代更加完善与健全，是中国武科举的鼎盛时期。清代武科举的考试内容虽然仍以弓马骑射为主，但极大地促进了民间习武者的热情。清代自始即严禁民间习武与民间宗教活动，而习武活动自古就与民间宗教及秘密结社密不可分。清代武术与民间宗教、秘密结社活动的结合，促进了清代武术器械、拳种的多样化发展。清代武术拳种大量涌现、门派林立、论著抄本纷现，技术体系及理论体系均达到了中华武术的高峰。

第一章

逐渐成熟的宋代武术

如何评价宋代，一直是史学界的一个重要问题，争论者各有所据，莫衷一是。有的人认为宋朝施政弊端重重，有的人则认为宋朝代表着中国古代文化发展的高峰。从武术发展的角度去思考和回答这一问题，或许会为正确认识这一充满争议的朝代提供有益的借鉴和参考。

宋代是中国古代武术迅速发展的一个时期。这一时期不仅军阵中的枪、刀、棍诸技得到了充分发展，而且武举与武学也迎来了新的“春天”，“文武并举”的方针大大提高了武人的文化水平，进而促进了宋代军事理论和武术理论的发展。更重要的是，宋代的商品经济高度发达，它为商业性的武术表演活动提供了广阔的舞台，“套子”武术的出现标志着中国古代武术的第一次转型。民间的枪法也获得了很大发展，以姓氏命名的枪法开始出现。作为中国最早的武术专著，《角力记》也在这一时期成书。以上种种都表明，宋代是中国古代武术走向成熟的一个时期，为后世武术的繁荣打下了坚实的基础。

第一节 军阵枪、刀、棍诸技的发展

由于独特的地理位置，宋代同周边少数民族政权长期处于战争状态，这在客观上促进了宋代军事武艺[1]和兵器的进一步发展。与此同时，军事作战能力和兵器制造的发展也为宋维护自身的政权稳定提供了重要支撑。正是基于这样的社会历史背景，宋代的军事武艺和兵器都获得了长足的发展。

南宋著名的军事将领岳飞，对军阵使用颇有心得。据《宋史》所记，“（岳飞）战开德、曹州皆有功，泽大奇之，曰：‘尔勇智才艺，古良将不能过，然好野战，非万全计。’因授以阵图。飞曰：‘阵而后战，兵法之常，运用之妙，存乎一心。’泽是其言”[2]。这段文字为人们了解岳飞的军事作战思想提供了有益的参考。通过阅读这段文字，人们可以明白，当时岳飞作战的特色是出其不意，不按常理出牌。但这种做法显然引来了质疑，因为岳飞的“野战”带有违背皇帝旨意的嫌疑。但是，岳飞则以“常”与“用”为自己进行了辩解。在岳飞看来，皇帝授予的阵图自然是作战的根本依据，但是自己也可以根据战场的实际情况做出灵活调整。

由此可见，军队作战不同于民间的打群架，必须有一定的规则将数量庞大的兵士组织起来。越是有效的组织策略，越能充分

〔1〕军事武术隶属于军事武艺。军事武艺的重点首先是弓马骑射，然后是近距离格杀。现在一般意义上的武术不包括弓马骑射，所以该部分中的军事武术主要指两军对战过程中用于近距离格杀的技术，是军事武艺的一个组成部分。

〔2〕（元）脱脱等：《宋史》卷三百六十五，中华书局，1977，第 11376 页。

发挥军队的作战能力，也越能衡量出军队的将帅是否具有优秀的作战指挥能力。“所谓阵法，是指野战的战斗队形和宿营的防卫部署队形。”〔1〕

同时，军阵是中国古代战争艺术的一种重要表现形式，据传早在黄帝时期便已有之。后来在漫长的历史发展过程中，这一独特的战争艺术不断被丰富和发展，形式也日趋多变。宋代与周边政权的频繁战争，客观上也迫使军事将领更须对军阵的使用方法和策略做出规划。

一、宋代军阵的发展

（一）宋代军阵发展的背景

众所周知，宋太祖赵匡胤通过“陈桥兵变”而“黄袍加身”。此后，他及其继任者们也害怕武将效仿此法，故而采取了重文轻武的政策，并且共同营造出与士大夫共治天下的局面，这也是宋代政治的一大特色。然而，这种“重文轻武”的政策十分不利于军队作战。

宋代的军事制度在设计理念上，以防止武将夺权为重要目的，将兵权集中到皇帝手中，又在中央设置枢密院以统领全国军务，而“主管军事机密与国防大计的负责长官，一般都用文人”〔2〕。

正是在这种独特的军事制度下，宋代带兵的将领并无作战指挥权，一切决定都要按照皇帝授予的阵图进行。这种机制源于宋太祖，经过宋太宗而成为定制。每逢将帅出征，宋太祖必然交代

〔1〕李新伟：《〈武经总要〉研究》，花木兰文化出版社，2012，第223页。
〔2〕《中国军事史》编写组编《中国军事史·第三卷·兵制》，解放军出版社，1987，第294页。

作战策略。宋太宗则更是对自己的军事才能沾沾自喜，他曾说："用兵之法，古贤所著兵书已备，无以越其规矩焉，在人探讨耳。……朕每出兵攻伐，意颇精密，将兵之人丁宁谕之，不听者多至败事。"〔1〕

宋太宗对自己的军事才能颇为得意，即使遭遇失败也未曾想要改变这一制度。具体而言，就是在战前由皇帝授予将帅锦囊妙计——阵图。

除此以外，宋真宗、宋仁宗在战事发生时，也坚持授予主将阵图。如在对西夏的作战中，宋仁宗也坚持"以阵图授诸将"。宋神宗也未改变这种祖宗之法，他也曾"手札处画，号令诸将，丁宁详密，授以成算。虽千里外，上自节制。机神鉴察，无所遁情"〔2〕，但是结果却导致两次大败。虽然有诸多战败的事例，但是南宋各位皇帝也是坚守此法，最终导致宋的覆灭。

可以说，宋代军阵理论的发展得益于当时独特的军事机制：一线的将帅没有完全的统兵与作战之权，只能按照皇帝授予的阵图指挥兵士作战。虽屡屡遭遇败绩，却未能触动皇权而有所变革。

当然，纵观两宋的战争史，也有阵图发挥积极作用的时候，并非全都招致败绩。

（二）宋代军阵理论的发展

军阵之说早已有之，北宋仁宗时期组织编写的《武经总要》则对前人的军阵设计做出了系统的总结和概括，并提出了新的发

〔1〕（清）徐松：《宋会要辑稿·兵一四》，刘琳、刁忠民、舒大刚、尹波等校点，上海古籍出版社，2014，第8886页。
〔2〕（宋）李焘：《续资治通鉴长编》卷三百五十三，中华书局，1995，第8457页。

展思路。不仅如此，宋代著名的科学家沈括对军阵也颇有研究。

1.“八阵”[1]的逐渐完善

战国《孙膑兵法》已对军阵类型做出介绍，包括方阵、圆阵、数阵、锥形之阵、雁形之阵、钩形之阵、玄囊之阵、火阵、水阵等。这些军阵可以有效帮助将帅处理各种对战情形。“八阵”自唐代以至宋代，都对军事作战产生了重要的影响。

“八阵”之说早已有之，并在宋代逐渐完善成型。沈括对其发展历史做了详细的梳理。他指出，所谓“八阵”，是由黄帝的大臣风后所创，该阵法主张主将位于阵中，将兵士分为八个部分，合起来即为“九军”。而唐朝时，李靖因为兵少而将“八阵”改为“六花阵”，加上中间的主将则为“七军”。沈括进一步指出了九军与七军的区别。他指出，九军之阵是方形之阵，而七军之阵为圆形之阵。沈括结合易学象术之法，即少阴（8）、老阳（9）与老阴（6）、少阳（7），指出这种数字组合是不能够被改变的。在李靖之后，这种九军之阵才成为古法。从排列上看，九军就是“前军、策前军、右虞候军、右军、中军、左虞候军、左军、后军、策后军”；七军便是“前军、右虞候军、右军、中军、左虞候军、左军、后军”。然而，先锋与侦察部队、刀盾手与弓箭手皆在阵外。

实际上，除了沈括的上述总结外，北宋仁宗时期，“八阵”又被命名为方阵、圆阵、牡阵、牝阵、冲方阵、车轮阵、雁行阵、浮沮阵。这也反映出“八阵”长期受到宋朝皇帝的重视，在宋代

[1] 关于“八阵”的起源，有人认为源于孙武。王路平的《宋神宗时期的八阵法与阵图》（《长安大学学报（社会科学版）》，2014年第1期）一文有详细讨论。

对外军事斗争中发挥了极为重要的作用。

“八阵”在宋朝皇帝中的传承始自宋太宗。宋太宗自太平兴国四年（979）败于辽军以后，便不再御驾亲征。在幽州之役后，他便命赵延进、崔翰等人在前线作战，并且“以阵图授诸将，俾分为八阵”[1]。但是这一阵法在崔翰看来，阵与阵之间距离太远，士兵之间无法照应，易致战意消沉。随后，诸将讨论便将“八阵”合为“二阵”，“前后相副”，最终痛击辽军，大获全胜。

宋太宗还亲自创制了“平戎万全阵”。据《武经总要》所载，该阵可分为前锋、左翼、右翼、中军、后殿等几个部分。该阵“与此前车阵一样，无非是以大车作障碍，遏制骑兵的高速冲击，同时为己方士兵提供掩护，利用弓弩优势克敌制胜”[2]。

除了“八阵”，宋朝皇帝还创制了“四御阵”。“四御阵是神宗对古代五军阵的变形，古代五军阵即前后左中右五阵，每阵有一个将帅统领，中央为主将的指挥位置及其所控制的机动部队。”[3]但是，这一阵法的实战效果并不理想。尽管军阵之法常有败绩，但是该法在南宋时期依然盛行。

2. 作战理念的变化

（1）“不战而屈人之兵”。

“不战而屈人之兵”一说来自《孙子兵法·谋攻篇》。“不战”只是一种手段，它最终能够帮助一方大获全胜，对胜利的追求是不变的主题。前人的注解中，也有将此言置于“术有阴谋”之下，认为“故兵有百战百胜之术，非善之善者也；不如不战而

---

〔1〕汪圣铎点校《宋史全文》，中华书局，2016，第108页。
〔2〕胡以存：《“平戎万全阵”考》，《社会科学论坛》2017年第4期。
〔3〕王路平：《宋神宗时期的八阵法与阵图》，《长安大学学报（社会科学版）》2014年第1期。

屈人之兵，善之善者也”。显然在文章作者看来，“不战”才是最高明的兵法，但这是一种“阴谋”，并非真的“不战”。但是宋朝，主流思想主张“不战”的原因是“战则伤”，这反而成了一味求和的借口。

（2）“将能而君不御者胜”。

《孙子兵法·九变篇》曾说：“将在外，君命有所不受。”但是，宋太宗却利用手中的皇权，改变了这种历史传承，从而主张“将从中御”，以授予阵图的方法控制前线将帅，以此避免军变的发生。

（三）宋代军阵发展产生的影响

1. 对宋代军事武艺的影响

宋代军阵理论与实践的发展，很大程度上在于它能够满足宋代皇帝“将从中御”的需求，同时一定数量的胜仗也成为它得以发展的次要原因。抛开军阵之法的利与弊，它的确为两宋军事武艺的发展提供了一定的客观条件。军阵排布的格局与间距，对宋代军事兵器与武艺的发展起到了至关重要的作用。

2. 对相关文学作品的影响

古代文学作品中不乏对军阵的描写，在罗贯中的《三国演义》中就有关于诸葛亮与司马懿斗阵的描述。

这部分描写反映的是诸葛亮与司马懿在祁山脚下的一场争斗，二人选择通过排列军阵的方法决出胜负。在描述中，出现了两种阵法，一种是司马懿的“混元一气阵”，另一种则是诸葛亮的“八卦阵”[1]。小说中对这次斗阵结果的描述是“孔明收了得胜之兵，回到祁山”。显然在小说作者看来，诸葛亮的“八卦阵”更胜一筹。

《三国演义》中的“八卦阵”也出现在了《水浒传》中。《水浒传》的第七十六回就直接以“吴加亮布四斗五方旗 宋公明排九宫八卦阵”为标题，具体描绘了枢密使童贯率领的军队与梁山起义军之间的一场军阵之战。而《三国演义》中的“八卦阵”此时已经变为“九宫八卦阵”，虽然还是以《易》之“八卦”原理为主，但是又加入了起源于河图洛书的“九宫”之说，较之前人，军阵排布的方法和规则更加严密和复杂。在《水浒传》中，这场比试的结果也同《三国演义》中诸葛亮与司马懿的比试结果相似，最后“一齐抢入阵中，来捉童贯”。

上述文学作品对宋代军阵排布的描述具有一定的文学加工色彩，但人们通过将其与著于宋代的《资治通鉴》相比照，可以对古代军阵的史学描述窥知一二。

《资治通鉴》是北宋著名史学家、思想家司马光的巨著，完成于北宋神宗时期。在此书中，司马光对军阵作战有几处精彩的描写，其中有一处描述是：

夏，四月，裕遣白直队主丁旿帅仗士七百人、车百乘，渡北岸，去水百余步，为却月阵，两端抱河，车置七仗士，事毕，使竖一白毦；魏人不解其意，皆未动。裕先命宁朔将军朱超石戒严，白

〔1〕据传诸葛亮发明了“八阵图”，后失传。相关讨论可以参考余大吉的《诸葛亮八阵图及阵法试探》，《中国史研究》1994 年第 3 期。

耗既举，超石帅二千人驰往赴之，赍大弩百张，一车益二十人，设彭排于辕上。[1]

引文中司马光提到的“却月阵”也是古代军阵的一种，是刘裕在北伐过程中曾经使用过的军阵，并且靠它取得了一场战争的胜利。这一阵法对地形的要求极高，需要一方对水面拥有较高的控制权，而且需要数量充足的弓弩手。“刘裕将阵摆在了河前平原之上，将侧翼与后方的安全全部交给了水军。可以说，拥有强大战力的水军才是却月阵正面攻击力发挥的根源所在。”[2]

实际上，在宋代，除了军事家、史学家对军阵感兴趣以外，皇帝也对此颇为在意。根据《宋史》的记载，宋神宗就曾与大臣讨论过军阵的排布问题：

（郭）逵慷慨喜兵学，神宗尝访八阵遗法，对曰：“兵无常形，是特奇正相生之一法尔。”因为帝论其详。[3]

这对君臣的对话显示出了一个军阵运用的基本原则，那就是“兵无常形”“奇正相生”，这也是对《孙子兵法》主张的战争辩证法的一种继承和发展。

二、宋代军事枪法的发展

枪是宋代军队日常训练和上阵杀敌的重要武器，《武经总要》

〔1〕（宋）司马光：《资治通鉴》，中华书局，1956，第 3703 页。
〔2〕张冠凯：《魏晋南北朝战争中的地形因素》，《晋中学院学报》2016 年第 4 期。
〔3〕（元）脱脱等：《宋史》卷二百九十，中华书局，1977，第 9725 页。

把枪排在了首位。宋代枪法的发展极为迅速，不管是军事枪法，还是民间枪法，都有了极大发展。不仅如此，宋代军阵中还有专门的枪阵。

宋代军事枪法的代表便是岳飞及其岳家枪，民间枪法的代表主要有李全、杨妙真等人。

（一）宋枪的多种样式

宋枪的种类是非常多的，如《武经总要》就介绍了多种类型的枪，其中“步、骑兵用的枪有双钩枪、单钩枪、环子枪、素木枪、鸦项枪、锥枪、梭枪、槌枪、太宁笔枪九种，称之为‘枪九色’（图 1-1）。枪以木为杆，上安枪头，下装铁镈”，除了“枪九色”外，《武经总要》还记载了拐突枪、抓枪、拐刃枪、捣马突枪等类型的枪械。

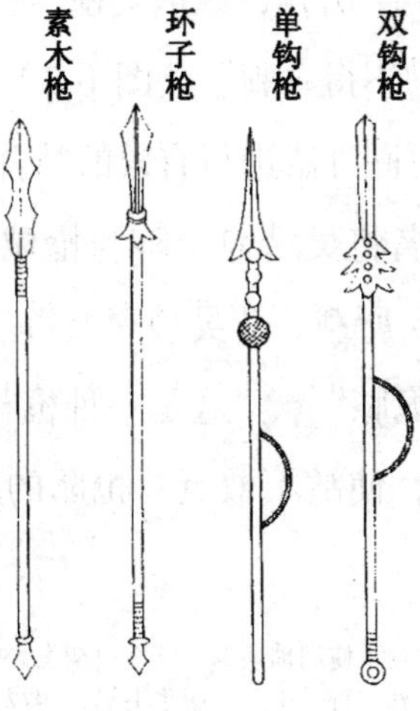

图 1-1　枪

以上众多类型的枪各有特点，各有所长。其中，梭枪“长数尺，据说这种枪首先是南方少数民族使用的。他们使用这种兵器，战斗中常掷出伤人，因故称梭枪，也称飞梭枪”[1]。

（二）宋代军阵枪的出现

正如前文所说，宋代军事的一大特色便是对军阵的重视与实践。在宋代作战时使用的军阵中，也常常会出现枪阵。这种枪阵更加强调兵士之间使枪的配合，有时也会需要其他兵器的配合。相关的记录可以从《宋史》中得到印证。

据《宋史·郭谘传》所记，“康定西征，谘上战略，献拒马枪阵法，其制利山川险隘，以骑士试上前，擢通判镇戎军，募兵教习”[2]。这段文字中出现的“拒马枪阵法”就是宋代军阵中枪阵的一种。据记载，该法要求充分利用地理环境的特点和优势，因地制宜，据险守关。“拒马枪”在《通典》中有记，“拒马枪，以木径二尺，长短随事，十字凿孔，纵横安检，长一丈，锐其端，可以塞城中门巷要路，人马不得奔驰”（图 1-2）[3]。显然该枪有利于防止骑兵突袭，若是再同阵法进行有效的结合，其威力自然不小。

除此以外，南宋名将吴璘对军阵与枪械的配合也颇有研究。据《资治通鉴·宋纪》所载，“吴璘垒叠阵法，每战以长枪居前，坐不得起；次最强弓跪膝”。“这是一种枪与弓结合作战的阵法。以枪挡前，枪刃如林，使敌不敢近。枪队的后排布满弓箭。”[4]

---

〔1〕王俊奇：《宋代枪的种类及其使用琐谈》，《文史杂志》1997 年第 6 期。
〔2〕（元）脱脱等：《宋史》卷三百二十六，中华书局，1977，第 10530 页。
〔3〕（唐）杜佑：《通典》，文渊阁四库全书本，台湾商务印书馆，1986，第 152 卷，605 册，第 146 页。
〔4〕王俊奇：《宋代枪的种类及其使用琐谈》，《文史杂志》1997 年第 6 期。

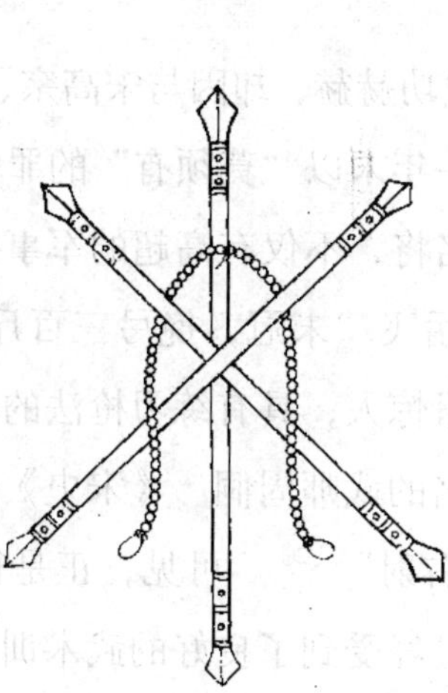

图 1-2　拒马枪

冯梦龙的《智囊全集》一书又指出，“凡阵，以拒马为限，铁钩相连，伤则更代之。遇更代，则以鼓为节，骑为两翼，蔽于前，阵成而骑退，谓之叠阵。战士心定，则能持满，敌虽锐，不能当也”[1]。这就是说每次布阵，阵前设置有拒马、铁钩。如果有人受伤，就要有人补上他的位置，同时还要以鼓声为信号进行替补，这时两翼的骑兵都要上前掩护。完成替换以后骑兵才退下，这就是“叠阵”。由于战士对这阵法深具信心，故和敌人交战的时候都是张满弓待敌，敌人再精锐，也不能抵挡。

这种枪阵既能完成对军队的有效组织，又能针对敌军来势予以阻击，在宋与周边游牧政权的对战中发挥了极其重要的作用。

（三）岳飞与岳家枪

岳飞（1103—1142），南宋时期著名的军事将领，一生叱咤

〔1〕（明）冯梦龙：《智囊全集》，凤凰出版社，2009，第 386 页。

风云，所向披靡，战功赫赫，却因与宋高宗、秦桧等人政见不合，惨遭陷害，绍兴十一年末以“莫须有”的罪名被杀害。

岳飞作为抗金名将，不仅有高超的军事指挥能力，也具备极强的武术战斗力。岳飞“未冠，挽弓三百斤，弩八石”[1]，可见少年岳飞便是力量惊人，具有练习枪法的良好身体素质。岳飞的老师便是宋代著名的武师周侗。《宋史》记载岳飞是“学射周侗，尽其术，能左右射”[2]。可见，正是得益于良师的教导，岳飞在年少时期就已经受到了良好的武术训练。此后，岳飞又因生活所迫，入伍参军。

“岳飞在跟随王彦抗金期间，曾因意见分歧独自率部离开，途中与金军相遇，在太行山一带展开了一场恶战，岳飞生擒敌将拓跋耶乌。隔了几天，双方再次拉开战局，岳飞挥舞着丈八铁枪，单骑冲向敌主帅，刺死黑风大王，敌兵群龙无首，四散败走。岳飞时年二十五岁。”[3]可见，正是在御敌战斗的过程中，岳飞的枪法才变得更加出神入化。

“此前岳飞之所以能在重兵包围之下，所向披靡，势不可挡，全在于他所创下的枪法速度极快，凌厉实用。如‘两边荡’，就是以手中枪左拨右撩，欺身直入，枪尖直指敌人腰部，在敌人尚未反应过来的时候，就已枪入枪出；‘枪中王，枪枪锁喉最难防’的‘回身枪’，则取其出其不意之意，在突然回转身之时，猛然出枪，刚猛狠疾，直刺命中率较高的腹部或者面门，迅猛的枪法做到了高效杀敌，整套枪法犹如过河卒子，有进无退，节奏感强，

〔1〕（元）脱脱等：《宋史》卷三百六十五，中华书局，1977，第 11375 页。
〔2〕（元）脱脱等：《宋史》卷三百六十五，中华书局，1977，第 11375 页。
〔3〕于海：《岳飞对岳家枪拳的开创及贡献》，《兰台世界》2013 年第 24 期。

简洁明了，十分适合大规模的士兵操练。于是，岳飞将这套枪法在军中推广开来，在他训练下的岳家军成为一支武艺高强、常能以少胜多的‘铁军’”。[1]

三、宋代军事刀法的发展

宋代的军事刀法和军事棍法皆有长足的发展，不仅技艺方面有所改进和完善，而且制备工艺也日臻成熟。同时，得益于宋代发达的城市经济，武艺表演日益商业化，这又反过来促进了各项技艺的发展和传播。

“作为短兵器的刀，在宋代有了进一步的改进，从狭直的长条形方刀头，改成前锐后斜的形状，有护手，并且去掉了那种扁圆的大环和鸟兽饰物。”[2]宋代刀具在沿袭前朝的基础上，又有所创新。

《武经总要》中有《器图》一卷，专门讨论了宋代出现的各种长刀，即“棹刀、屈刀、躍耳刀、偃月刀、戟刀、眉尖刀、凤嘴刀”等（图 1–3）。长柄刀是宋刀的一大特色，也是宋军训练和考核的必备项目。南宋建炎元年（1127），枢密院制定的教阅法规定，使用长柄刀的士兵需要手持一丈二尺以上的长刀，即“刀长丈二尺以上，毡皮裹之，引斗五十二次，不令刀头至地”[3]方为合格。不仅如此，宋代对外交流较为发达，当时还从日本进口了很多手刀，进一步促进了宋代刀具的发展。宋代军事刀法的发展也与宋代军阵的发展密切关联，尤其是唐代的陌刀依然在宋代广泛流传。

---

〔1〕于海：《岳飞对岳家枪拳的开创及贡献》，《兰台世界》2013 年第 24 期。
〔2〕国家体委武术研究院编纂《中国武术史》，人民体育出版社，1997，第 192 页。
〔3〕（元）脱脱等：《宋史》卷一百九十五，中华书局，1977，第 4868 页。

宋代还有一种名为“四门斗底阵”的阵法，该阵法明确提出需要配备陌刀手。

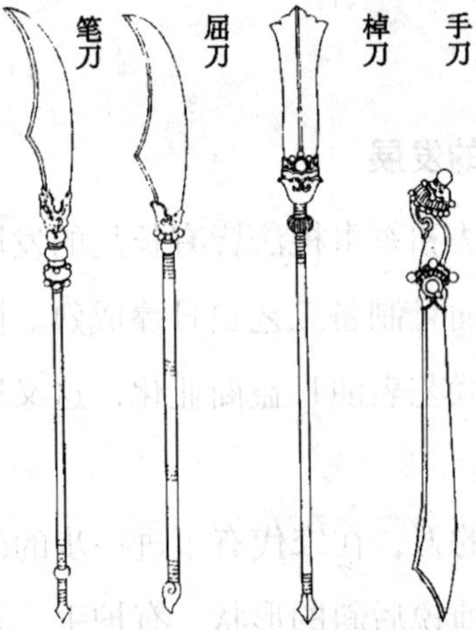

图1-3 刀

或排方阵（令号四门斗底阵），以步军枪刀手在前（为方阵，即四面排布，凡一指挥五百人，则人十人，枪手四，一人陌刀手），杂以旁牌、标枪（今广搜步军，悉教枪牌）。[1]

显然按照这一阵法的安排，陌刀手是不可或缺的。

另外需要补充的是，宋代擅长使用大刀的代表人物是“大刀关胜”。关胜在正史中并未留下过多痕迹，反而是描写宋代的文学作品将这一人物不断丰富。

史书中对于关胜的描写，主要存在于《宋史》与《金史》中，而且都是在《刘豫传》中。刘豫在《宋史》中被归入“叛臣”序

〔1〕（宋）曾公亮等：《武经总要》，文渊阁四库全书本，台湾商务印书馆，1986，第726册，第329页。

列，其行为之一就是杀害了关胜。《宋史》中有记：

因遣人啖豫以利，豫惩前忿，遂畜反谋，杀其将关胜，率百姓降金，百姓不从，豫缒城纳款。[1]

刘豫此时是南宋济南府的主政官，此前因为仕途上的诸多不顺，他接受了金人的收买，由此便谋划造反，为此杀害了当时的抗金得力干将关胜。关胜也由此在《宋史》中留下了印记。《金史》则将这一段描写进一步具象化为：

有关胜者，济南骁将也，屡出城拒战，豫遂杀关胜出降。[2]

《金史》中对关胜的描述是“骁将”，此二字为人们了解关胜的作战风格提供了较为丰富的想象空间。

史书对关胜的描绘着墨不多，但是《水浒传》等文学作品却称其为“大刀关胜”。

《水浒传》对“大刀关胜”的描述有：

此人乃是汉末三分义勇武安王嫡派子孙，姓关名胜，生的规模与祖上云长相似，使一口青龙偃月刀，人称大刀关胜。[3]

显然，在《水浒传》中，关胜被明确认定为关羽的嫡系后代，其所使用的大刀也为“青龙偃月刀”。

---

〔1〕（元）脱脱等：《宋史》卷四百七十五，中华书局，1977，第13793页。
〔2〕（元）脱脱等：《金史》卷一百一十六，中华书局，1975，第1759页。
〔3〕（明）施耐庵、罗贯中：《水浒传》，人民文学出版社，2005，第843～844页。

实际上，据记载，两宋时期以“大刀”为绰号的除了关胜外，还有徐大刀、苏大刀、王大刀等，但是只有关胜的名声在后世流传最为广泛，这离不开文学家们的再创造。

四、宋代军事棍法的发展

宋代军事棍法的发展得益于当时的军事、政治环境。在军事上，由于长期处在周边其他政权的威胁中，宋廷为了维护政权的存在而不得不大力发展军事武术；在政治上，赵匡胤作为北宋的开国皇帝，自身就喜爱和练习武术，特别是他还亲自创制了一套棍法，这套棍法也成为宋代军事棍法的重要代表。

（一）太祖棍法

宋太祖赵匡胤武将出身，据传他善棍法，有“一条杆棒打出四百座军州”之称[1]，为宋代军事棍法的发展奠定了基础。不仅如此，宋代棍棒的形制也种类多样。“有的棒首增加了刃器，有的两端包铁，有的镦部加刺刀，棒杆缩短到四至五尺，变成短兵器，便于挥舞格斗，这样一来，杀伤能力显著提高。”其中的棍棒之名有狼牙棒、抓子棒、杆棒[2]、白棒、杵棒、钩棒和诃梨棒[3]（图 1–4）。

赵匡胤对于棍法颇有心得，不仅创制了腾蛇棒三十六路棍法，还创立了蟠龙棍法和三节棍法。赵匡胤当上皇帝之后，便将自己的棍法传给军士，要求他们在军中时常操练。不仅如此，这些棍

---

〔1〕（明）施耐庵、罗贯中：《水浒传》，人民文学出版社，2005，第 1 页。
〔2〕国家体委武术研究院编纂《中国武术史》，人民体育出版社，1997，第 195 页。
〔3〕成东、钟少异：《中国古代兵器图集》，解放军出版社，1990，第 207 页。

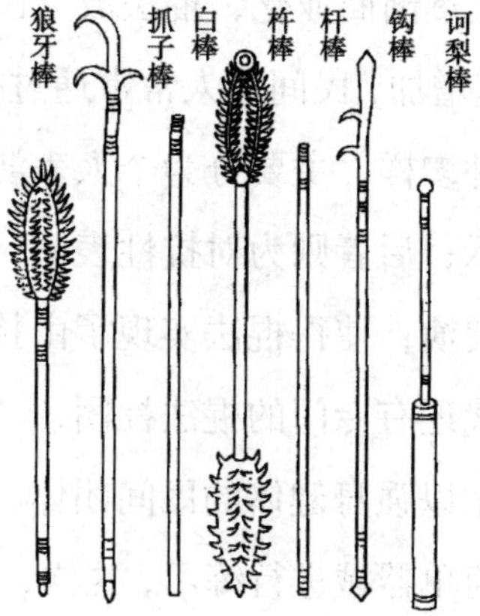

图 1-4　棒

法后为宋代骑兵练习，擅使棍法的骑兵成为宋代的一支十分重要的军事力量。

宋仁宗时期，广西侬智高发动叛乱，狄青前往平叛。当时，侬智高手中有一支作战勇猛的标牌军。他们作战时，手持盾牌，锐不可当。狄青便向朝廷申请，调来了擅长使用蟠龙棍的骑兵，从而平叛成功。作战过程中，“骑兵们挥动铁连枷击向标牌军，当棍把打在标牌上的时候，棍梢立刻折打向下，便可击中躲藏在标牌后面的敌人，于是瞬间标牌军纷纷牌倒人亡，宋军乘胜追击”[1]，由此蟠龙棍成了标牌军的克星。

（二）军事棍法的民间化

由于赵匡胤对棍法极为看重，原本习于军中的棍法快速传播到民间，军事棍法的民间化带来了宋代棍法的大发展。

[1] 郑红玲、串凯：《赵匡胤及其棍术对北宋体育发展的影响》，《兰台世界》2013 年第 30 期。

宋代，民间棍法逐渐商业化，棍法成为民间体育运动的一种形式，从业人员迅速增加，民间艺人常常通过棍法表演以谋生计。此时，表演形式多种多样，主要分为个人表演和多人表演，前者多为棍法技巧的展示；后者则为对抗性表演，带有一定的攻防色彩。这种商业化的表演，使得棍法实现了由技击性到艺术性的转化。不仅如此，宋代还有专门的棍法社团，“随着表演的盛行，于是出现了练习棍术以强身健体的民间团体，名为‘英略社’，社团中人通常自制简单器械进行练习，这样，棍术从舞台走下来，进入了市民的日常生活”[1]。正是在棍法大发展的时期，宋代涌现了一大批使棒名家，如乔使棒、朱来儿、高三官人等人，他们高超的棍法技巧赢得了广泛的赞誉和可观的经济收入。

由上可知，宋代的军事棍法在军队和民间皆得到了推广和传播。一方面，它在帮助宋廷维护自身稳定方面发挥了重要的作用；另一方面，它又借助宋代发达的商业化模式，不断民间化，进而成为宋代民间娱乐的重要组成部分。

透过宋代军事棍法的发展，人们可以窥知中国古代武术发展的一种基本的轨迹，即“军队→民间”。伴随这一发展轨迹的则是武术本身价值的演变。

如何看待武术的价值，向来是学界关注的重要问题。一直以来，各家莫衷一是。实际上，宋代棍法从军队到民间的演化，带来的正是武术价值由竞技到观赏的延伸。武术作为中国优秀传统文化的重要组成部分，它自身的价值是随着历史前进的脚步不断被赋予、被添加的，而并非一成不变的。由此出发，人们在认识

[1] 郑红玲、串凯：《赵匡胤及其棍术对北宋体育发展的影响》，《兰台世界》2013年第30期。

和分析武术的价值时，应当坚持历史与逻辑相统一的立场，将武术置身于具体的历史发展路径之中，全面、动态地看待武术自身的发展与演化，从而对其形成全面、系统的认识。

第二节 文武并举的武举与武学

据史料记载，武举制始于唐代。《新唐书·选举志》中有记载："又有武举，盖其起于武后之时。长安二年，始置武举。"显然，武则天是武举制得以确立的关键人物。但是在设立之初，武举制只考查参加人员的武艺，设立的科目也只有长垛、马射、步射、平射、筒射、马枪、翘关、负重等，并不将文试列入考查范围，反而比较注重考查参试人员的才貌和言语。到了宋代，武举的设置则又有了新的发展，开始设置文试，将对兵法的掌握纳入考查范围："如明经之制，于太公韬略，孙、吴、司马诸兵法，及经史言兵事者，设为问目，以能用己意或引前人注释，辞明理畅，及因所问自陈方略可施行者为通。"[1]文试的考查，客观上对提高宋代武人的文化水平起到了一定的促进作用，这也为武学的发展提供了必要的后备人才。

一、宋代武举的发展

宋朝以"重文轻武"著称于世。他们的种种措施导致了宋在同周边政权的军事斗争中屡屡败下阵来，不得已又恢复了唐代开

〔1〕（宋）李焘：《续资治通鉴长编》卷二百二，中华书局，1979，第4903页。

创的武举制。武举制在宋代的命运是跌宕起伏的，可谓立废无常、命途多舛。

（一）宋代武举的兴废

宋代设立武举是毋庸置疑的事实，但是其具体的开设年代却存有争议，争论的焦点在于武举制正式设立是在宋真宗时期，还是在宋仁宗时期。

据《宋会要辑稿》所记，“咸平五年（1002）以应武举进士王渊海州怀仁县主簿”[1]。考察这段文字内容，其中出现的“武举进士”表明在真宗时期已经通过武举来选拔人才，并据此授予一定的官职。今人在《宋代武学武举制度考述》中更是直接主张：“北宋开始武举在真宗咸平三年（1000）。”[2]

到了宋仁宗时期，武举则由制科成为进士科。进士科的考试与制科的显著不同在于，它的举办时间是较为固定的，且两次举办之间常常有一定的时间间隔，不像制科那样以皇帝一时的意志为转移。在《宋会要辑稿》中，就有关于仁宗时武举设置的记载，它说：

（天圣）八年五月二十五日，命龙图阁待制唐肃、直集贤院胥偃试武举人于秘阁。[3]

---

〔1〕（清）徐松：《宋会要辑稿·选举一七》，刘琳、刁忠民、舒大刚、尹波等校点，上海古籍出版社，2014，第5586页。
〔2〕吴九龙、王菡：《宋代武学武举制度考述》，《文史》1992年第36期。
〔3〕（清）徐松：《宋会要辑稿·选举一七》，刘琳、刁忠民、舒大刚、尹波等校点，上海古籍出版社，2014，第5587页。

再读上文可以得知，北宋在天圣八年（1030）正式举行武举科考，而非真宗时期的制科。仁宗时期的武举取士，其程序显然是以文科进士考试为参照的，同制科有着显著区别。明人刘大复的"宋知求将之为重，视制科而详定武举，遂得狄青、令狐挺。卒能料元昊之背叛破智高之猖獗"[1]之说，正是对这一结论的印证。

北宋自仁宗设立武举制以来，一直沿用了将近20年的时间，直到皇祐元年（1049），因为宋与西夏议和，此时"边事浸息，遂废此科"[2]。北宋政权设立武举的初衷在于抵御周边少数民族政权的侵扰，而当边疆趋稳，武举便被废弃。

到了嘉祐八年（1063），枢密院又上书皇帝，要求重新设置武举。枢密院"以为文、武二选，所关治乱，不可阙一，与其任用不学无术之人，临时不知应变，以挠师律；不若素习韬略。颇娴义训之士，缓急驱策，可以折冲。况今朝廷所用武人，稍有声称者多由武举而得，则武举不可废罢明矣"[3]。这份奏章着重指出设立武举的重要意义，而且对以往因武举而被重用的武将提出了表扬。

到了治平元年（1064），朝廷开始讨论恢复武举取士的具体政策，同时又设立了"武举格"，制定了武举取士的不同等级：

---

〔1〕（明）刘大复：《武举疏》，载《古今图书集成·选举部》卷一百一十七，巴蜀书社，1985。
〔2〕（宋）王栐：《燕翼诒谋录》，中华书局，1981，第44页。
〔3〕（宋）李焘：《续资治通鉴长编》卷二百二，中华书局，1979，第4903页。

英宗治平元年三月二日，翰林学士王珪等言："参详复置武举，除依旧制，欲乞较试以策略定去留，以弓马定高下。其间以策略武艺俱优者为优等，策优艺平者为次优，艺优策平者为次等，策艺俱平者为末等。"[1]

此时，对于武举所取之士的等级划分有了更为详细的标准。此标准又由取士的一般原则和执行的具体细则构成。一般原则即"以策略定去留，以弓马定高下"，也就是说根据参试者策略水平（文试）来决定其是否能被留下，以其武艺的高低确定名次等级。具体细则则是将策略和武艺成绩结合起来，按照优、平的程度组合排列出优等、次优、次等、末等这四个优劣等级。正是得益于治平元年（1064）的广泛讨论，武举制在治平二年（1065）又重新被确立为北宋取士的重要渠道："二年九月十四日，帝御崇政殿试武举人。"[2]

由上可知，武举制贯穿了北宋与南宋，对两宋政权产生了不容忽视的影响，更在一定程度上促进了宋代武术的发展。

（二）武举的考试制度

宋代的武举制在内容设置上既承唐制，又有独创。唐代武举曾为当权者选拔出了郭子仪这样的大将，为平定"安史之乱"奠定了基础。宋代的武举制度虽然日趋完善，文武兼备，为宋代培

---

〔1〕（清）徐松：《宋会要辑稿·选举一七》，刘琳、刁忠民、舒大刚、尹波等校点，上海古籍出版社，2014，第 5589 页。
〔2〕（清）徐松：《宋会要辑稿·选举一七》，刘琳、刁忠民、舒大刚、尹波等校点，上海古籍出版社，2014，第 5590 页。

养了一大批的军事人才，但像岳飞、韩世忠这样的名将却不是通过武举被选拔出来的，这也正是宋代武举的一大憾事，也更加值得后世深思。

1. 考试资格

宋代参加武举考试的人员，需要有相应的应试资格，参试人员需要有人为其担保，这是宋代武举不同于唐代武举的一个特点。这也说明，宋政权对武人不信任，时刻提防武人造反。这种提防心理也反映在宋代武学的授课内容上。胡瑗被世人称为“宋初三先生”，他曾长期职掌太学，也掌管了宋代武学的教学。他指出武学所授应为儒家经典，以此培养武人的忠义之心。可见，对于宋政权来说，武人的第一要务是忠于国家政权，其次才是抵御外辱、保卫边境。正是由于这种本末倒置的设计理念，无论是武举，还是武学，在宋代都未真正发挥其应有的作用。

据《宋会要辑稿》所记：

仁宗天圣七年闰二月二十三日，诏置武举：“应三班使臣、诸色选人及虽未食禄、实有行止、不曾犯赃及私罪情轻者，文武官子弟别无负犯者，如实有军谋武艺，并许于尚书兵部投状乞应……其未食禄人，召命官三人委保行止。委主判官看详所业，阅试人才，审验行止。”〔1〕

〔1〕（清）徐松：《宋会要辑稿·选举一七》，刘琳、刁忠民、舒大刚、尹波等校点，上海古籍出版社，2014，第 5586 页。

根据引文可知，宋仁宗在设立武举时，已经对应试人员的身份做出了要求。分析文意可知，参加武举考试的人员应当符合上述条件中的某一条。

引文将武举资格划分为以下三类：

（1）“三班使臣”。这一类实际上是宋代宫廷的低级军官，已经有一定的职务，领取了相应的俸禄。这一类人员参加武举考试，实则是为他们开辟了一条快速晋升的通道。否则，他们要按照年限和功劳才能缓慢晋升。

（2）“未食禄实有行止不曾犯赃及私罪情轻者”。这一类所指的是尚未进入官僚队伍，同时并未有任何不良记录的人。

（3）“文武官子弟别无负犯者，如实有军谋武艺并许于尚书兵部”。这一类指的是文武官员的子弟，同时也要求其没有任何不良记录，但是又必须有一定的军事谋略或者武艺才能。

值得注意的是，除了第一类的“三班使臣”，剩下两类人如想参加武举，必须有人为其担保，即“命官三人委保行止”，同时还要有专门的官员考查其行为举止。可见，宋代对武人始终保持着高度警惕。

2. 考试内容

宋代武举的考试内容分为武艺和程文两项。对武艺的考查，是自唐代立武举以来的传统；而将程文列入考试内容则是宋代的独创，这对于提高军事将领的理论水平是至关重要的。

宋代武举对武艺的考查沿袭了唐朝的设置，当然也有所改动。据《新唐书·选举志》所记，唐朝武举的科目共有七个，分别是长垛、马射、马枪、步射穿札、翘关、负重和才貌。宋代武举的武艺考试科目有“弓步射、弓马射、弩踏、抡使刀枪等，其中以步、马射为主”[1]。由于宋军作战的主要兵器是弓弩，所以“衡量武士技能与素质就要看其能挽多大力的弓弩”[2]。这也是宋代武举武艺考试与唐代的一大区别。宋代武举文试主要是为了考查武人对兵书的把握和对时局的理解，以帮助朝廷应对周边的军事危机。

3. 考试程序

武举成为常科之后，其考试程序与文士贡举基本相同，也有解试、省试和殿试，但是又比文士多了一个比试的程序，即相当于现代比赛中的资格赛。据《宋史·选举三》所记：

> 乾道五年（1169）吏部言：武举比试、发解、省试三场，依条以策义考定等第，具字号，会封弥所，以武艺并策义参考。今比试自依旧法，其解、省两场，请依文士例，考定字号先具奏闻，拆号发榜。[3]

上述文字记录了宋孝宗时期的一场武举考试的考前安排，由此可知，宋代的武举考试由比试、解试、省试三场构成，考试内容包括问策和武艺。至于比试的程序则按照惯例进行，解试和省试则完全按照文科取士的程序进行。由于殿试是由皇帝主持，不属吏部管辖范围，故而引文中并未涉及殿试事宜。

（1）比试也被称作“引试”，它是解试之前的资格赛，只

---

〔1〕许友根：《武举制度史略》，苏州大学出版社，1997，第35页。
〔2〕许友根：《武举制度史略》，苏州大学出版社，1997，第36页。
〔3〕（元）脱脱等：《宋史》卷一百五十七，中华书局，1977，第3684页。

有通过比试的人员才有资格参加接下来的解试。比试的考试内容为问策和武艺，前者即为文试，而后者则为武试。文试的要求是“具字号，会封弥所”，也就是说要在试卷上写明考生信息，同时予以糊名，这一措施同文科取士的要求是一样的，都是为了防止作弊，以保证考试的公平性。

（2）解试是由兵部所主持的考试，考试内容也由武艺和程文册问构成。据《宋会要辑稿》所记，“每举用八月十四日揭比试榜，十五日试弓马，十六日试程文《七书》义”〔1〕。可见武举文试主要考查的是武人们对《七书》的理解，同时也将时策纳入考查范围，考查武人对时局的见解。

（3）省试是由兵部所主持的考试，其考试内容仍然是武艺和程文册问。省试合格比例有一定限制。据《宋史》所记，“合格所取无过三十人”。这只是北宋的规定，到了南宋时期，“省试登榜人数常常在二十至四十之间浮动”〔2〕。

（4）殿试是由皇帝亲自主持的考试。宋代武举殿试自仁宗时就已确立，“仁宗天圣八年，亲试武举十二人”〔3〕。殿试时主要考查武人的册问，同时参考其武艺成绩。殿试一开始也会淘汰进殿应试者，后来便取消淘汰制，凡是通过省试的考生都会在殿试中有成绩。

4. 官职授予

宋代武人中了武举之后，其仕途走向存在一个怪象。文人中

〔1〕（清）徐松：《宋会要辑稿·选举一七》，刘琳、刁忠民、舒大刚、尹波等校点，上海古籍出版社，2014，第 5614 页。

〔2〕许友根：《武举制度史略》，苏州人民出版社，1997，第 31 页。

〔3〕（清）徐松：《宋会要辑稿·选举一七》，刘琳、刁忠民、舒大刚、尹波等校点，上海古籍出版社，2014，第 5587 页。

举后，常常依据需求，被授予一定的文职；而宋代的武人很少在中举后被授予武官职位，反而是同文科举子一样，被授予文官职务，从而出现了“所取非所用，所用非所学”的情况，而且武举人也多不愿去军中就职，这些都与“重文轻武”的政策有关。

孝宗隆兴元年（1163），就有朝臣向皇帝谏言：

> 甲寅，殿中侍御史胡沂上言：“陛下注意将臣，定为十等，令观察使以上及统制官各举所知。……祖宗时试中武艺人，并赴陕西任使。又武举中选人，或除京东捉贼，或边上任使，或三路沿边，试其效用；或经略司教押军队，准备差使。乞取近岁应中武举之人，分差沿边屯驻，将下准备差使等。”[1]诏从之。

据此可知，宋初武举中选者并没有受到国家的重视，只是被委以“京东捉贼”“教押军队”的小事，其不受重视由此可见一斑。

实际上，上述引文反映了君臣曾就武举人的仕途去向发生过激烈的争论。孝宗因此向大臣洪适征求意见，洪适认为武举人都是通过“文墨”选拔出来的，他们缺乏军事实践，并不合适担任军中的高级将领。洪适的反对意见是较为合理的，而岳飞等人不因武举参军却能成为一代名将也印证了洪适之说的合理性。

（三）武举的历史影响

宋武举制设立的初衷在于为国家选拔军事将领，以应对来自周边少数民族政权的军事威胁。因此，这一制度的确立，首先既

〔1〕汪圣铎点校《宋史全文》，中华书局，2016，第1969页。

促进了宋代军事类著述的发展，又促进了对以往军事书籍的研究和讨论，并在一定程度上达成共识；其次，这一制度还为宋代培养了一批军事人才，为维护边境安定提供了有效的保障；最后，宋代武举为当时人们的阶层流动提供了可能性，也促使习武风气在部分地区兴盛起来。

1. 军事著作

宋代武举制的兴起和发展，在一定程度上促成了《武经总要》的编纂，促使当时的人们对《武经七书》的研究和理解不断加深，为后人研究这些著作提供了宝贵的参考和借鉴。

武举制的设立和发展，使得部分军事著作成为武举取士的必考科目内容，由此也促进了武学儒学化的出现与发展。儒学与武学相互影响，使得宋代武学呈现出不同以往的“书卷化”特征。

2. 军事人才

武举制设立的初衷就是为朝廷选拔和培养优秀的军事将领，一些优秀的中层军事将领也因此脱颖而出，为赢得同周边少数民族政权的战争提供了有效保障。

武举成为政府选拔军事官吏的一个非常重要的途径。此外，宋代武举在选拔制度上不仅考查参试人员的武艺水平，还重点考查参试人员的文化水平，这在客观上促进了宋代军事官吏综合素质的提高。

3. 习武风气

宋代武举制的发展为当时想做官的人提供了一条比较迅速和相对容易的路径，促使很多文试不中的读书人转而走向武举之路，由此也促进了民间习武之风的盛行。正是由于民间习武之风的盛行，宋代民办武术学校也逐渐多起来。

二、宋代武学的发展

武举的兴起带动了武学的发展，二者设立的初衷都是为国家培养优秀的军事人才，可谓殊途同归。宋代武学的兴衰与武举制的发展状况是密切相关的。在武学考核通过的，可直接授予相应官职，并非必须参加武举才能进入官僚系统。宋代的武学体制在学科设置和教学训练方面已经具有较为成熟的体系，为政府培养和输送了规模可观的军事人才。

（一）宋代武学的兴衰

宋代武学，兴起于宋仁宗时期，并随着南宋政权的覆没而退出历史舞台。武学的兴起是宋代重视发展学校教育的一个缩影，武学不仅在京都得到发展，地方政府也纷纷兴建武学，从而构成了从中央到地方的二级武学教育体系。与此同时，宋代庞大的文官体系也对此起到了推动作用。宋代很多兴办武学的思想和意见都来自文官的建议。值得注意的是，武学在地方的发展受到了当地尚武传统的重要影响。

讨论宋代武学兴衰的发展过程，离不开对宋代政治体制的考察。鉴于宋代有着“不杀士大夫”的传统，文官官僚集团对政治的发展有着相当大的话语权。宋代政治实际上是一种皇帝与士大夫“共治”的局面。武学的发展既得到了宋代多任皇帝的支持，也得到了士大夫领袖的支持。

1. 皇权的支持

宋代武学的兴起离不开皇权的支持，尤以宋仁宗、宋神宗和宋高宗为主要代表。皇权为武学的兴起提供了强有力的中央支持，从而对其迅速传播起到了至关重要的作用。

宋仁宗作为北宋的第四位皇帝，他对北宋武举与武学的发展起到了重大的推动作用，也正是在此期间，北宋政府组织编写了《武经总要》，为中华武术史留下了宝贵的文献资料。而宋仁宗对武学的重视是同其对武举的推崇密切结合在一起的。庆历三年（1043），根据范仲淹等人的上书，宋仁宗下诏将武学置于“武成王庙”，即武庙，以区别于供奉孔子的文庙。武庙始自唐朝，其所供奉的是姜太公吕尚，是军功崇拜的一种表现。宋代承袭唐制，也继承了武庙的设置。宋仁宗将武学置于武庙也反映了其对武学的重视。不仅如此，宋仁宗还对武庙配享的名将做出了一定的调整，以此表示自己对军功的重视。可以说，宋仁宗对武学的支持是多方面的，也为后继者提供了发展军事理论和军事力量的基本思路。

唐代设置武庙时，不仅将吕尚作为主祭对象，而且也设置了配享对象。但是宋太祖出于维护北宋政权的目的，对配享将领做了调整，尤其是降低杀降的白起〔1〕和不孝的吴起〔2〕在武庙中的地位。而到了宋仁宗时期，鉴于周边党项族政权的兴起，宋与西夏的边疆冲突愈演愈烈，宋仁宗重新恢复了白起、吴起等人在武庙中的地位。这也为后来宋仁宗将《武经七书》（含《吴子兵法》）列为武举考试内容和武学授课内容奠定了基础。

北宋武学因政权的覆灭而消失。到了南宋时期，宋高宗继续支持武学的发展，他于绍兴十六年（1146）重新恢复了武学的设

〔1〕白起杀降一说在《史记·白起王翦列传》中有讨论：“白起攻魏……斩首十三万。与赵将贾偃战，沉其卒二万人于河中。”
〔2〕吴起不孝之说见于《史记·孙子吴起列传》：“其母死，起终不归。”

置。宋高宗曾说，“文武一道也，今太学就绪，而武学几废，恐有遗才”[1]。宋高宗的这段话为南宋武学的发展奠定了重要基础。

不仅如此，宋高宗对武学的重视也深刻影响了其后继者对武学的态度。正是南宋诸位皇帝对武学的重视，使得直至南宋灭亡前，武学未曾被废除过。

2. 文官的推动

宋仁宗时期，对武学极为推崇的文官主要有范仲淹、胡瑗等人。范仲淹作为宋学的开创者，他的思想和主张的影响力延伸至南宋时期。胡瑗曾在太学中任职，当时不少官员都出自他的门下。二人的主张对北宋政治的发展产生了深远的影响。

作为宋仁宗时期的重臣，范仲淹深得皇帝的信任，此外，他还有着丰富的边疆治理经验，长期驻守边疆，对军事政策有着自己的理解。胡瑗被世人称为“宋初三先生”之一，他对宋代思想文化的发展具有重要的影响作用。他曾长期主政太学，培养了大量的高级官僚，同时他又为宋代武学制定了教学内容和方针，主张将武学的教学重点放在培养武人们的忠义之心上。他曾说：

> 臣曾任边陲，颇知武事。若使梅尧臣兼隶武学，每日只讲《论语》，使知仁义忠孝之道，讲《孙》《吴》，使知制胜御敌之术，于武臣中选子孙有智略者，三二百人教习之，则一二年必有成效。[2]

---

〔1〕（元）脱脱等：《宋史》卷一百五十五，中华书局，1977，第3683页。

〔2〕曾枣庄，刘琳主编《全宋文》（第19册）上海辞书出版社、安徽教育出版社，2006，第416页。

胡瑗曾在北宋边疆担任过官职，对军事比较了解。由引文可知，胡瑗主张武学应当将《论语》《孙子兵法》《吴子兵法》作为必修课程，这样的课程设置一方面能够保证武人效忠朝廷，另一方面也能保证其具备一定的军事作战素养。同时，胡瑗还建议武学的学员应在武将的子孙中选取，并将人数限制在二三百人，这样做的话便能在短期内迅速培养军事人才。由此可见，按照胡瑗的设计，武学的初衷是快速培养高级军事将领，而且带有一定的世袭色彩。但是，在范仲淹、胡瑗时期武学并未得到重视，尤其是“庆历武学”最终无疾而终。北宋真正将武学立为常制得益于王安石的推动。

众所周知，“庆历”是宋仁宗的年号，在此期间发生了历史上有名的“庆历新政”。北宋仁宗时期，当时的官僚队伍十分庞大，给国家财政带来了巨大的负担，不仅如此，当时的官僚队伍多为世家所垄断，普通人的晋升机会极为有限。为了改革弊政，以范仲淹、富弼等人为首的改革派推动、发起了“庆历新政”，力图恢复政治之清明。庆历三年（1043），范仲淹向宋仁宗上书《答手诏条陈十事疏》，要求宋仁宗变法，但是由于改革触及了官僚集团的利益，遭遇了很多阻力，变法最终以失败告终。而“庆历武学”正是此次变法的产物。

庆历三年，宋仁宗下诏设置武学。武学初设，便遭遇挫折，一些朝臣上书反对。在这些人看来，古代的一些名将并未专门学习《孙子兵法》《吴子兵法》，故而希望取消武学。由于这些朝臣的强烈反对，武学设置后出现了无人就学的场景。武学的支持者们也认识到，这样下去不仅无益于军事发展，还有可能给国家带来灾祸，宋仁宗最终接受了他们的建议，下令取消武学。

到了宋神宗时期，王安石认识到兴办武学的重要性，上书皇帝，要求重新设置武学。王安石自熙宁二年（1069）开始担任参知政事，由此拉开了持续数十年的“熙宁变法”。在他的推动下，熙宁五年（1072），枢密院上书宋神宗要求恢复武学的设置：

> 古者出师，受成于学，文武弛张，其道一也。将帅之任，民命是司，长养其材，安得无（素）？洪惟仁祖，尝建武学。横议中辍，有识悼之。国家承平，及此闲暇，臣等欲乞复（置）武学，以广教育，以追成先朝之志。[1]

枢密院诸公认为文武之道相与为一，二者缺一不可，并且指出建立武学也是宋仁宗的愿望，但是由于朝臣们的反对而中途夭折。此时政局稳定，故而恳请恢复武学，也能够告慰宋仁宗。宋神宗听取了王安石等人的意见，下旨复建武学，自此武学延续至北宋灭亡。

王安石对兴办武学的提倡和支持，既源于其对范仲淹的推崇，也来自其自身对时局的担忧。当时，周边时刻存在爆发军事冲突的危机。正是这样的历史背景，促成了王安石为发展军事采取的一系列行动，他在早年就曾写作《闲居遣兴》一诗，表达了“南去干戈何日解，东来驲骑此时奔”的豪情壮志。

宋代政治实质上是文官政治，皇帝在很多问题的解决上要依

〔1〕（清）徐松：《宋会要辑稿·崇儒三》，刘琳、刁忠民、舒大刚、尹波等校点，上海古籍出版社，2014，第 2803 页。

靠文官体系给出对策，君权被有效地限制了，这也就催生了诸如范仲淹、王安石等在历史上影响深远的名臣。宋代武学的发展正是依靠文官的支持和设置而发展起来的。

3. 尚武传统的影响

宋代的武学由中央武学和地方武学两部分构成，其中地方武学是由宋徽宗所设立的。但是地方武学并非各州都有，而是由地方酌情设置。这不仅赋予了地方办学的自主性，也由此体现了宋代各地不同的尚武风气。人们对于宋代尚武之风的地域性考察，可以结合两宋时期所产生的武举状元们的籍贯加以分析，以此窥探尚武传统与武举、武学发展的关系。

从地域分布上看〔1〕，宋代的武状元多出自两浙、福建地区。如南宋时期，出自浙江平阳的武状元就有陈鳌、蔡必胜、林管、林时中等人。这些武状元并非徒有虚名，而是能在军中真正立足的人物，并且依靠军功而获得皇帝的嘉奖。

上述武状元多有家学渊源，他们大多自幼习武，深受当地尚武之风的影响。一个地区的风气，往往反映在当地的一些世家之中，由深厚的家学渊源所促成。平阳地区的尚武风气，可以从这些武状元的家风中窥知一二。

陈鳌的父亲陈文曾经在韩世忠的麾下效力。正是受到父亲的影响，陈鳌弃文从武，放弃已经考中的文科进士，参加武举后又中了武进士，最后官至招抚关西将军，获封忠烈侯。蔡必胜也是从小习武，中了武状元后入军担任官职，一生清正廉洁，为世人所称赞。至于林管、林时中，他们则同为平阳林氏族人，先后考

〔1〕相关总结参考许友根：《武举制度史略》，苏州大学出版社，1997，第 32～35 页。

中武举，成为当地的佳话。林氏族人频频考中武状元，也反映了林氏一族对武术的偏爱，其族之尚武可见一斑。在宋代，两浙地区的武学的数量也多于其他地区。其中，北宋时期“两浙路郯县存有武学一所”，南宋时期“两浙西路有三个地区四处武学分布”“两浙东路有三个地区六所武学分布”[1]。

（二）宋代武学的设置

宋代武学在层级设置上分为中央武学和地方武学两级，学习期限一般为三年，但是也有例外。同时，期满考核通过的可以被授予相应的官职。课程安排上主要包括理论课与实践课，既要学习军事理论，也要学习儒家典籍，同时还要参加武术训练。

1. 中央武学和地方武学

宋代武学在设置之初只有中央武学，被置于武庙中，后又设置了地方武学。中央武学和地方武学的主管机构是不同的。中央武学最初由枢密院管理，后又改为国子监管理；地方武学则由各州县学掌管。

2. 学员构成和师资力量

宋代对武学生源有着明确的规定，即“凡使臣未参班，并门荫草泽人，并许召京朝官两员保任。仍先试验人材、弓马，应武举格者，方许入学”[2]。由此可知，宋代武学的生源主要分为两类（武臣子弟和民间子弟），同时还有一定的附加条件（有担保人，具有一定的武艺）。不仅如此，根据淳熙五年（1178）

---

〔1〕李春晓：《宋代武学的分布及其初步探究》，《社科纵横》2016年第8期。

〔2〕（清）徐松：《宋会要辑稿·崇儒三》，刘琳、刁忠民、舒大刚、尹波等校点，上海古籍出版社，2014，第2803～2804页。

的规定，“如文臣亲属愿就武学国子补试者听”，可见文臣的子弟也可以入武学。

在教学的师资力量方面，宋代武学的规定是“两制举文武官，各一员为武学教授”[1]。一文一武的设置显然同其科目的设置保持了一致，这也是宋代武学教学思想的一种反映。

3. 学习科目和考核要求

学习的科目主要有理论课与实践课。武学内部存在等级考核的划分，将所有学员划分为上、内、外三舍。每一舍都有人数限制，从“外舍”到“上舍”人数递减，学员通过考核后可以从“外舍”逐级上升。武学内部的三级划分沿袭了王安石设计的“三舍法”。王安石的“三舍法”起初是针对太学的一种学制改革，它主张通过考试的形式逐级选拔人才，并且存在一定的淘汰率。宋代的武学“三舍”的总人数是一百人，其中上舍十人、内舍二十人、外舍七十人。

“三舍”的考核标准和递升要求可参考熙宁五年（1072）的诏令：

> 春秋各一试，步射以一石三斗，马射以八斗，矢五发中的；或习武伎，副之策略，虽弓力不及，学业卓然，补上舍生，毋过三十人。试马射以六斗，步射以九斗，策一道，《孙》《吴》《六韬》，义十道五通，补内舍生。[2]

据此可知，武学中对学员的考核是从武艺和理论两个方面进

---

〔1〕（宋）章如愚：《群书考索》后集，书目文献出版社，1992，第 165 页。
〔2〕（元）脱脱等：《宋史》卷一百五十五，中华书局，1977，第 3680 页。

行的，其中对理论的掌握可以弥补武艺方面的不足。

宋代武学的蓬勃发展不仅促进了当时武术理论和武术技艺的发展，而且为后人研究宋代武术发展概况提供了宝贵的资料。同时，宋代武学也有一定的弊端，它忽略了对学生实战能力的培养，故而宋代名将无一出自武学，这也是宋代武学发展的遗憾。

三、武学、武举的影响

宋代是中国历史上一个极为特殊的朝代，史学家们历来对其褒贬不一。有人对其极为赞赏，有人又极为贬低。通过考察宋代武举与武学的利弊,或许可以为如何认识宋代提供一个新的角度。

虽然宋政权最后亡于同周边少数民族政权的军事斗争，但是这并不能说明它确立的武学和武举制度是完全失败的。人们对其的评判应当基于过程论的立场，而非一味地以结果论成败。

（一）对军事理论的影响

武举与武学的设立促成了宋代官方对军事理论的重视，投入一定的物力和人力参与相关的理论研究，为后世留下了宝贵的财富。宋代武学与武举的制度化与专业化推动了相关军事书籍的研究工作，尤其是《武经七书》的刊布更是促进了军事理论的发展进步。

所谓的《武经七书》，指的就是《孙子兵法》《吴子兵法》《六韬》《司马法》《三略》《尉缭子》《唐李问对》。在元丰三年（1080），由皇帝下诏整理、刊印，成为宋代武学与武举的指定用书。

“经”之一说，最早指的是儒家经典，即人们通常理解的“五经”（《诗》《书》《礼》《易》《春秋》）之类。“经”意味着常法、常典，与之相对的便是“纬”。将兵法上升到“经”的地位，显示出宋政权对于军事理论的重视，具有鲜明的时代特色。

正是得益于官方的肯定和重视，宋代对《武经七书》的研究前所未有地繁盛起来，其中尤以对《孙子兵法》的研究最为深入。《孙子兵法》的作者是春秋时期的孙武，汉末由曹操编订为十三篇，被称为“兵经”，居于《武经七书》之首。据南宋晁公武《郡斋读书志》所记：

> 仁庙时，天下久承平，人不习兵。元昊既叛，边将数败，朝廷颇访知兵者，士大夫人人言兵矣。故本朝注解孙武书者，大抵皆当时人也。[1]

由此可知，在宋仁宗时期，由于当时长期没有战争，天下太平已久，世人不喜议论兵事。突遇党项的元昊叛宋，边疆告急，朝廷才开始在民间寻找善战之人，这时候士大夫群体才开始普遍议论兵政。故而宋代注解《孙子兵法》的大都是宋仁宗时期的相关人物。

北宋名臣梅尧臣曾为《孙子兵法》作注三卷，当时的另一名臣欧阳修则为其作序。欧阳修说：

---

〔1〕（宋）晁公武：《郡斋读书志校正》，孙猛校正，上海古籍出版社，1990，第634页。

是曹公悉得武之术也。然武当以其书干吴王阖闾，阖闾用之西破楚，北服齐、晋，而霸诸侯。夫使武自用其书，止于强伯。及曹公用之，然亦终不能灭吴蜀。岂武之术尽于此乎？用之不能极其能也。[1]

欧阳修在序中回顾了《孙子兵法》的渊源，指出曹操由此书中获得习武之术。同时，欧阳修进一步指出，武学的用途在于统一天下，而非只是为了强霸。欧阳修还指出，虽然曹操精通《孙子兵法》，但是他却没能灭掉孙吴政权和刘蜀政权，原因就在于曹操没能充分发挥兵法的作用，而非兵法有误。

除了梅氏的注解外，宋代的相关注本还有很多，如王晳、张预、宋奇等人的版本。总之，宋代武学与武举的兴盛，促进了宋代军事理论的相关研究，成为宋代注疏学的一大特色。

（二）对政权稳定的影响

宋代武举与武学的设立在一定程度上为当时的政权提供了数量可观的、具有一定作战理论的军事人才，为赢得部分战争创造了条件。

影响宋代政权稳定的两大因素分别来自外部和内部。外部因素有同少数民族政权的军事对抗；内部因素则有国内大大小小几百次的农民起义。宋政权长期面临周边辽、西夏、金、蒙古等政权的军事威胁，恶劣的处境迫使宋朝皇帝和士大夫急于从军事理论书籍中寻找护国良策。同时，宋朝境内的起义不断，主要有蜀

〔1〕（宋）欧阳修：《欧阳修全集》，李安逸点校，中华书局，2001，第606页。

中王小波、李顺起义，洞庭湖钟相与杨么起义，山东梁山泊起义等，镇压农民起义也成为宋政权的当务之急。

武学与武举的发展，一方面客观上为维护宋政权的稳定提供了一定数量的军事人才，另一方面又将民间习武者广泛吸纳入官方武备体系中，避免了农民起义的扩大化。

在宋代的相关史料中，人们常常能看到出身武学或武举的将领护卫边疆的相关记载。例如，《宋史·何灌传》中有如下记载：

何灌，字仲源，开封祥符人。武选登第，为河东从事。经略使韩缜语之曰："君奇士也，他日当据吾坐。"为府州、火山军巡检。辽人常越境而汲，灌亲申画界堠，遏其来，忿而举兵犯我。灌迎高射之，发辄中，或著崖石皆没镞，敌惊以为神，逡巡敛去。后三十年，契丹萧太师与灌会，道曩事，数何巡检神射，灌曰："即灌是也。"萧矍然起拜。〔1〕

何灌，字仲源，河南开封人士，出身武举。当时的经略使（宋代的一级军事长官的名称）韩缜曾对他说："你是当世奇才，有朝一日一定会做我现在的位子。"何灌担任火山军巡检的时候，辽人常常越过宋辽边境，侵扰宋民。何灌则亲自划定两国边界，阻止辽军越界。一旦辽军越境，何灌则率兵抵抗，一射即中，或者率兵站在高崖上丢石块；辽军受惊，以为何灌为战神，由此收敛了自己越境的行为。三十年以后，契丹的萧太师与何灌相见，说起往事，细数何灌的神射之术，肃然起敬，并向其行拜礼，以

〔1〕（元）脱脱等：《宋史》卷三百五十七，中华书局，1977，第 11225 页。

示自己的崇敬之情。

除此以外，《宋史》中的类似记载还有很多，皆表明武学与武举为宋代军事人才的培养和选拔做出了重要贡献，如宋代大将杨石也是出身武学。据《宋史·杨石传》所记：

石，字介之，乾道间入武学，以恭圣仁烈后贵，赐第。庆元中，补承信郎，差充阁门看班祗侯，寻带御器械。嘉泰四年，充贺正旦接伴使。时金使颇骄倨，自矜其善射，石从容起，挽弦三发三中的，金使气沮。[1]

杨石，字介之，乾道年间进入武学学习。他出身显赫，是大将杨次山的儿子。杨次山是恭圣仁烈皇后杨桂枝的兄长，杨桂枝是宋宁宗赵扩的第二任皇后，即杨石是皇后的侄子。正是由于如此显赫的出身，杨石得到朝廷的赏赐，被赐予宅邸，此后仕途一路亨通。嘉泰四年（1204），杨石担任贺正旦接伴使，负责接待金国来使。当时金国的来使自觉射术了得，不把宋政权放在眼里。而杨石则从容站起，连射三箭，三发三中，有效打击了金国使臣的嚣张气焰。

从上述两个事例中，人们不难发现，宋代武学与武举确实在一定程度上为朝廷培养了军事人才和武术人才，有效地维护了边境稳定，并且在对外交往中，维护了宋政权的政治尊严。

与此同时，宋代虽然民间起义不断，但是并没有哪次能够在全国范围内广泛发展，其原因是起义军中缺乏具备武学理论的高

〔1〕（元）脱脱等：《宋史》卷四百四十五，中华书局，1977，第13596页。

水平人才。

名著《水浒传》中的"林冲"一角按照作者施耐庵的描述为"东京八十万禁军教头"。这一说法实际上并不符合宋代的历史。宋军中的"教头"实际上只是小官，手中并没有什么特别的权力。"从职业地位上看，教头的身份地位低下，属于古代的'专业技术人员'序列，供职于军营，但未必拥有兵权。"〔1〕

得益于武学与武举的发展，宋代建立了军事人才的职业化教育和录取体系，这是我国古代职业教育发展的一个真实的缩影。

综上可知，宋代武学与武举的兴盛不仅促进了宋代军事理论的发展，也为维护宋政权的稳定贡献了一定的力量。与此同时，还需要厘清一个基本的常识，演义小说中对宋代武学与武举的反映实际上与史实多有出入。宋代的相关制度，在很大程度上将民间习武人士纳入国家正规军的序列中，为民间习武人士提供了一条有效、快速、直接的上升通道。社会阶层的有效流动降低了民间起义人士的武学理论水平，从而使宋代的民间起义呈现出数量多、规模有限的特点。

第三节 民间及城市结社中的武术组织

"两宋时期民间产生大量的武术组织，它构成该时期武术发展的一大特点。"〔2〕在宋代之前，中国古代社会的其他朝代也

〔1〕唐芒果、蔡仲林：《两宋时期武术从业者群体研究》，《南京体育学院学报（社会科学版）》2015 年第 2 期。

〔2〕国家体委武术研究院编纂《中国武术史》，人民体育出版社，1997，第 202 ～ 203 页。

存在着民间的武术组织。之所以宋代会出现大量的民间武术组织，同这一时期经济的快速发展密不可分。

宋代是古代中国经济得以快速发展的时期，在农村和城市都存在大量的民间结社，其中因武结社的团体数量众多。农村的武术社团多以“递相救护，共保村坊”为目的，宗旨在于维护地域的团结和安全；城市中的武术社团则往往是因为其成员有着相同的武术爱好，如角社（相扑[1]）、锦标社（弓弩）、英略社（使棒）等。这些社团也对宋代武术的发展起到了很好的促进作用。

一、宋代民间结社的发展概况

“民间结社”这一概念，从字面上来看，是相对于官方机构的一种组织，是人们出于相同的目的而自发结成的具有一定稳定性的团体。这种民间结社早已有之，在东晋至隋唐时期被称为“社邑”“义社”等，到了宋代，这种组织的类型和数量更是越发多了起来。

（一）宋代民间结社的渊源

民间结社的产生与发展有着一定的思想渊源和组织渊源。民间结社是一种与官方组织相对的存在，它并没有国家机器为其存在与运行提供保障，它所依靠的更多的是共同的信念和理想，而且很多民间结社也是在官方组织的基础上发展起来的。但是，民

---

〔1〕《梦粱录》中有记：“角抵者，相扑之异名也，又谓之争交。”《中国古代体育史简编》指出，“摔跤一类的运动，宋代普遍称为相扑，也称角力、角抵或争交，还有称为手搏的”。据此，本卷“角抵”“相扑”“摔跤”“角力”“争交”同义，考虑到史料中所用表述也不尽相同，故结合文中不同情境使用相应表述，不求强行区分或统一，全卷同，后文不再赘述。

间结社较之于官方组织，很多时候有着更强的凝聚力和持续性，其内部的向心力有时候是异常强大的，而要解释这一现象，则需要人们深入把握民间结社的思想渊源和组织渊源。

1. 思想渊源

民间结社的共同理念和理想是有传统思想渊源的，它的主要来源便是原始信仰和儒家仁论。原始信仰产生于上古时期，是先民们在面对自然未知力量时的一种心理安慰和心理寄托；而儒家仁论则主要产生于春秋战国时期，由孔子创立，由孟子发扬光大；同时产生于先秦时期的墨家“兼爱”思想也是结社的重要思想渊源之一。

（1）原始信仰。

原始信仰作为民间结社产生与发展的重要思想渊源之一，它的主要内容是敬天与崇祖，这也就是人们常说的自然崇拜与祖先崇拜。这种信仰虽然产生于先秦时期，但是在历史上产生了广泛而深刻的影响，也成为古代民间结社的重要约束力量。

而这种自然崇拜的一个重要表现就是对于“昊天上帝”的信奉。这一观念实则源自先民对于未知力量的恐惧和拜服，他们常常用“昊天上帝”来说明人事兴衰、王朝更替。《诗经》中就有“有命自天，命此文王”“昊天有成命，二后受之”等说。不仅如此，《尚书》中还有“予惟小子，不敢替上帝命。天休于宁王，兴我小邦周，宁王惟卜用，克绥受兹命”之说，以替天行道为己任去推翻商纣王的暴政统治。这一理念也为很多民间社团组织的存在提供了合法性依据，有利于增强社团自身的号召力和凝聚力。

（2）儒家仁论。

“仁”这一字早已有之，孔子在前人的基础上将其含义进一步发挥，强调了其“爱人”的内涵。孔子的“爱人”是以“爱亲”为前提的，他所强调的是对于血缘关系的重视。而孟子作为孔子思想的继承者，他在“爱亲”的基础上又提出了“老吾老以及人之老，幼吾幼以及人之幼”，进一步强调了人与人之间的关系。由此出发，宋代的一些民间结社组织就以这种仁爱关怀为核心理念，强调对老者、弱者的体恤和扶助。

虽然孔孟“仁”说主张“爱亲”，但是他们并不反对非血缘之爱，更加主张仁民、爱物，将“爱”的对象范围扩大至整个“类”。孔孟对“仁”说的阐发和强调对中国传统社会风气的形成和发展产生了极为深刻的影响。孔孟在突出“仁”之重要性的同时，皆表达了为了成全仁义可以放弃生命的主张。

儒家这种以仁义为最高追求的理念也深刻影响了中国古代的习武之人，他们坚持以武载德，用自己的实际行动践行儒家的仁义要求。这种精神也成为宋代民间武术结社的一大思想渊源。

（3）墨家“兼爱”。

儒家的“仁爱”是以人与人的血缘亲疏关系为依据的，它要求人们从爱自己的血亲出发，将这种“爱”延伸到“路人”身上。而墨家则主张要“视人如己，不分亲疏远近、贫富贵贱”地平等去爱一切人。故而，墨子说：“视人之国，若视其国；视人之家，若视其家；视人之身，若视其身。”[1]

正是由于以“兼爱”为自己的核心主张，墨家团体向来以“侠义”闻名于世。而有的学者据此认为，中国古代最早的“侠”便是来自墨家团体。而且墨家的“兼爱”主张实质上所提倡的是一

---

〔1〕吴毓江：《墨子校注》，孙启治点校，中华书局，2006，第159页。

种互助精神。墨子说："必吾先从事乎爱利人之亲，然后人报我以爱利吾亲也。"[1]显然，在墨家这里，所提倡的正是一种超越了血缘关系的互助互利的纽带关系。

2. 组织渊源

中国古代社会的民间结社活动并不是凭空出现的，它有着传统结社的渊源。而传统的里社制度和"歃血为盟"就是其产生的最为重要的两种组织渊源。实际上，很多民间结社组织的基本构架和组织原则是学习、模仿官方组织后的结果，但是很多民间结社组织却拥有比官方组织更为长久的生命力。

（1）传统里社。

里社制度是中国古代早期社会管理的重要形式，也是民间结社产生与发展的重要依托，尤其是为宋代农村的民间结社提供了重要保障。

中国古代基层组织制度几经变换，在宋代的表现主要是乡保之法。而在宋代之前，《论语·雍也篇》中就有"以与尔邻里乡党乎"[2]之说，可见当时的"乡党"便是一种基层组织。

秦及其以后，乡里制度一直存在，不断发展。秦代是十里为一乡，汉代则是十里为一亭，隋唐又有变化。隋以百家为里。唐则以四家为邻，五家为保。而到了宋代，主要是自王安石所主导的熙宁变法中的"保甲法"的实施后，在宋代的基层组织管理中"以五家为小保，五小保为一大保，十大保为都，都统于乡"[3]。虽然王安石变法后来被废，但是"保甲法"的相关规定却被改造保存了下来。

---

〔1〕吴毓江：《墨子校注》，孙启治点校，中华书局，2006，第 179 页。
〔2〕杨伯峻：《论语译注》，中华书局，2006，第 63 页。
〔3〕陈宝良：《中国的社与会》，浙江人民出版社，1996，第 141 页。

（2）“歃血为盟”。

中国古代的结盟有一定的仪式要求，其中“歃血为盟”是最为人们所熟知的一种形式。历史上的一些有名的文学作品对这一仪式的描绘也更进一步加深了人们的印象，如《三国演义》第三十三回中就有“幽州刺史乌桓触，聚幽州众官，歃血为盟，共议背袁向曹之事”[1]之说，其中便有“歃血为盟”。

中国古代结盟仪式的关键在于“歃血为盟”，指的是盟约确立时双方饮动物血液，或者将血液涂抹在嘴边，以此来表示自己会遵守约定。古代会盟时所用的动物血主要有牛、狗、马、鸡之血。而之所以用这些动物之血，是同中国古代的宗教信仰有关的。这种“歃血”仪式实则是一个向“神明”献祭的过程，以此求得一种超人力的约束，这种约束主要用来惩罚背誓的一方。

（二）宋代民间结社的类型

1. 区域划分

宋代的民间结社因地域不同，可以区分为农村结社与城市结社。

（1）农村结社。

宋代的农村结社多出于自我保护的目的，为了抵抗周边少数民族政权的侵扰，由此在河北、山西、河南、山东等地区的广大农村，结社现象非常普遍：

弓箭社

河北旧有之。熙宁三年（1070）十二月，知定州（今河北定县）

〔1〕（明）罗贯中：《三国演义》，人民文学出版社，1979，第289页。

藤甫言："河北州县近山谷处，民间各有弓箭社及猎射人，习惯便利，与夷人无异。"〔1〕

由这段记载可知，当时河北地区存在着弓箭社。后来到了元祐八年（1093）十一月，苏轼出知定州，他也曾对当地普遍存在的弓箭社予以点评，他说：

今何朔西路被边州军，自澶渊讲和以来，百姓自相团结为弓箭社，不论家业高下，户出一人，又自相推择家资武艺众所服者为社头、社副、录事，谓之头目。〔2〕

苏轼的这段话为人们描述了澶渊之盟以来河北弓箭社的发展概况。当时河北定州的弓箭社入社门槛并无经济条件的特殊要求，而是每户出一个人，然后再推荐武艺出众者任社头（总指挥）、社副（副指挥）、录事（计事员）等职，也就相当于该社团的头目。

而此类弓箭社的日常活动主要由五方面构成，"有讲习韬略和演习弓箭处；有社长（善射者）、社副（武艺超群者）、社录（善书者）；入社者各置弓一张，箭三十支，刀一口；每社置武经等书，时时讲习；三、六、九习射一次，并有定期较射；射法有近射法，攒射法等。"〔3〕

总之，"弓箭社作为中国历史上规模较大的民间武艺结社，为后世武术社团之滥觞，也因苏轼奏议乞复置弓箭社及修

〔1〕（元）脱脱等：《宋史》卷一百九十，中华书局，1977，第4725页。
〔2〕曾枣庄、舒大刚：《三苏全书》第十二册，语文出版社，2001，第210～211页。
〔3〕林伯原：《试论两宋民间结社组织的体育活动》，《体育科学》1987年第2期。

订条约而备受后世瞩目。弓箭社大约出现在宋景德年间，即公元 1004 年宋真宗与契丹‘澶渊议和’之后，至南宋末期庚辰年（1260），期间经过多次收编。弓箭社主要分布在河北、陕西和山西等西北边陲……缘于政府的推动，以射箭为内容的各种军事比试，促进了民间习武的热潮，也衍生出现代意义上的射箭规则与方法”[1]。

（2）城市结社。

不同于农村结社的自保特点，城市结社大都以娱乐休闲为目的。在宋代的城市里，出现了踢足球的“齐云社”“圆社”“蹴鞠社”，进行相扑活动的“角抵社”“相扑社”，射弓弩的“锦标社”“川弩社”等，还有使棒的“英略社”，除此之外，还有很多其他种类的娱乐性社团如诗社、围棋社。

2. 目的划分

（1）经济结社（互助）：新安社、黑金社、过省会、万桂社。

宋代的新安社这种互助组织主要存在于广大农村地区，入社之人需缴纳一定的财物，借此互相帮助，共渡难关，维持农业生产活动。《新安志》中说：

> 愚民嗜储积，至不欲多男，恐子益多，而赀分始少。苏公谪为令，与民相从为社，民甚乐之。其后里中社辄以酒馈长吏，下及佐史，至今五六十年，费益广，更以为病。

由上可知，新安的百姓特别喜欢储蓄，由此不喜欢多生育男

---

〔1〕林友标：《苏轼与弓箭社探析》，《体育文化导刊》2010 年第 2 期。

孩，害怕儿子越多财产分出去的也就越多，那么自己手中的财产就会变少。当时的县令便让当地的百姓结成社团，平日里将余钱交给社团，年老的时候再取出来，以此养老，维系宗族团结。

除此以外，“过省会、万桂社长期流行于福建等地，成立的目的是为贫寒之士读书、生活、赶考提供资助，其成员构成主要为读书人，其规模大小不一，多者达几千人，少者数百人而已”〔1〕。

据宋人真德秀所记：

林君彬之以万桂社规约示余。余叹曰：“……忆余初贡于乡，家甚贫，辛苦经营，财得钱万，囊衣笈书，疾走不敢停，至都则已惫矣。此则举乡，人乃有为所谓过省会者（人入钱十百八十，故云），偶与名其间，获钱凡数万，益以亲友之赆，始舍徒而车，得以全其力于三日之试，遂中选焉。故自转输江左以迄于今，每举辄助钱二十万，示不忘本也。”〔2〕

真德秀（1178—1235），是南宋后期著名理学家、政治家，被世人称为“西山先生”。根据上述引文可以得知，真德秀在观看了万规社的社规后不禁回忆起自己早年的读书、求学生活，他自己也是家境贫寒，幸亏参加了当时的“过省会”这种社团，才得到物质资助，由此才能考中科举，踏入仕途。

可见，宋代民间的这种经济互助社，不仅能够帮助农民养老，

〔1〕史江：《宋代经济互助会社研究》，《中国社会经济史研究》2003 年第 2 期。
〔2〕（宋）真德秀：《西山先生真文忠公文集》卷二十七，文渊阁四库全书本，台湾商务印书馆，1986，1174 册，第 415 ～ 416 页。

还能够帮助读书人改变命运，其作用不容小觑。

（2）文官结社（反对王安石变法）：洛阳耆英会。

这一类社团的成员都是当时有名的官员，而且基本上都是通过科举考试选拔出来的文人雅士，他们因为相同的政治立场而结成社团，具有一定的政治影响力。宋代最有名的政治社团当属文彦博召集的洛阳耆英会。该会成员有文彦博、富弼、王拱臣、司马光等人，他们都是王安石变法的反对者，虽然一时因仕途不顺而闲居洛阳，但是其政治影响力是不容忽视的。

据《宋史》所载：

（文彦博）与富弼、司马光等十三人，用白居易九老会故事，置酒赋诗相乐，序齿不序官。为堂，绘像其中，谓之“洛阳耆英会”，好事者莫不慕之。[1]

由此可知，洛阳耆英会的设置是模仿唐朝白居易的“九老会”，该会的一项基本要求，即“序齿不序官”，以年龄大小为准。这一结社形式在当时还引来了众多的模仿者，可谓影响深远。

3. 功能划分

两宋时期边患不断，当时边境地区的百姓多结成社团，练习武艺，保家卫国。这里社团的成员多出身于贫困之家，也靠表演武艺赚取一定的经济收入。这一时期的社团主要有“相扑艺人的角抵社、蹴球艺人的齐云社、使棒艺人的英略社、射箭艺人的射弓踏弩社等”。这类社团一般都设置了较高的入会门

〔1〕（元）脱脱等：《宋史》卷三百一十三，中华书局，1977，第 10263 ~ 10264 页。

槛："武士有射弓踏弩社，皆能攀弓射弩。武艺精熟，射放娴习，方可入社耳。"[1]

同时，宋代又是我国历史上经济极为发达的朝代，也涌现出了很多以休闲娱乐为主的社团。这些社团的成员主要来自富裕家庭，成立社团多是出于自身的兴趣爱好。这类社团主要有"为了休闲娱乐和交流技艺的射水弩社，喜欢骑马运动的马球社，爱好狩猎的出猎社等"[2]。而这类社团的入会门槛比较低，并不要求较高的技术水平。

"在宋代也出现了一些横行乡里、与之性质大相径庭的民间习武结社组织，一些土豪召集社会上的闲散人员，为非作歹，对社会安定造成了一定危害，如'没命社''霸王社''亡命社'等。"[3]

二、宋代民间武术结社的发展

宋代民间的武术组织既有军事性的，又有纯粹武术性的，其中军事性的结社主要有忠义社和弓箭社，前者的名称表明了结社的目的，后者的名称则以社团的主要武器为名。除此以外，宋代的民间武术组织还有相扑社、锦标社、英略社等以某项运动为核心的社团组织。

"在宋代，每当地方不安定，民间便纷纷结社自保，乡社武装遍布全国，主要可分为防卫乡里的民间自保之社和防御外族入

〔1〕(宋)孟元老等：《东京梦华录》(外四种)，上海古典文学出版社，1956，第 299 页。
〔2〕秦海生：《宋代体育组织研究》，《体育文化导刊》2012 年第 9 期。
〔3〕秦海生：《宋代体育组织研究》，《体育文化导刊》2012 年第 9 期。

侵的保境抗敌之社。”[1]其中，军事类的结社既有某一地域的地方自保性团体，也有超出某一行政区划的普遍性边境防御性团体，诸如福建忠义社，湖南乡社、买马社等。

宋代民间结社的发达还促进了乡约的发展，其中，尤以《吕氏乡约》具有代表性。“《吕氏乡约》其产生还是受到了民间聚会以及学规、行条、社案等约法形式的影响。”[2]

三、宋代民间武术结社的影响

专业社团的出现表明，民间武术活动已经从传统的“百戏”杂耍中独立出来，成为一项专门的体育项目。宋代民间结社对武术发展的影响主要体现在以下四个方面。

（一）促进了武术技艺的进步

宋代民间武术结社在入社条件上有所限制，要求社员的武艺水平要达到一定的标准，客观上促进了社员提升武术技艺。不仅如此，宋代的一些武术社团还会有针对性地展开武术培训，提高社员的武艺水平。同时，宋代武术结社的壮大还促进了武术派别的出现和发展，门派意识逐渐成形。

（二）促进了武德修养的精进

宋代的武术社团对社员的个人品德提出了具体的要求，力

---

〔1〕史江：《宋代军事性会社及其形成背景、特点及社会功能初探》，《四川大学学报（哲学社会科学版）》2003 年第 2 期。

〔2〕祁晓庆：《儒学教化中的民间结社——以社条、乡约为中心的考察》，《社会科学家》2010 年第 4 期。

主弘扬仁义精神，促使社员加强武德修养，有利于营造社会正气，尤其是一些军事性的武术团体直接以“忠义社”为自己的社团名称。

“忠义”型社团的出现和发展，实际上表明相关的组织者有意无意地将自己与一些其他的非法社团区别开来。宋代与其他朝代一个很大的不同，即农民起义的数量激增，大大小小的农民起义有 400 多次，遍布各地。由此，镇压农民起义就成为当时军队的重要任务之一。在这一背景下，宋廷对民间的结社组织是十分警惕的。但是有趣的是，一些“忠义社”反而会同官府和军队进行一定程度的合作。这种官民结合情形的出现，除了受到当时特殊的社会环境影响外，还与“忠义社”之名有一定的关系。

（三）促进了城市经济的发展

宋代的武术社团有一部分会从事商业表演，从而解决宋代城市中游民的就业问题。这样的表演既丰富了市民的业余休闲生活，又促进了商业和经济的发展。

宋代城市经济的发展为民间武术艺人的生存与发展提供了良好的环境。这种民间社团的出现与发展则为维护良好的经济秩序提供了助力。相关社团社条、社约的制定，有效地规范了社团成员的活动，为防止混乱秩序的出现贡献了力量。

（四）有效维护了边境地区的治安

宋代不但边疆地区时有辽、金等政权的侵扰，而且乡野之间时有盗贼横行。基于此，民间的武术结社有助于保护当地居民的正常生活。此外，在宋代沿海地区常有海盗出没，沿海地区的民间武术结社有效地抵御了海盗的侵袭。

第四节 “套子”初现的武术套路雏形

“套路”之说始自宋代的“套子”，最初指的是女子相扑过程中双方以组合动作进行对打，从而吸引观众。宋代的“套子”武术形式多样，不仅相扑选手使“套子”，“使拳”之类的也有“套子”。宋代“套子”武术的发展是深受当时经济发展影响的。武术成为“瓦子勾栏”的表演项目，且具有营利性质。各类表演者为了赢得观众的喜爱而不得不在动作方面进行设计和创新，从而也丰富了武术的动作形式。

一、宋代“套子”武术的出现

（一）“套子”的出现与含义

“套子”一词最早在出现在《梦粱录》卷二十中：“先以女飐数对打套子，令人观睹，然后以膂力者争交。”[1]这段文字中的“女飐”指的就是女子相扑选手，而所谓的“打套子”指的就是有着固定动作招式的组合。

显然在起初，“套子”所指的是两名武术选手之间的一种对练，在《中华武术》一书中，作者则将上述“打套子”的记载归

〔1〕（宋）孟元老等：《东京梦华录》（外四种），上海古典文学出版社，1956，第312页。

于“徒手对练表演”[1]种类里。同时，仅从上述短短几句描述，人们很难窥知当时“套子”相扑的动作特点和要领，只能推知当时已经出现了比较成熟的动作体系，并且该体系具有较高的观赏价值，能够帮助后续的男子相扑表演吸引观众。

上述记录虽然文字量有限，但是人们却可以从中提取一些有效信息。首先，“套子”武术较早地出现在女子相扑表演中，它更加凸显了武术的审美价值，而且利于没有武术基础的观众迅速融入表演中，有利于武术的传播；其次，宋代休闲经济的发展，是促进观赏性武术活动发展的重要因素，经济利益的获得刺激了部分武术表演从业者以观众的感受为改进与构建武术动作的重要考量。同时，这种“套子”武术还具有“对练、假势合（事先排练好的）、娱乐表演”[2]的特点。

而这种追求观赏性的武术表演形式又被称为“花拳”。马明达先生指出：“王进的话道出了‘花棒’一类武艺的实质：一是‘好看’，二是‘上阵无用’。也就是说这是一种专门用来‘人前饰观’的表演性武艺，此类武艺的表演形式主要是套路，故又被称之为‘套子武艺’”[3]。不仅如此，马先生还认为，“花法武艺的兴起，给军旅军艺带来一定消极影响，甚至产生了某种冲击，以至于兵学家们将这类东西视为军中禁忌，公开加以批评”[4]。

实际上，不同的时期，人们对这种“套子”武术（花法武艺）的理解和评价是不同的，而异论的关键在于如何看待武术。如果

---

〔1〕刘峻骧：《中国武术》，京华出版社，1994，第16页。
〔2〕马文友：《套子武术最早出现在宋代的社会学阐析》，《浙江体育科学》2008年第5期。
〔3〕马明达、马廉祯：《花拳入门　错了一生》，《体育文化导刊》2004年第12期。
〔4〕马明达、马廉祯：《花拳入门　错了一生》，《体育文化导刊》2004年第12期。

以实战技击为标准来认识武术，那么论者极有可能对这一武术形式持否定的态度；但若是能认可武术的审美等其他价值，则论者又会对这种新的武术形式持肯定的态度。

（二）“套子”武术的历史影响与评价

“套子”武术虽然在宋代受到群众的喜爱，但是在一部分追求对抗和实用的武术人眼里，这种“花拳”是应被批判的。遗憾的是，“套子”武术的相关记载在常规的武术典籍中并不常见，反而是在一些反映两宋社会历史的文学作品中有迹可循。

1.《水浒传》中的批评

一些文学作品借自己笔下的人物来表达对这种“套子”武术的批评。在《水浒传》中有大量的关于这种“花拳”武艺的描述。在小说中，使“花棒”并不是真功夫，且在实战中是必然会败下阵来的。

王庆是《水浒传》中的反派人物，他最后被宋江率部抓获。此外，小说的第二回就描写了史进与当时的禁军教头王进比试武艺，结果输给了王进。之后，王进发表了一番评语，他说：

> 既然令郎肯学时，小人一力奉教。只是令郎学的全是花棒，只好看，上阵无用，小人从新点拨他。[1]

由王进的这段话，人们明显可以看出作者对“花棒”的鄙夷之情，而且这段话还透露出另外一种信息，即“花棒”这种源自

〔1〕（明）施耐庵、罗贯中：《水浒传》，人民文学出版社，2005，第28页。

“套子”武艺的形式已经不再是单单出现在武术表演场合，而是成了一种流行的技法，并且成为某些武艺师傅的授课内容。虽然《水浒传》只是一部文学作品，它表达的内容经过了一定文学手法的加工，但是却在一定程度上反映了宋代武术发展的概况，为人们提供了值得参考的文字材料。

2. 后世武术家的批评

明代武术家戚继光、何良臣对这种“花拳”皆是极为反对的。“戚继光就是这种花法武艺的批评者。他禁止军中习练‘周旋左右、满片花草’式的‘花法’武艺。”“晚年的戚继光在重新整理《纪效新书》时，竟将被民间拳家奉为武学圭臬的《拳经捷要篇》全部删除。”[1]不止戚继光，何良臣也说：

> 外如花刀、花枪、套棍、滚杈之类，诚无济于实用，虽为美看，抑何益于技哉？是以为军中之切忌者，在套子武艺。[2]

显然，在何良臣看来，花刀、花枪、套棍这些技法确实没有什么实际的用处，只是为了好看而已，对于武术技巧的发展也没有什么益处，故而军中习武的大忌便是这些“套子”武术的流行。

不管是戚继光，还是何良臣，他们对武术的认识都是站在实用的角度，而且他们自身首先是军事家，而后才是武术家，正是这样的身份和立场影响了他们对“花法”武艺的认识和态度。处在新时代的环境背景下，对这种“花法”武艺的认识自然不应当

〔1〕马明达、马廉祯：《花拳入门 错了一生》，《体育文化导刊》2004 年第 12 期。
〔2〕（明）何良臣：《阵纪》，文渊阁四库全书本，台湾商务印书馆，1986，727 册，第 698 页。

一味地遵从古人的见解，而应当立足当下，重新认识“套子”武术。

3. 今人的肯定

今人对“套子”武术这种表演形式的认识是同其对武术的本质与功能的理解密不可分的。只有从认识上实现对武术定位的转向，才能更加准确地看待“花法”武艺这一形式之于武术发展的重要意义。

站在人与人的角度上看，武术是处理双人或多人间关系的一种方式，具体指向的便是非单人的演练与竞技形式；站在人与己的角度上看，武术处理的实则是自身的身心关系。从以上论述出发，“花法”武艺显然是值得肯定的。

二、宋代“套子”武术的类型与价值

（一）宋代“套子”武术的类型

“套子”武术的出现既意味着武术技艺发展的日益成熟与完善，也意味着专门从事武术表演活动的人员不断增加，为武术在民间的广泛发展提供了重要的条件，也为武学家总结武术的动作要领与规律提供了实践基础。

“套子”一词的出现虽然较早是与女子相扑相关联的，但是这种武术运动形式也迅速与使拳、使棒等各种武术项目结合起来，促成了宋代民间武术蓬勃发展的局面。

宋代的“套子”武术从不同的角度去看可以划分为不同的类型：从人数多少的角度看，可以分为单人“套子”武术与多人“套子”武术；从具体项目的差异来看，可以分为相扑“套子”武术、使棒“套子”武术、使拳“套子”武术等；从练武的目的看，可以分为娱乐性“套子”武术与技击性“套子”武术。

（二）宋代“套子”武术的价值

“套子”武术的出现也为武术价值的讨论提供了新的方向，它向世人展示了武术的审美价值。同时，后来的武术套路也是由此演化而来的，且具有一定的技击价值。此外，“套子”的动作构成又在一定程度上吸收了原始巫舞的元素，进而具有一定的超越性价值。

1. 审美的价值

从现有的文献资料出发，以宋代女子相扑表演的“套子”为立足点，审美价值可以说是“套子”武术的首要价值。它的目的就在于吸引观众的目光，而且从何良臣的批评中也可以看出，虽然他对“套子”武术极为不齿，但是他也说“虽为美看”，显然还是肯定了它的审美价值。只不过“套子”武术的这种审美价值经常遭到批评。在有些人眼里，它只是“花拳绣腿”的“假把式”，而非“真功夫”。

实际上，人们应当正确看待“套子”武术的这一价值。它标志着武术已经脱离了原始发展的阶段，开始步入商业化的阶段，其娱乐功能的凸显也正说明武术越来越受到广大人民群众的喜爱，这也是武术长久生命力的重要来源。

2. 超越性价值

“套子”武术的超越性价值来自对其起源的考察，这种超越性价值并非是宗教信仰方面的超越，而是来自对“天道”的体贴。“套子”武术与古代的巫舞有着密切的关联。据庞朴先生所说，

“无”“舞”“巫”三字同源，而且“舞是用以同‘无’打交道的手段。这个‘无’，不等于没有，只是无形无象，永远看不见，摸不着而已”[1]。这种“舞”的活动是极为神圣的，而从事这项活动的人便是“在男曰觋，在女曰巫”。这种“无”实则就是“道”，“巫”“舞”作为一种技是可以通于“道”的。

上述观点早在《庄子·养生主》篇中便有阐发。

庖丁为文惠君解牛，手之所触，肩之所倚……合于桑林之舞，乃中经首之会。

文惠君曰：“嘻，善哉！技盖至此乎？”[2]

庖丁为文惠王演示了自己解剖全牛的过程，他的动作不但和谐无比，而且其动作合乎“桑林”之舞、“经首”之乐的节拍和节奏。由此，文惠王称赞庖丁高超的宰牛技巧。

“桑林”在中国古代的含义和地位是极为特殊的，它常常是帝王求雨的所在。如《淮南子·修务训》有记：

汤旱，以身祷于桑山之林。“桑山之林能兴云致雨，故祷之。”[3]

诸如此类的记载还有很多。显然，“桑林”在古代具有极为神秘的色彩，通过它可以感通“上帝”。此外，祈求上天的方法

---

〔1〕庞朴：《庞朴学术文化随笔》，中国青年出版社，1996，第45页。
〔2〕（清）郭庆藩：《庄子集释》，中华书局，1985，第117～118页。
〔3〕何宁：《淮南子集释》，中华书局，1998，第1317～1318页。

常常是身体做出各种奇妙的姿势，可以说是“套子”武术最早的源头。

“套子”武术的这种超越性价值正是它区别于其他运动形式的重要特点，这应当为人们研究武术的现代化提供新的思路和借鉴。

三、“套子”武术的历史影响

（一）象征着中国古代武术第一次转型的开始

“套子”武术的出现意味着中国古代武术第一次转型的开始，武术的发展由过去的自发阶段进入自觉阶段。在此之前，武术动作技艺的出现大都是出于实战的本能反应，而在商业竞技活动中出现的“套子”武术则反映出此时促使武术技术发生变化的是经济利益的直接刺激。以前武术技艺的发展是一种非功利性的行为，而宋代“套子”武术的出现和发展则是一种功利性的行为。

（二）丰富了中国古代武术的外在表现形式

商业竞技活动更加注重武术动作的观赏性，而非其技击性。宋代商业经济的发达为商业竞技活动的发展提供了良好的环境和充足的条件，同时也为表演型武术技巧的发展提供了物质保障。表演型武术活动的发展促使武术技艺在动作上出现了新的发展和变化，从而丰富了中国古代武术的外在表现形式，为后世的表演型武术的发展奠定了基础。

（三）促进了中国古代休闲体育的发展

宋代休闲体育的出现和发展实际上反映的是宋代经济的高度

发展，百姓在满足了基本的生存需求后，开始出现对于休闲体育的需求，愿意出资观看表演型武术活动，这也从客观上促进了中国古代休闲体育的发展。

第五节 “露台争交”的相扑、拳棒擂台竞赛

得益于商品经济的不断发展，宋代的市井文化相当发达，武术竞赛与这一文化形式紧密结合，出现了多种多样的擂台竞赛。参与者不仅能够获得物质利益，有些人还因此谋得一定的官职。这一时期的擂台竞赛盛况也反映在一些文学作品中，为人们考察这一时期的武术竞赛提供了丰富的材料。此外，这一时期的女子相扑大放异彩，宋仁宗赵祯就曾因观看女子相扑而被司马光上书批评。

一、宋代擂台赛发展的环境

宋代武术擂台赛的出现与发展，实际上是宋代商业经济发达的一个缩影。擂台赛实质上将武术中的对抗性运动转变为一种商品，通过贡献精彩的表演以求获得一定的物质利益。这种获利形式不同于皇帝的赏赐，反而充分体现出了商品经济的交换特征。

宋代商业经济较为发达的另一表现就是城市中瓦舍（瓦市、瓦子）的出现。宋人吴自牧在《梦粱录》中提到：“瓦舍者，谓其‘来时瓦合，去时瓦解’之义，易聚易散也”。[1]这段话为人们了解“瓦

〔1〕（宋）孟元老等：《东京梦华录》（外四种），上海古典文学出版社，1956，第298页。

舍”的字面意思提供了帮助，实际上人们还应当注意到，正是“瓦舍”为经济活动的进行提供了较为固定的场所，有助于促进人们形成常态化的消费习惯。要想深入理解“瓦舍”的出现与发展，还应当了解宋代的政治经济环境。

（一）政治环境——宵禁制度的变革

宵禁制度是中国古代社会的一项维护社会稳定的重要举措，它规定人们夜间不得擅自行动，这是制约中国古代商品经济发展的重要因素之一。唐朝对商业活动的场所和经营时间有着严格的规定，坊和市的界限十分明确和严格。但是宋代的宵禁制度相对宽松，由此也促进了“夜市经济”的发展。如在上元节时，“（嘉祐）四年（1059）正月，上元节，以京城积雪，能张灯，纵士庶游观，仍不禁夜”，“大观二年（1108）十一月十二日诏，‘来岁上元节，以大行皇后园陵礼毕，所有御楼观灯可罢，唯幸官观烧香，为民祈福，齐殿不作乐，止宣臣僚坐赐茶。开官观寺庙，不禁夜，放庶士烧香，许民间点照。’由此可见，上元节时是没有宵禁的”〔1〕。

正是这种相对宽松的宵禁制度，为“夜市经济”的发展提供了极为有利的条件，为宋代的擂台比赛提供了经济和时间的支撑。

（二）经济环境——瓦市经济的发展

两宋的商品和服务的类型更加多样，人们在观看擂台表演的同时还可以消费其他品类。瓦市勾栏作为宋代开展经济活动的重要场所，“《东京梦华录》中罗列了开封城许多‘京瓦伎艺’，

〔1〕乔相宜：《北宋时期的商业政策探析》，《商讯》2019 年第 15 期。

其中有伎艺、小唱、嘌唱、诸宫调、杂剧、杖头傀儡、悬丝傀儡、药发傀儡、筋骨、上索、杂手伎、球杖、锡弄、散药、舞旋、小儿相扑、杂剧掉刀蛮牌、弄影戏、弄乔影戏、弄虫蚁、耍秀才、商谜、说诨话、讲史、小说、说三分、五代史等”[1]，可见其中不仅有武艺表演，还有其他营生。

（三）宋代瓦市的规模与代表

1. 规模

南宋孟元老在其所著的《东京梦华录》中说到汴京“东角楼街巷” 时指出，“街南桑家瓦子，近北则中瓦，次衷瓦，其中大小勾栏五十余座。内中瓦子莲花棚、牡丹棚，里瓦子夜叉棚、象棚最大，可容数千人”[2]。由此可见，瓦子比勾栏大，一座瓦子里面又可容纳几十座勾栏园所，而每一处勾栏就是一处小型的表演场地。

实际上，宋代的瓦市经济非常发达，不仅都城有很多瓦市勾栏，一些县区也有这种场所。小说《水浒传》中就有相应的描写，由此可以窥知当时瓦市经济的概况。小说里描写白秀英出场时说道：

如今见在勾栏里，说唱诸般品调。每日有那一般打散，或有戏舞，或有吹弹，或是歌唱，赚得那人山人海价看。[3]

---

〔1〕秦建明 :《勾栏瓦舍试解》，《文博》2015 年第 4 期。
〔2〕（宋）孟元老等：《东京梦华录》（外四种），上海古典文学出版社，1956，第 14 页。
〔3〕（明）施耐庵、罗贯中：《水浒传》，人民文学出版社，2005，第 678 页。

通过这段描写，人们可以大致了解当时郓城县的勾栏经济的发展情况，当时勾栏中提供的有“打散”“戏舞”“歌唱”等表演项目，而且场面非常火爆。

周密的《武林旧事》里详细记载了杭州的瓦市勾栏的各种类型，他说：

瓦子勾栏（城内隶修内司，城外隶殿前司）：南瓦、中瓦、大瓦、北瓦、蒲桥瓦、便门瓦、候潮门瓦、小偃门瓦、新门瓦、荐桥门瓦、菜市门瓦、钱湖门瓦、赤山瓦、行春桥瓦、北郭瓦、米市桥瓦、旧瓦、嘉会门瓦、北关门瓦、艮山门瓦、羊坊桥瓦、王家桥瓦、龙山瓦。如北瓦、羊棚楼等，谓之游棚。外又有勾栏甚多，北瓦内勾栏十三座，最盛。或有路岐不入勾栏，只在耍闹宽阔之处做场者，谓之打野呵，此又艺之次者。[1]

周密的这段文字为人们描述了三类演艺表演的场所：一类是固定场所，即他所说的北关门瓦、艮山门瓦、羊坊桥瓦、王家桥瓦这些；一类是移动场所，即北瓦、羊棚楼这些，是可以随时移动的，也被称作“游棚”；一类是无棚的“打野呵”。可见前两类是有棚的瓦子，而最后一类是无棚的场子。同时，周密还指出，不同的表演场所意味着不同的表演水平。水平最高者自然是在第一类场所表演的，其次是在“游棚”里表演的，最差的则是在路边卖艺的。

---

〔1〕（宋）周密：《武林旧事》，西湖书社，1981，第92～93页。

2. 代表——大相国寺

宋人王栐在其《燕翼贻谋录》中指出，“东京相国寺，乃瓦市也。僧房散处，而中庭两庑可客万人，凡商旅交易，皆萃其中。四方趋京师，以货物求售，转售他物者，必由于此”[1]。

上述文字告诉人们，当时宋都东京的相国寺也是瓦市举办的重要场所，那里最多可容纳万人同时在场。商旅在此地进行交易，这里是当时货物周转的重要基地。

二、宋代擂台赛的类型

（一）相扑擂台赛

《梦粱录》中有记：

> 角抵者，相扑之异名也，又谓之争交。且朝廷大朝会、圣节、御宴第九盏，例用左右军相扑，非市井之徒，名曰“内等子”……

根据这段文字，可以知道当时相扑活动的不同名称，它也可以被称为“角抵”“争交”等。当时宫中设有专门的相扑选手，即所谓的“内等子”。而“内等子”是从御林军中选出膂力强劲者，名额为120员，包括“管押人员”（管理员）、“十将”（教练）各2名、“剑棒手五对”10员，正式相扑手分为“上、中等各5对，下等八对，共36员，剩余70余名人员为预备人选，每3年考核一次”[2]。

与“内等子”这种皇家专业选手相对，民间也有相扑选手。

---

〔1〕（宋）王栐：《燕翼贻谋录》，中华书局，1981，第20页。
〔2〕陈圣争：《中国古代女子相扑新说》，《体育科研》2016年第6期。

皇宫内的相扑选手负责宫廷内的各种场合的表演活动，而民间的相扑选手则可以参加设置于瓦市中的擂台赛。

这种民间的相扑艺人是属于“路岐人”序列的：“瓦市相扑者，乃路岐人聚集一等伴侣，以图摽手之资。先以女飐数对打套子，令人观睹，然后以膂力者争交”[1]。所谓“路岐人”，“指的是那些不在官家名册上的业余相扑者，也就是民间艺人”[2]。

宋代的擂台赛一般会选择在庙会上举行，尤其是护国寺和南高峰的庙会。据《梦粱录》所记：

若论护国寺南高峰露台争交，须择诸道州郡膂力高强，天下无敌者，方可夺其赏。如头赏者，旗帐、银盆、彩缎、棉袄、官会、马匹而已。倾于景定年间，贾秋壑秉政时，曾有温州子韩福者胜得头赏，曾补军佐之职。[3]

由上可知，护国寺和南高峰的擂台赛已经具备了全国争霸赛的性质，参赛的选手都是经过层层选拔的高手，而且这些参赛者颇受群众的欢迎。获胜者也可以获得丰厚的物质奖励。更有甚者，还有一位来自温州的获胜者韩福因赢得比赛而获得了一份军职，从此彻底改变了自己的人生。

宋代的相扑擂台赛还有着比较专业的比赛规范。据《水浒传》的描述，有关学者总结如下[4]：

---

〔1〕（宋）孟元老等：《东京梦华录》（外四种），上海古典文学出版社，1956，第 312 页。
〔2〕张婷、华景梅、赵扬：《论宋代女子的相扑运动》，《东北史地》2015 年第 6 期。
〔3〕（宋）孟元老等：《东京梦华录》（外四种），上海古典文学出版社，1956，第 312 页。
〔4〕李季芳：《宋代相扑社及女子相扑之滥觞——中国古代摔跤史略（下一）》，《成都体育学院学报》1979 年第 2 期。

比赛时间：庙会期间。

比赛组织：带有半官方性质。

比赛场点：在“献台”上，即“露台”或“擂台”。

比赛裁判：名为“部署”，主持临场比赛事宜。

比赛规则：名为“社条”，要求争交者必须交有人具保的“文书”，表示“死而无怨”；规定“不许暗算”，当为不带“暗器”与不许乱打的意思。部署先将“相扑社条读了一遍”，“两边吩咐已了，叫声：‘看扑’，开始比赛”。

比赛过程：多个回合。

比赛奖励：金银器皿、骏马绸缎、官府职务。

（二）棍棒擂台赛

棍棒擂台赛的规则、程序、过程等方面与相扑擂台赛的要求是基本一致的。至于当时开展的具体情况，人们可以通过一些宋元时期的话本和小说来了解。其中，话本《杨温拦路虎传》中就为人们描绘了当时的一场棍棒擂台赛。“《杨温拦路虎传》主要描写将门之子杨温的妻子被强劫走，几经周折，才救回团聚的故事。”[1]

据此话本所记，杨温同妻子冷氏在去泰山东岳庙上香的途中遭遇强盗，杨温无脸面独自回家，流落之时得知东岳庙将要举行擂台赛，故而决定参加这一比赛赢得名利。通过阅读这一话本，人们可以发现当时参加比赛是要有保人的。话本中杨温遇到了一位杨员外。

---

〔1〕黄进德：《论宋代的话本小说》，《扬州师院学报（社会科学版）》1990年第3期。

员外道："你会使棒，你且共我使一合棒，试探你手段则个。你赢得我，便举保你入社，与你使棒。"[1]

可见当时的保人也是会些功夫的，这位杨员外要求与杨温比试，只有杨温取得胜利后，他才肯为杨温担保。随后杨温则前往东岳庙参加擂台赛：

杨三官把一条棒，李贵把一条棒，两个放对使一合。杨三是行家，使棒的叫作腾倒，见了冷破，再使一合。那杨承局一棒劈头便打下来，唤作大捷。李贵使一打隔，杨官人棒待落，却不打头，入一步则半步一棒，望小腿上打着，李贵叫一声，辟然倒地。正是：好鸡无两对，快马只一鞭。李贵输了，杨温就那献台上说了四句诗，道是：天下未尝无敌手，强中犹自有强人。霸王尚有乌江难，李贵今朝折了名。[2]

据话本交代，引文中出现的李贵是前几届的擂台获胜者，他是山东人，有个外号叫作"山东夜叉"。本来李贵觉得自己今年的比赛依然没有敌手，没有人敢向他挑战，故而他想直接把奖品拿走。但是杨温（杨三官）则站出来向李贵发起了挑战。据上文的描述，人们可以得知当时的竞技过程。

杨温同李贵一共打了两个回合。第一个回合，杨温发现了李

[1]（明）洪楩：《清平山堂话本》，岳麓书社，2019，第99页。
[2]（明）洪楩：《清平山堂话本》，岳麓书社，2019，第102页。

贵使的是“腾倒”，而且他还发现了这种棒法的破绽，即“见了冷破”；第二个回合的时候，杨温主动发起进攻，他劈头就打向李贵，但是并不是真的打向李贵的头部，而是进一步打两棒，最终打中了李贵的小腿，李贵则被打倒在擂台上。不仅如此，话本的作者还借杨温之口赋诗一首，表达了自己对于擂台赛的认识，感叹胜负无常、人外有人，这实则也是对竞技武术的一种深刻认识。

上述描写非常生动地向人们展示了当时棍棒擂台赛的情形。杨温后来也被写入了《水浒传》。在《水浒传》中杨温是“杨家将”的后人，擅长使用棍棒，外号是“拦路虎”。

在宋代的话本中有不少关于棍棒擂台赛的描写，这从侧面反映了当时这一竞技活动已经较为发达，受众较广，规则成熟，也表明了当时的练武之人不在少数，尚武之风浓厚。

三、宋代女子相扑的发展

女子相扑并非始自宋代，三国时期就已有之。三国时期的吴国就特别盛行女子相扑。“吴国末帝孙皓每年都征选美女入宫，后宫佳丽最多时达到五千多人。为了让她们把多余精力发泄出来，聪明的孙皓搞起了女子相扑运动。”〔1〕“使尚方以金作金步摇假髻以千数，令宫女着以相扑，早成夕败，辄命更作。”〔2〕

“宋代的女子相扑多安排在男子相扑前进行，身怀绝技的“女飐”们擂台上惊艳一亮相，立马会招揽成群的看客。”〔3〕

---

〔1〕赵燕云：《知宋：从水浒看宋朝的犄角旮旯》，中国华侨出版社，2018，第 132 页。
〔2〕（晋）陈寿：《三国志》，中华书局，1964，第 1202 页。
〔3〕赵燕云：《知宋：从水浒看宋朝的犄角旮旯》，中国华侨出版社，2018，第 132 页。

（一）宋代女子相扑的开展形式

女子相扑表演由于场地的不同，其表现的形式也有所不同。据《梦粱录》所记，在“路岐人”那里，女子相扑表演只不过是为了给男子相扑表演热场而已，“先以女飐数对打套子，令人观睹，然后以膂力者争交”。而在“俱瓦市诸郡”那里，“争胜”者尽人皆知。由此可知，“宋代女子的相扑运动具有表演和竞技两种形式”[1]。

（二）宋代女子相扑的代表人物

关于宋代女子相扑的代表人物，《梦粱录》中提到的有赛关索、嚣三娘、黑四姊妹，《武林旧事》中提到的则有“韩春春、绣勒帛、锦勒帛、赛貌多、侥六娘、后辈侥、女急快”[2]等人。由此可见，当时女子相扑运动已经取得了较大的发展。

（三）司马光与女子相扑

女子相扑运动虽然深受民间喜爱，但是也曾遭到一些士大夫的指责和批评。据史书所记，宋仁宗比较喜欢观看女子相扑表演，并且于嘉祐年间在皇宫之内举办过这类活动，后司马光得知，于是上疏道：

臣窃闻今月十八日，圣驾御宣德门，召诸色艺人各进技艺，赐与银绢。内有妇人相扑者，亦被赏赉。臣愚窃以宣德门者，国

---

〔1〕张婷、华景梅、赵扬：《论宋代女子的相扑运动》，《东北史地》2015 年第 6 期。
〔2〕（宋）周密：《武林旧事》，西湖书社，1981，第 112 ～ 113 页。

家之象魏，所以垂宪度、布号令也。今上有天子之尊，下有万民之众，后妃侍旁，命妇纵观，而使妇人赢戏于前，殆非所以隆礼法、示四方也。……伏望陛下因此斥去，仍诏有司严加禁约，今后妇人不得于街市以此聚众为戏。若今次上元始预百戏之列，即乞取勘管勾臣寮因何置在籍中；或有臣寮援引奏闻、因此宣召者，并重行谴责；庶使巧佞之臣有所戒惧，不敢导上为非礼也。[1]

根据司马光的这份奏疏，人们可以知道当时宋仁宗召集各种艺人进宫表演节目，还给予了一定的赏赐。这些艺人之中就有女子相扑选手，也获得了宋仁宗的赏赐。司马光首先从“宣德门”之称入手，指出它是国家的象征，是用来宣布各种号令的，指明场所的威严性。接下来司马光直接指出宋仁宗允许女子相扑手“赢戏于前”有伤风化，不足以为天下人做表率。同时，司马光还希望宋仁宗可以下令禁止女子相扑手在街市上进行表演。总之，在司马光看来，宋仁宗观看女子相扑表演是一种“非礼”的表现。

司马光的这一批评显然是站在了儒家礼学的角度。在《论语·颜渊篇》中有记：

颜渊问仁。子曰：“克己复礼为仁。一日克己复礼，天下归仁焉。为仁由己，而由人乎哉？”颜渊曰：“请问其目。”子曰：“非礼勿视，非礼勿听，非礼勿言，非礼勿动。”颜渊曰：“回虽不敏，请事斯语矣。”[2]

---

〔1〕（宋）司马光：《司马光集》，四川大学出版社，2010，第582页。
〔2〕杨伯峻：《论语译注》，中华书局，2006，第139页。

“颜渊问仁德。孔子道：‘抑制自己，使言语行动都合于礼，就是仁。一旦这样做到了，天下的人都会称许你是仁人。实践仁德，全凭自己，还凭别人吗？’”[1]之后颜渊又问如何才能做到。孔子回答说：“不合礼的事不看，不合礼的话不听，不合礼的话不说，不合礼的事不做”[2]。

显然司马光对宋仁宗的批评实则是指责宋仁宗违背了“非礼勿视”的要求，因为在古代是主张“男女授受不亲”的，尤其注意男女大防。司马光的批评看似符合儒家要求，其实不然。先秦儒家的另一代表人物孟子也曾就“男女授受不亲”进行过讨论。《孟子·离娄上》篇中记载了如下的一段对话：

淳于髡曰：“男女授受不亲，礼与？”

孟子曰：“礼也。”

曰：“嫂溺，则援之以手乎？”

曰：“嫂溺不援，是豺狼也。男女授受不亲，礼也；嫂溺援之以手者，权也。”[3]

有人问孟子“男女授受不亲”是不是礼的要求，孟子予以了肯定。接着此人又问孟子：“如果嫂子快要溺水而亡了，那么小叔子能不能施以援手？”孟子回答说：“嫂嫂快要溺水了还不去救的，这种人就是豺狼。男女授受不亲是礼的规定；但是嫂子快要溺水而伸出援手，那是权变。”显然对于儒家而言，看待礼的

〔1〕杨伯峻：《论语译注》，中华书局，2006，第 139 页。
〔2〕杨伯峻：《论语译注》，中华书局，2006，第 139 页。
〔3〕杨伯峻、杨逢彬：《孟子译注》，岳麓书社，2009，第 140 页。

原则是应当不要忘记变通，否则就失去了人的本质规定。

女子相扑运动的重点在于相扑而非女子身上。故而司马光打着“礼学”的旗帜要求禁止女子相扑运动是站不住脚的。

第六节 以姓氏命名的民间枪法出现

宋代出现了以姓氏命名的民间枪法，如《宋史·李全传》中出现了“李铁枪”的说法，李全的妻子杨妙真则擅使“梨花枪”（“梨花枪”后被误传为“杨家枪”）。不仅如此，这一时期抗金名将岳飞的枪法也是出神入化，在战场上令敌人闻风丧胆。这些事例都表明了宋代枪法取得了极大的进步。

一、宋代民间枪法的发展

从古至今，枪一直是中国非常重要的兵器之一，善用枪者层出不穷。在宋代，枪仍是非常重要的兵器，在宋代武术史中占据非常重要的地位。无论在军事战争中，还是在民间，对枪的使用都是极为广泛的。尤其是在民间，人们对枪法的研究不断深入，不少善用枪者都发展了枪法，其中尤以杨妙真的梨花枪、李全的李铁枪最为著名。此外，宋代有很多在朝为官的将领，如岳飞，其岳家枪枪法，无论在战场，还是在民间都具有很大的影响力。在战场上，岳家枪令敌人闻风丧胆；在民间，岳家枪是天下无敌的独门绝技。可以说，没有民间的流传，岳家枪在当今难有如此大的威名。

二、李全与李铁枪

李全（1190—1231），“潍州北海农家子，同产兄弟三人”[1]，是金末地方起义军“红袄军”首领。如宋史所记，李全是金末人，但李全作为金人入了《宋史》，其主要是因为李全虽生于金国地域，但此时期仍为南宋时期，其后也曾归降于南宋朝廷，所以入《宋史》并不奇怪。因金国统治者的横征暴敛，老百姓对金国已心生不满，又因蒙古军进犯山东时，李全其母、长兄被乱军所杀，遂与其仲兄李福响应杨安儿号召加入起义军。起初李全为报母、兄之仇而加入反金农民起义军，后因杨安儿去世，起义军自身实力不够等问题，遂依附于南宋。尔后，其又因自身野心的膨胀，目中无人，招致南宋朝廷猜忌，因在青州无力抵抗蒙古军，遂又降蒙反宋。于金正大八年（1231），李全最终无以为战，兵败而亡。

虽然李全性格极为反复，但是他的武功，尤其是枪法却是远近闻名。《宋史·李全传》中记载，“以弓马矫捷，能运铁枪，时号李铁枪”[2]。可见，李全枪法以马上见长，且他身手敏捷，尤善运枪。不过《宋史》并没有记载李铁枪具体的招式套路，按此来讲，“李铁枪”之名可能并非指称李全枪法的具体套路，而是因为李全姓李，能运铁枪，才得号为“李铁枪”。

李全其人极为勇武，其枪法在当时鲜有敌手。美中不足的是，李全算不上忠义。虽然“李铁枪”的称号威震天下，但是，李全并没有展示出武者该有的侠义精神。所谓侠义精神，包括：其一，保家卫国的爱国精神；其二，伸张正义的大侠风范；其三，包容

---

〔1〕（元）脱脱等：《宋史》卷四百七十六，中华书局，1977，第 13817 页。
〔2〕（元）脱脱等：《宋史》卷四百七十六，中华书局，1977，第 13817 页。

宽厚的仁者风度。显而易见，李全并没有做到以上诸点，这在《宋史·李全传》中有较多描述，如“全至楚州。属召先赴行在。全自涡口之捷，有轻诸将心，独先尝战勋，威望不下己，患之。乃阴结制帅所任吏莫凯，使谮先，先卒，全喜而心益贰”[1]，凡此种种表现了李全并没有表现出武者该有的侠义精神。可见，李全此人“勇而轻”，好大喜功，为人不正。李全虽善战，但性格多有瑕疵，故并不能成为武者之典范。作为武者，绝不单纯以勇论高低，其德、行都是衡量的重要标准。所谓“德”，指的是个人品德的高下，是做人处事的根本标准。人须先有德，才能承得起“人”字，而武者更是如此，只有坚守这个“德”字，方能承得起个“侠”字。所谓“行”，就是武者对侠义精神的力行。侠义精神并不是靠嘴上说就成了的，它需要武者对侠义精神的践行，即保家卫国、匡扶正义、宽厚仁义。武者只有先有德、再力行，才能承得起侠义精神。

三、杨妙真与梨花枪

《宋史》中并没有杨妙真的专门传记，有关记载多在《宋史·李全传》中。据《宋史·李全传》记载，“安儿妹四娘子狡悍善骑射，李全收溃卒奉而统之，称曰‘姑姑’，众尚万余，掠食至磨旗山，全以其众附，杨氏通焉，遂嫁之”[2]。杨妙真是李全之妻，在“红袄军”中地位很高，极有威望，有外号为“四娘子”，她性格彪悍，生性诡诈，擅长骑射，极为骁勇。在兄长

---

〔1〕（元）脱脱等：《宋史》卷四百七十六，中华书局，1977，第 13817 页。
〔2〕（元）脱脱等：《宋史》卷四百七十六，中华书局，1977，第 13816 页。

杨安儿死后，她便成了起义军的头领。

杨妙真其人不仅能征善战，颇有些才能，而且擅长武功，尤精枪法，有名号曰“梨花枪天下无敌手”。“梨花枪”不同于“李铁枪”对人的称谓，而指具体的枪种与招式。也正是因此，“梨花枪”在后世武术研究中仍有极高地位，明、清时期，“梨花枪”在军事中得到广泛使用，成为极为重要的军事器械。

（一）“杨氏梨花枪”之源流考辨

杨妙真的“梨花枪”在后世常被称为“杨家枪”，如何良臣在《阵纪》中指出，“天下称无敌者，惟杨氏梨花枪”[1]。因此，将“梨花枪”称为“杨家枪”也并未说错。但是，随着历史的变迁，其创立者却从杨妙真变成了杨家将。“梨花枪”遭到如此误传主要是因为：第一，杨妙真并无太多功绩，“除一时称雄外，并无更多业绩可论，而且叛降不定人格苟且，不仅被朝廷官府认其为‘叛臣’，即便下层民众间也不符合他们的日常道德要求”[2]；第二，自明朝开始，对“杨家枪”“梨花枪”的历史渊源已经无从考证，这一点在吴殳的《手臂录》中已有记载；第三，杨家将的忠义事迹，无论在文人评论、小说演义，还是在民间流传中都具有深远影响。郑若曾在《江南经略》中说，“夫今之武艺，天下莫不让少林焉。其次为伏牛要之，伏牛诸僧，因欲御矿徒而学于少林者耳。其次为五台，五台之传本之杨氏，

---

〔1〕（明）何良臣：《阵纪》，文渊阁四库全书本，台湾商务印书馆，1986，727册，第696页。

〔2〕周伟良：《梨花枪与杨家枪史迹考略——兼论明代杨家枪的技术特点》，《杭州师范大学学报（社会科学版）》2012年第3期。

世所传杨家枪是也”[1]。所以，民间将杨妙真与杨家将混淆，“梨花枪”成了“杨家枪”，由此，民间才有将“杨家枪”视为“杨家将”所创的说法。

（二）“梨花枪”的特点

“梨花枪”因装有火药筒而具有远程攻击的特点，但是，“梨花枪”并不仅有远程攻击这一用途，其近战枪法亦十分精妙。否则，李全、杨妙真不会被传有万夫莫当之勇。“杨家枪”一名也是由于“梨花枪”的近战功法精妙而得。

虽然“梨花枪”的武术功法精妙，但并非完美无缺。戚继光就曾对“梨花枪”的武术功法的缺点进行了说明，他指出“长枪架手易老，若不知短用之法，一发不中，或中不在吃紧处，被他短兵一入，收退不及，便为长所误，即与赤手同矣。须是兼身步齐进，其单手一枪，此谓之孤注。此杨家枪之弊也，学者为所误甚多。其短用法，须手步俱要合一，一发不中，缓则用步法退出，急则用手法缩出。枪捍彼器不得交，在我枪身内，彼自不敢轻进，我手中枪就退至一尺余，尚可戳人，与短兵功用同矣。此用长以短之秘也”[2]。同时，戚继光指出“夫长枪之法，始于杨氏，谓之曰‘梨花’，天下咸尚之，其妙在乎熟之而已”[3]。

---

〔1〕（明）郑若曾：《江南经略》，傅正，宋泽宇，李朝云等点校，黄山书社，2017，第 597 页。
〔2〕（明）戚继光：《纪效新书》（十八卷本），曹文明、吕颖慧校释，中华书局，2001，第 157 ～ 158 页。
〔3〕（明）戚继光：《纪效新书》（十八卷本），曹文明、吕颖慧校释，中华书局，2001，第 158 页。

第七节 《角力记》

角力（相扑）作为一项运动，早已有之，但是专门论述其内容的著作则产生于宋代。《角力记》是中国最早的讨论角力的专著，同时也是中国最早的武术专著。《角力记》由“述旨”“名目”“考古”“出处”“杂说”等部分构成，讨论了角力的形成与演变、竞赛的规则以及比赛的情形，是人们了解古代摔跤历史的重要资料。《角力记》也一直被视为“我国体育史上最早的一部体育史论著”〔1〕。

一、《角力记》的成书

（一）宋代角力的发展

《角力记》成书于宋代，总结了角力发展的历史，也对角力的功效做出了具体说明。《角力记》为人们了解古代相扑运动的发展提供了很好的参考。《角力记》之所以问世于宋代，同宋代角力运动的快速发展是密不可分的。

《中国古代体育史简编》中指出，“摔跤一类的运动，宋代普遍称为相扑，也称角力、角抵或争交，还有称为手搏的（见司马光《资治通鉴》）”〔2〕。宋代的相扑运动的开展方式是极为丰富的，这得益于宋代城市商业的发达，已经出现了专门以相扑表演为生的艺人，甚至在宫廷中还有专门的人员负责表演相扑，并且形成了固定的岗位和编制。

---

〔1〕翁士勋编《〈角力记〉校注》，人民体育出版社，1990，前言。
〔2〕李季芳、周西宽、徐永昌：《中国古代体育史简编》，人民体育出版社，1984，第177页。

宋代官方的相扑表演主要有两类，一类是在宫廷之内，为皇帝宴饮助兴的；另一类则是在宫廷之外，朝臣聚会上用以增加趣味的。当时宫廷内部设置有“内等子”，专门负责相扑表演。

这里所指的“内等子”，不但负有在宫廷内表演相扑的责任，而且“皇帝外出时则由他们担任御前警卫”[1]。由此可见皇家相扑选手的重要作用。

《宋史·乐志》中就有记载：“（宴会）第十九（项表演）用角觝[2]，宴毕。”可见相扑表演完以后，宴会就可以结束了，是将相扑表演视为一种压轴节目。在《宋史·礼志》中也有记载：“凡用乐人三百人，百戏军七十人，……相扑一十五人，于御前等子内差，并前期教习之。”[3]这里指出了宋代宫廷宴会中乐人与相扑选手的数量配比。

其实这种宫廷中的相扑表演也并非始自宋代。“晚唐时，宫中更设有‘相扑朋（摔跤队）’以供召唤表演。由于当时不少人自幼习相扑，使其逐渐走向专业化。”[4]而宋代的相扑运动，也是对前朝传统的一种继承。

不仅如此，宋代民间相扑活动的发展更具特色，前文已经有所讨论，此处不再赘述。

（二）《角力记》的写作缘由

《角力记》的作者据传是“调露子”，这应该是作者的一个

---

〔1〕李季芳、周西宽、徐永昌：《中国古代体育史简编》，人民体育出版社，1984，第178页。
〔2〕觝：通“抵”。
〔3〕（元）脱脱等：《宋史》卷一百一十九，中华书局，1977，第2812页。
〔4〕赵燕云：《知宋：从水浒看宋朝的犄角旮旯》，中国华侨出版社，2018，第131页。

化名，至于历史上此人的真实身份已经不可考证了。

《角力记》的作者在序中阐发了自己写作的缘由。作者指出《论语·述而》篇中有“子不语怪力乱神”之说，而这句话也成为后世写作的圭臬。在作者看来，《角力记》所涉及的正是“力”的部分，故而很有可能遭到世人的批评。虽然作者明确表明了自己对于写作《角力记》合理性的理解，但是他最终还是选择了一个化名，也有可能是出于上述的顾虑。同时，作者也指出当时坊间流传一些关于角力的故事，但是这些文字多有猥琐之嫌，故而作者准备正本清源，为角力正名。

实际上，通过阅读《角力记》的序，人们可以发现作者很有可能是道家思想的拥护者，他对于以孔子为代表的儒家思想是持批评立场的。他反对孔子的“述而不作”的观点，反而赞成老子对道德仁义的批判。

（三）《角力记》的流传

“《角力记》产生于 9 世纪后半期，作者是宋朝的调露子。它是中国关于角力的最早专著，同时它还是中国体育史方面最先完善的体育史论著。在清朝之前，这部《角力记》不存在镂版，然而辗转传写，出现了许多错误，很多内容都不能读写。仁和（今杭州）人胡挺在咸丰三年（1853）将其辑入《琳琅秘室丛书》，还附着《校伪》在市面上出版发行。再后来，这部书在战乱中散失了。董金鉴，会稽（今绍兴）人，他在光绪十四年，也就是 1888 年，运用活字翻印了这部书，还写出了《续校》，并在 1889 年复印这部书，又写了《补校》。1935 年，商务印书馆将其辑入《丛书集成初编》，再次进行校点，然而依旧存在很多错误。如今很多体育史论著在援引这部书时和原文存在很大出入，很多解说也常常违背原意。”[1]

二、《角力记》的内容

《角力记》的内容不仅涉及“角力”这项运动的发展历史，而且还包含了当时流行的民间故事，同时，也为人们了解宋代角力的竞赛规则和技术特点提供了帮助。

（一）述旨

夫角力者，宣勇气，量巧智也。然以决胜负，骋矫捷，使观之者远怯懦，成壮夫。已勇快也，使之能斗敌。[2]

作者着重论述了自己对角力的认识。他认为角力这种活动是比较力气的大小，同时在进行的过程中也体现了智慧的较量。也就是说，在作者看来，角力不单单是较量体力，更是脑力的比拼。作者对角力的这种认识是比较准确的，而且也是对传统儒家理论的一种挑战。《孟子》曾论证了“劳心者”和“劳力者”这种分工模式的合理性，并且主张“劳心者治人，劳力者治于人”。这一主张显然贬低了气力，而且将其与心力对立了起来，但是《角力记》的作者显然贯彻了其在序中的反儒家立场。不仅如此，儒

---

〔1〕青小力、周洪芝：《古代摔跤艺术：宋〈角力记〉考析》，《兰台世界》2014 第 5 期。
〔2〕王云五主编《啸旨、角力记、学射录、手臂录》，山西科学技术出版社，2012，第 1 页。

家向来反对提倡血气之勇，而认可仁义之勇，但是角力这一活动恰恰反映的是血气之勇。

作者在与动物的对比中，给出了自己对角力的理解。作者重点强调了角力的特点是“两徒搏也”，即是两人赤手相搏，没有任何外力可以借助。作者在述旨中从多个方面阐发了自己对角力的认识，一个方面是从人自身出发，另一个方面则是从人与动物的区别出发，可谓是对角力形成了比较全面的认识。

（二）名目

在这一部分，作者总结了历史上对角力的不同称呼，由此也追溯了角力的发展历史。这些名字有“相搏”“相扑”“角觝”“角力”等。作者逐一分析了这些名称的出处和含义，并指出古之“相搏”与宋时的“相搏”的差别。他引用的是《穀梁传》中的记载，一开始鲁公子季友还是同对方空手相搏，但是随着自己处于下风后，便取来宝刀将对方杀死。在宋代只有单纯用气力的才可以称得上是“相搏”。作者最后强调相搏的技巧在于一开始的时候就要举手应击，最后一定要将对方扑倒在地。

作者指出“相扑”的关键在于将对手扑倒在地，这是决出胜负的关键。东汉时期的《通俗文》中则又强调了“相扑”的重点在于“相”，指出这一运动意味着双方的交相争胜。

作者指出汉武帝元封二年（前109）春，才开始有了“角觝”之戏。作者在这里又总结了历代对“角觝”二字的理解。东汉的应劭认为“角觝”这一运动是利用技巧通过身体上的接触来进行的，其后的颜师古等人并不同意这一看法，认为“觝，当也。

非谓觝触”，也就是说“觝”指的是双方的力气相当，而非指身体相抵抗。

总之，作者通过考察角力的不同名称，一方面力求在字义上阐明角力的含义，另一方面又借机梳理了角力这一活动的历史发展，为人们研究角力的起源与流变提供了有益的借鉴。

（三）考古

在这一部分，作者考察了历代文献记载中关于角力的讨论。但是作者的“考古”内容遭到了今人的批评，有研究者指出作者在某些问题上的观点并不符合史实，在此不讨论今人的批评。

若稽诸古，《左传》有“晋侯梦与楚子搏”，《谷梁》公子季友与莒挐搏，又秦堇父与叔梁纥以力相高，皆角力之意也，其来尚矣。西汉作角觝戏，皆其始也，以西汉则盛行矣。[1]

“考古”部分的开头，就很有“古”韵。这种“若稽诸古”的说法显然是模仿了《尚书》的“曰若稽古”这一表达形式。由此，足见《角力记》的作者应该是具备了较高的儒学理论素养。作者由《左传》的“晋侯梦与楚子搏”之“搏”延伸出“相搏”之意，其后的典籍也多从“搏”字入手，认为它们的意思都与“角力”相同。由此得出角力实则历史悠久这一结论。接下来他又分析了西汉时期“角抵”的盛行。这一部分内容的展开，实则是对上一部分“名目”的继承。作者的核心是在论证角力这一运动项

［1］王云五主编《啸旨、角力记、学射录、手臂录》，山西科学技术出版社，2012，第5页。

目早已有之，而且是见于典籍的，最终目的还是为角力正名。

接下来，作者又收集了多部典籍，对其中涉及角力的部分加以说明。

唐宝历中，敬宗御三殿，观两军教坊内园分朋驴鞠角觝，戏酣。有碎首折臂者，一更三点方罢。穆宗即位初年，幸神策军，观角觝及百戏，日晏方罢。续三月一日，幸左右军及御诸门，观角觝杂戏。[1]

这段文字的引用，明显是为了说明唐朝时期角力的开展情况。文中选取的都是唐朝皇帝观看“角觝”的记录，以此说明唐代角力的流行。作者对唐代角力的描述还有多处，此处便不再一一赘述，其意同上。

（四）出处

在“出处”部分，作者着重讨论的是角力能手的地域分布问题。作者首先指出幽燕之地常常会出现一些大力侠义之人，并解释了原因，在他看来这是得益于崆峒之气。但是，他又进一步指出，这一地域经常出现一些复仇之人，很少出现角力能手。同时他又指出，在鄱阳荆楚之地，那里的人们喜欢在街头相搏取乐。最后，由于朝廷对相扑高手的看重，故而河南地区的人们喜欢从事这一运动。

作者的这一研究，不能说有多大的科学性，但是可能具有

〔1〕王云五主编《啸旨、角力记、学射录、手臂录》，山西科学技术出版社，2012，第4页。

一定的统计学意义，对人们了解宋代相扑高手的地域分布有一定的帮助。

（五）杂说

在这一部分，作者又收集了民间对于角力的一些传闻，反映了当时的角力从业者文化水平较低、经济收入也较低的窘境。

> 旧说角力人多不识字，而性强，庶事言："我能。"
>
> 昔有沙门有勇气，四方响风，往往相慕，多被相扑。尝与数辈壮夫饮酒，散，连扑皆胜。此僧不知文字，攘臂自负曰："我且为僧，僧上了为僧，得了尽输僧。"旁闻绝倒。[1]

这两则文字作者只是抄录在册，并未对其有过多的评语。结合作者在序中所说，应当是对上述传闻持质疑态度的。第一则引文说的是，以前人们常常认为角力之人是不识字的，但是又生性好强，什么事都回答"我能"，结果后面闹了笑话。第二则也是类似。这两个角力之人都吃了不识字的亏。

这部分文献不仅为人们展示了当时角力从业者真实的生活状况，还为人们了解古代底层人民的生活情况提供了依据。

三、《角力记》的价值

"拍张是不是角力"的问题源于《角力记·考古》中的一段文字：

---

〔1〕王云五主编《啸旨、角力记、学射录、手臂录》，山西科学技术出版社，2012，第 19 页。

宋王敬则，帝令公卿自呈本技所长，敬则红帛纠发拍张。齐曹武，材力之将，为雍州。致钱七十万，为桃虫儿、茹法珍诬而夺之。曰："人传曹武，每好风景，招人拍张武戏"，帝果疑之。拍张亦角力也。《齐书》言戏，则徒手拍击也，如有操执，则又习战也。[1]

研究者认为，"《角力记》按照《南史》原书中的错误成了《齐书》所论述的'武戏'，这部书持有下列观点：'拍张亦角力也'，也就是'徒手拍击'的含义。调露子这种说法是不成立的。根据《南史·王俭传》中的论述，皇帝'幸华林宴集，使各效伎艺'。效，也就是呈现的意思。根据这句话的含义'拍张'可以被看成'伎艺'，单人可以在公开场所进行演出"[2]。

《角力记》为人们研究我国古代摔跤运动提供了丰富的资料，它的很多记录和讨论都是可靠和有价值的，为人们更好地认识我国古代武术发展提供了很好的借鉴，也为人们的研究提供了方向。

四、《角力记》与宋代角力

据《角力记》可以得知，角力活动在我国产生的时间较早。而且结合上文可知，宋代的女子相扑运动尤为发达，成为瓦市之中的重要表演项目。同时，宋代相扑的特点是"摔而不打"，其目的为"摔倒对方"[3]。《角力记》中也有"然且始举手击要，终在扑也"的记录。可见，宋代相扑运动的目的非常明确，就是

〔1〕王云五主编《啸旨、角力记、学射录、手臂录》，山西科学技术出版社，2012，第5页。
〔2〕青小力、周洪芝：《古代摔跤艺术：宋〈角力记〉考析》，《兰台世界》2014第5期。
〔3〕花家涛、戴国斌：《从角抵到中国式摔跤》，《沈阳体育学院学报》2013年第6期。

把对方扑倒在地。这种特征显然表明宋代的角力具有明显的娱乐色彩，这与原初的“踢摔”之法相去甚远，其激烈程度也有所减弱。如在《公羊传》中有记：

与闵公搏，妇人皆在侧，万曰：“甚矣，鲁侯之淑，鲁侯之美也！天下诸侯宜为君者，唯鲁侯尔！”闵公矜此妇人，妒其言，顾曰：“此虏也。尔虏焉故，鲁侯之美恶乎至。”万怒，搏闵公，绝其脰。仇牧闻君弑，趋而至，遇之于门，手剑而叱之。万臂摋仇牧，碎其首，齿着乎门阖。[1]

这里所说的“万”，即南宫长万，又称南宫万，他是宋国的大夫，所以也可以称呼其为宋万。宋万凭借自己超人的勇武受到宋闵公的重用。但是宋万在一次同鲁庄公的交战中败给了鲁庄公，没想到庄公反而款待了宋万，并且最后将其释放，宋万因此对鲁庄公心怀感激。接下来便是引文中发生的故事。某一天，宋万与宋闵公一起玩对搏，当时有一些妇人也在一旁观看。宋万此时突然想起了鲁侯，便说道：“太了不起了！鲁侯如此善良，鲁侯如此美好！天下诸侯中能够配得上君主称号的只有鲁侯一人啊！”宋闵公在这些妇人面前很要面子，顿时觉得很丢人，便说道：“这位曾经是鲁侯的俘虏。因为被鲁侯俘虏过，所以才觉得鲁侯如此美好。”宋万听后，顿时也恼羞成怒，力搏宋闵公，扭断了他的脖子。仇牧是宋国的大夫，他听闻自己的国君被宋万杀害了，便

〔1〕（汉）公羊寿传、（汉）何休解诂、（唐）徐彦疏：《春秋公羊传注疏》，北京大学出版社，2000，第 174 ～ 175 页。

赶紧跑过来，在宫门口遇到了宋万。仇牧手持宝剑，大声责骂宋万，宋万挥起手臂，侧手击杀了仇牧，把他的脑袋踢碎了，牙齿打飞在宫门上。

正是与宋万的故事相对比，人们由此可以发现宋代的角力活动作为一种竞技形式日趋成熟和文明，更加注重对角力双方身体的保护，体现出了人道主义关怀。《角力记》不仅记载了宋代角力在技术方面“摔而不打”的特点，而且其动作要领也见于《角力记》。在《角力记》的“杂说”中有一首《题墙上画相扑》。该诗的内容为“愚汉勾却白汉项，白人捉却愚人骰。如人莫辨输赢者，直待墙隤始一交。”[1]总之，《角力记》为人们了解和把握角力这项运动的形成与发展提供了有益的借鉴，也是人们研究宋代角力发展的必备资料。

〔1〕王云五主编《啸旨、角力记、学射录、手臂录》，山西科学技术出版社，2012，第17页。

第二章

民族融合下的辽、西夏、金、元武术

如果说魏晋南北朝时期，是我国历史上少数民族政权的第一次崛起，那辽、西夏、金、元时期，则是我国少数民族政权的第二次崛起。辽（907—1125）起源于松漠，西夏（1038—1227）起源于夏州，金（1115—1234）起源于黑水，元（1206—1368）起源于漠北。与早已进入农业文明的中原政权相比，以上四个政权均起源于落后的原始部落社会。在部族冲突和军事征战的长期洗礼下，为求得生存和发展，其民众广泛练习徒手、器械武艺，本属应有之事，但史料的阙如却给对以上四朝武术的考察带来障碍。

事实上，武术作为一种社会现象，普遍存在于古代社会中。某一社会武术的发达与否，与社会需求有关，而与现存史料的多寡无关。武术史学研究过程中，应尽量处理好史料与事实之间的关系。即便缺乏史料证据，也不应怀疑辽、西夏、金、元社会中武术的广泛存在。当时社会中的习武群体，或许只是没有将自己的武术理论诉诸文字，或没有给自己传承的武术技术起个名号而已。

但史学研究讲求“有一分史料说一分话”，而现存史料中虽有“某人善骑射”“某人有武艺”之类的简要记载，但缺乏如何学练、传承之类的细致叙事，这给研究四朝武术带来挑战。因此，本节仅能就现有史料，尽量还原四朝武术发展史实。

第一节 兵民合一的武化社会

“契丹”一词，最早见于北齐时成书的《魏书》，“契丹国，在库莫奚东，异种同类”[1]。契丹族属东胡族系，源出鲜卑，是鲜卑宇文部的别支。自4世纪中叶，从鲜卑宇文部分化出来后，契丹族开始走上独立发展的道路。

起初，契丹的东邻是早已封建化的高句丽，西边是游牧部落集团柔然汗国，北部是室韦、豆莫娄等，西南为库莫奚，更南处是强大的中原政权。处于强邻环伺中的契丹，显得势力非常弱小，时常遭到侵袭。如北魏太和三年（479），契丹受到柔然的侵袭，酋长莫佛贺勿于“率其部落车三千乘，众万余口，驱徙杂畜，求入内附”[2]。北齐天保四年（553），北齐大举袭击契丹，俘其民十余万口，“获杂畜数十万头”[3]。在此后的半个世纪里，契丹又多次与突厥、隋爆发战争。

从7世纪开始，势力逐渐壮大的契丹，开始与唐朝处于时战时和态势。安史之乱后，唐的中衰，回鹘汗国的灭亡，为契丹势力的壮大创造了新的契机。尤其是进入10世纪，在耶律阿保机的带领下，契丹人在北方草原先后攻伐了室韦、奚、霫、吐谷浑等部；南下中原，参与藩镇间的角逐，与幽州刘仁恭父子、河东李克用父子时而联合，时而相攻；又趁中原混乱、渤海势力衰微之际，向东发展，将辽东地区置于契丹势力控制之下。当耶律阿

〔1〕（北齐）魏收：《魏书》，吉林人民出版社，1995，第1362页。
〔2〕（北齐）魏收：《魏书》，吉林人民出版社，1995，第1362页。
〔3〕（唐）李百药：《北齐书》，中华书局，1995，第31页。

保机于916年正式称帝，契丹已经从最初蜗居辽河上游草原地区的弱小民族，发展为占有东起现在的日本海，西至阿尔泰山的广大北方地区的强大政权。

长期的军事战争，造就了契丹人"有事则以攻战为务，闲暇则以畋渔为生"的兵民合一体制。在这种体制下，契丹人成为天生的战士，"凡民年十五以上，五十以下，隶兵籍"，每名正军均须配备"弓四，箭四百，长短枪、䥽䥈、斧钺、小旗、锤锥"等器械。

上至统治阶层，下至平民百姓，都非常重视武艺训练。甚至连女性也表现出浓厚的尚武风气，"辽以鞍马为家，后妃往往长于射御，军旅政猎，未尝不从"[1]。宋仁宗至和二年（1055），欧阳修奉命出使契丹时，曾目睹契丹人"儿童能走马，妇女亦腰弓"[2]的景象。而此时两国因澶渊之盟，已罢兵息战50年。

当契丹人崛起于北方草原时，党项人也开始在西北地区崛起。党项族属西羌族的一支，故有"党项羌"的称谓。党项族早期生活于青海湖以东、黄河源头附近的河曲地区。4世纪到7世纪，其依附于强大的吐谷浑政权。进入7世纪，新崛起的吐蕃政权在不断攻击吐谷浑的同时，也对党项族形成了巨大的压力。到680年，吐蕃人取代早先吐谷浑在青海湖地区的地位，迫使众多党项人逃离故土，内附于唐，最终被安置在河套平原地区。

安史之乱后，吐蕃开始不断袭扰唐的西北疆域。身处河套地区的党项人不断游走于唐与吐蕃之间，或与吐蕃联合攻击唐，如

---

〔1〕（元）脱脱：《辽史》，吉林人民出版社，1995，第740页。
〔2〕（宋）欧阳修：《欧阳修集》，中国戏剧出版社，2002，第92页。

广德元年（763），吐蕃军队占领长安，其中就有党项的参与；或与唐联合打击吐蕃，如唐宣宗时期收复被吐蕃占据的今甘肃省东部的秦、原、安乐三州和石门等七关时，同样也有党项的功劳。

8世纪末叶以后，吐蕃统治阶级的内部矛盾日趋激化，使得吐蕃开始由盛转衰。吐蕃的衰落，不仅意味着党项人在河套地区的崛起，也代表着唐在西北地区迎来了新的敌人。因此，周期性的镇压和报复性的掠夺，成为9世纪党项与唐关系的一个鲜明特点。到9世纪末期，唐政权已经处于风雨飘摇之中，这种形势使党项的野心大为膨胀。尤其是875年黄巢起义爆发后，党项人在帮助唐平叛的同时，也趁唐无暇他顾，迅速扩充自己在鄂尔多斯地区的势力。五代时，党项已经完全占有夏、绥、银、宥、静五州之地。12世纪中叶，是西夏统治的鼎盛时期，此时，西夏的疆域囊括了鄂尔多斯地区和河西走廊地区。

与早期的契丹人类似，夹缝中求生存的社会现实，同样塑造了党项人的尚武风气。隋人对党项人的印象是“俗尚武力，无法令，各为生业，有战阵则相屯聚”[1]；唐人称党项人“俗尚武，无法令赋役……好为窃盗，常相陵劫。尤重复仇，仇人未得，必蓬头垢面，跣足蔬食，要斩仇人而后复常”[2]；宋人同样记载党项人“人人能斗击，无复兵民之别，有事则举国皆来”[3]。按西夏律法规定，党项人平时从事劳动生产，遇有战事“凡年六十以下，十五以上，皆自备介胄弓矢以行”[4]。而支撑这种兵民

〔1〕（唐）魏征：《隋书》，吉林人民出版社，1995，第1214页。
〔2〕（唐）杜佑：《通典》，岳麓书社，1995，第2698页。
〔3〕（宋）李焘：《续资治通鉴长编》卷二百十七，中华书局，2004，第5285页。
〔4〕（宋）曾巩：《隆平集校证》，王瑞来校证，中华书局，2012，第603页。

合一体制实施的关键是“抄”的设置。

西夏军队以“抄”为基本组织单位。每逢战事发生，各部落出丁作战，把能够担任直接战斗任务的作为正军，其余的人则为正军提供一定的劳役。关于“抄”的具体细节，《宋史·夏国传》记载如下：

> 其民一家号一帐，男年登十五为丁，率二丁取正军一人，每负担一人为一抄。负担者，随军杂役也。四丁为两抄，余号空丁。愿隶正军者，得射他丁为负担，无则许射正军之疲弱者为之。故壮者皆习战斗，而得正军为多。[1]

按《天盛律令》规定，正军包括牧主、农主、使军、诸臣僚书、帐门后宿属、内宿后卫等属、神策内外侍等属共七类。正军因死、老、病、弱出现缺额时，“以其长子者当为继抄”[2]；若无子嗣，“可遣同姓五服最近亲为继。若无，则遣同姓辅主或不同姓辅主，谁最勇健强悍者为继抄”[3]。这种世袭继承制度，切实保证了正军的战斗力。

党项人的战斗力给宋人留下了深刻的印象，曾巩《隆平集》中专门记述了党项人的“步跋子”和“铁鹞子”。前者为步兵，“有山间部落，谓之步跋子者，上下山坡，出入溪涧，最能逾高超远，轻足善走……山谷深险之处遇敌人，则多用步跋子以为击刺掩袭之用”。后者为骑兵，“有平原骑兵，谓之铁鹞子者，百

---

〔1〕（元）脱脱：《宋史》，吉林人民出版社，2005，第 9644 页。
〔2〕史金波、聂鸿音、白滨译注《天盛改旧新定律令》，法律出版社，2000，第 260 页。
〔3〕史金波、聂鸿音、白滨译注《天盛改旧新定律令》，法律出版社，2000，第 260 页。

里而走，千里而期，最能倏往忽来，若电集云飞。每于平原驰骋之处遇敌，则多用铁鹞子以为冲冒奔突之兵”[1]。

进入12世纪，少数民族的崛起速度比之以前更加迅速。即便将840年回鹘汗国的灭亡作为契丹崛起的起点，到916年耶律阿保机正式建国号“契丹”，契丹人从崛起到建国用时77年。对于党项人而言，若从881年拓跋思恭建立夏州政权“虽未称国而王其土”算起，到1038年李元昊称帝建国，从崛起到建国共用时158年。但崛起于白山黑水间的女真人，从1114年完颜阿骨打起兵抗辽，到1125年辽灭亡，仅用时10余年。女真人的成功，表明他们的尚武同样起到重要作用。对此，消灭女真人政权的蒙古人，在他们修订的《金史》中给予其充分肯定。

金兴，用兵如神，战胜功取，无敌当世，曾未十年遂定大业。原其成功之速，俗本鸷劲，人多沉雄，兄弟子姓才皆良将，部落保伍技皆锐兵。加之地狭产薄，无事苦耕可给衣食，有事苦战可致俘获，劳其筋骨以能寒暑，征发调遣事同一家。是故将勇而志一，兵精而力齐，一旦奋起，变弱为强，以寡制众，用是道也。[2]

女真人为自己创立的兵民合一体制是“猛安谋克”制。“猛安”“谋克”原为女真人对军事首领的称谓，“其部长曰孛堇，行兵则称曰猛安、谋克，从其多寡以为号。猛安者，千夫长也，谋克者，百夫长也”[3]，后逐步发展为军事编制单位。完颜阿

[1]（元）脱脱：《宋史》，吉林人民出版社，2005，第2936页。
[2]（元）脱脱：《金史》，吉林人民出版社，1995，第573页。
[3]（元）脱脱：《金史》，吉林人民出版社，1995，第574页。

骨打出于反辽的需要，于1116年规定每三百户为一谋克，十谋克为一猛安。按金朝官制规定，猛安从四品，负责修理军务、训练武艺、劝课农桑、防捍不虞和御制盗贼。谋克从五品，负责抚辑军户、训练武艺、按察所部、宣导风化、劝课农桑、平理狱讼、捕除盗贼、禁止游惰等[1]。猛安、谋克的职能不仅与女真奴隶制的构成相适应，同时也表现出军事、民事与生产相结合的地方组织特点，是一种典型的兵民合一制度。

进入13世纪，当蒙古人在成吉思汗的带领下崛起于北方草原时，他们已经不再局限于同草原政权或中原政权进行地区性主导权的争夺，而是展开了对欧亚大陆的征服。从1219年至1260年的四十余年时间，蒙古人先后进行了三次大规模的西征，建立起横跨欧亚大陆的大国。

伴随着不断地对外征战，无论是契丹人关于十五至五十岁，还是党项人关于十五至六十岁的兵役年龄规定，都已经无法满足蒙古人对兵员的需求，于是他们将征兵年龄上限修改为七十岁，"无众寡尽佥为兵，十人一牌，设牌头，上马则备战斗，下马则屯聚牧养"[2]。

虽然法律规定征兵下限是十五岁，但在具体实施过程中却并非如此。为进一步扩大兵员，并提高士兵作战能力，蒙古人针对十五岁以下儿童，专门设置预备队——"渐丁军"，即"孩幼稍长，又籍之"。"渐丁军"加上七十岁以下的兵役年龄规定，等同于蒙古人从生到死，一生都是战士。"渐丁军"自幼在军旅中磨炼，

---

〔1〕（元）脱脱：《金史》，吉林人民出版社，1995，第771页。
〔2〕（明）宋濂：《元史》，中华书局，1976，第2508页。

等到十五岁正式入伍时，已具备相当水平的武艺，而这只是他们掌握的众多军事技能中的一部分。

第二节 广泛开展的弓射活动

一、弓射技艺的养成

今人对辽、西夏、金、元的典型印象中，除了与中原政权的对抗外，应该就是他们的骑射技艺。契丹人“儿童能走马，妇女亦腰弓”〔1〕，党项人“能寒暑饥渴，长于骑射”〔2〕，女真人“其人勇悍，善骑射”〔3〕，蒙古人“俗善骑射，因以弓马之利取天下”〔4〕，虽表述各异，但均指向高超的骑射技艺。

“军器三十有六，而弓为称首；武艺一十有八，而弓为第一。”〔5〕弓的巨大杀伤力，使其成为应对部族冲突或军事战争的首要作战工具。特别是在辽、西夏、金、元的早期原始氏族社会时期，不事农业生产的特点，使得弓箭成为获取食物资源的重要工具，“挽强射生，以给日用”〔6〕。因此，草原民族往往从儿童时期就开始学习射箭，年龄稍长开始练习骑射，《黑鞑事略》描述了蒙古人从小到大骑射技艺的养成过程：

---

〔1〕（宋）欧阳修：《欧阳修集编年笺注》，巴蜀书社，2007，第489页。
〔2〕（宋）曾巩：《隆平集校证》，王瑞来校证，中华书局，2012，第603页。
〔3〕（宋）宇文懋昭：《大金国志》，载《中国历史文选》，辽宁人民出版社，2011，第202页。
〔4〕（明）宋濂：《元史》，吉林人民出版社，1995，第1582页。
〔5〕（宋）华岳：《翠微南征录北征录合集》，马君骅点校，黄山书社，1993，第225页。
〔6〕（元）脱脱：《辽史》，吉林人民出版社，1995，第208页。

孩时绳束以板，络之马上，随母出入；三岁索维之鞍，俾手有所执射，从众驰骋；四五岁挟小弓、短矢；及其长也，四时业田猎，凡其奔骤也，跂立而不坐，故力在跗者八九，而在髀者一二。疾如飚至，劲如山压，左旋右折，如飞翼。故能左顾而射右，不持抹秋而已。[1]

13 世纪，出使蒙古的罗马教廷使节约翰·普兰诺·加宾尼在《出使蒙古记》中，也对蒙古人这一特点做了记述：

男人们除了制造箭以外，基本不干其他事。他们有时也照管牲畜，但他们主要是从事打猎和练习箭术，因为他们（不论是大人和小孩）全都是极好的射手。他们的小孩刚刚两三岁的时候，就开始骑马和驾驭马，并骑在马上奔跑，同时大人就把适合他们身材的弓给他们，教他们射箭。他们都非常敏捷、勇猛。[2]

毋庸置疑，以上成长过程同样适应于其他草原民族。这也是该时期史料中多有少年善射记载的原因所在，如完颜阿骨打“十岁，好弓矢。甫成童，即善射”[3]，完颜宗雄“九岁能射逸兔，年十一射中奔鹿”[4]。这就不难解释为什么辽、西夏、金、元，上至君主宗室、下至臣民百姓均尚武、善骑射。事实上，对于草原民族而言，有谋略、善骑射是成为首领必备的标准配置。即便

〔1〕（宋）彭大雅：《黑鞑事略》，徐霆疏证，中华书局，1985，第 17 页。
〔2〕［意大利］加宾尼：《蒙古史》，载［英］道森编《出使蒙古记》，吕浦译，中国社会科学出版社，1983，第 18 页。
〔3〕（元）脱脱：《金史》，吉林人民出版社，1995，第 12 页。
〔4〕（元）脱脱：《金史》，吉林人民出版社，1995，第 979 页。

登基称帝后，他们依然经常四处射猎。在这方面，辽国君主就是很好的例子。

辽太祖，“好骑射，铁厚一寸，射而洞之”[1]；辽太宗，“雄杰有大志，精于骑射”[2]；辽世宗，“善骑射，乐施予，人望归之”[3]；辽圣宗，“游猎时，曾遇二虎方逸，帝策马驰之，发矢，连殪其二虎。又曾一箭贯三鹿”[4]；辽兴宗，“幼而聪明，长而魁伟，龙颜日角，豁达大度。善骑射，好儒术，通音律”[5]……据统计，仅《辽史·本纪》中记载皇帝外出射猎相关史料就达124处之多[6]。

二、射仪活动的开展

该时期，弓射不仅被用于娱乐、狩猎、战斗，也被广泛应用于各种仪式活动中。在辽代，“射柳”被视作“瑟瑟仪”“拜山礼”“再生仪”等仪式活动的重要组成部分。射柳，又称斫柳，属古匈奴、古鲜卑族俗。契丹源于鲜卑，因此，他们同样继承并发展了这一古老的射箭活动。

“瑟瑟仪”是契丹人的一种祈雨祭祀仪式，《辽史·礼志一》中对其记载如下：

若旱，择吉日行瑟瑟仪以祈雨。前期，置百柱天棚。及期，

〔1〕（宋）叶隆礼：《契丹国志》，齐鲁书社，2000，第1页。
〔2〕（宋）叶隆礼：《契丹国志》，齐鲁书社，2000，第9页。
〔3〕（宋）叶隆礼：《契丹国志》，齐鲁书社，2000，第36页。
〔4〕（宋）叶隆礼：《契丹国志》，齐鲁书社，2000，第57页。
〔5〕（元）脱脱：《辽史》，吉林人民出版社，1995，第208页。
〔6〕高福顺：《辽朝的尚武骑射教育》，载《东北亚研究论丛》，2013，第182～190页。

皇帝致奠于先帝御容，乃射柳。皇帝再射，亲王、宰执以次各一射。中柳者质志柳者冠服，不中者以冠服质之。不胜者进饮于胜者，然后各归其冠服。又翼日，植柳天棚之东南，巫以酒醴、黍稗荐植柳，祝之。皇帝、皇后祭东方毕，子弟射柳。皇族、国舅、群臣与礼者，赐物有差。即三日雨，则赐敌烈麻都马四匹、衣四袭；否则以水沃之。[1]

由上可知，“瑟瑟仪”具有一套完整的程序，即活动前设置百柱天棚；活动当天先祭拜祖先，然后按尊卑秩序依次射柳；次日在天棚东南种植柳树，由皇帝、皇后祭祀东方，再进行射柳，并对群臣进行赏赐。

除“瑟瑟仪”，“射柳”还被用于其他用途。如祭祖，辽太祖天显四年（929）“射柳于太祖行宫”[2]，道宗清宁七年（1061）“幸弘义、永兴、崇德三宫致祭。射柳，赐宴，赏赉有差”[3]；再生礼，清宁七年“行再生礼，复命群臣分朋射柳”[4]；祭山仪，“每谒拜木叶山，即射柳枝，诨子唱番歌前导，弹胡琴和之，已事而罢”[5]；等等。值得强调的是，“射柳”只是“瑟瑟仪”的组成部分，而不能等同于“瑟瑟仪”。

至于“射柳”的具体规则，可参见《金史·礼志》，其记载如下：

金因辽旧俗，以重五、中元、重九日行拜天之礼……行射柳、

〔1〕（元）脱脱：《辽史》，吉林人民出版社，1995，第450页。
〔2〕（元）脱脱：《辽史》，吉林人民出版社，1995，第18页。
〔3〕（元）脱脱：《辽史》，吉林人民出版社，1995，第148页。
〔4〕（元）脱脱：《辽史》，吉林人民出版社，1995，第148页。
〔5〕（宋）叶隆礼：《契丹国志》，齐鲁书社，2000，第170页。

击球之戏，亦辽俗也，金因尚之。凡重五日拜天礼毕，插柳球场为两行，当射者以尊卑序，各以帕识其枝，去地约数寸，削其皮而白之。先以一人驰马前导，后驰马以无羽横镞箭射之，既断柳，又以手接而驰去者，为上。断而不能接去者，次之。或断其青处，及中而不能断，与不能中者，为负。每射，必伐鼓以助其气……既毕赐宴，岁以为常。[1]

除“射柳”外，每年三月三日上巳节时，辽国还举行一种“射木兔”的活动，“国俗刻木为兔，分朋走马射之”。进入元代，射柳活动虽然仍有开展，但“仅视为习武之游戏，不似辽人祈雨、金人拜天之隆重”[2]。该时期见诸史籍的重要射仪有“射天狼”和“射草狗”两种。

“射天狼”俗称“射天狗”，每年十月由太史院选择吉日，在东华门举行：

都府差人于东华门外作苇芭，南向北三所，北向南如之，约三百步。西一所即储皇、诸王等，二所省院宰辅，第三所武职枢所。安措定，候旨……后一日，圣上在西宫，丞相略聚，请太子开垛场御弓。得旨，百辟导从至垛场，端箭调弓，自有主者揖让升降，动有国典，俱用小金仆姑。其制：宰执奉弓执箭，跪以进，太子受弓后，发矢至高远，名射天狼（露呼射天狗，束芻为草人以代天狼，非倏）。三矢而止。宰执揖让，拜进太子后，开弓发

---

〔1〕（元）脱脱：《金史》，吉林人民出版社，1995，第472页。
〔2〕傅乐淑：《元宫词百章笺注》，书目文献出版社，1995，第16页。

数矢。诸王如上发矢，不以虎侯，豹虎熊侯，以草为人作侯，遵国典也。以次射毕，于别殿张盛燕，极丰厚。[1]

“射草狗”是元代举行的一种消灾驱邪的祭祀礼仪。据《元史》中记载，每年十二月下旬，择日在西镇国寺内墙下，清扫一块平地作为祭场，竖人形、狗形草靶各一于场中。先由“达官世家之贵重者”交替射靶，直至射烂后，以羊、酒祭祀之。祭祀完毕后，由“帝后及太子嫔妃并射者，各解所服衣，俾蒙古巫觋祝赞之。祝赞毕，遂以与之，名曰脱灾”。关于“达官世家之贵重者”，原文特意强调，是指“别速、札剌尔、乃蛮、忙古、台列班、塔达、珊竹、雪泥等氏族”[2]。

第三节 民族融合下的多样兵器

兵器，是器械武艺表达的工具。无论在战场还是民间，器械武艺在武术中的地位远高于徒手格斗，尤其是作为打击技术的拳法。限于史料，虽然无法得知辽、西夏、金、元时期是如何练习各种兵器的，但至少应该关注每种兵器形制的变化。因为器械形制的变化，不仅是制作技术的革新，更代表着使用技术的改变。

---

〔1〕（元）熊梦祥：《析津志辑佚》，北京古籍出版社，1983，第 211 ～ 212 页。
〔2〕（明）宋濂：《元史》，吉林人民出版社，1995，第 1183 页。

一、弓

在古代社会中，根据用途不同，弓的形制呈现出多样性特点。如唐代“弓之制有四：一曰长弓，二曰角弓，三曰稍弓，四曰格弓……长弓以桑柘，步兵用之；角弓以筋角，骑兵用之；稍弓，短弓也，利于近射；格弓，彩饰之弓，羽仪所执”〔1〕。虽然未见辽、西夏、金、元时期弓制相关史料记载，但不排除弓制的多样性，至少骑兵和步兵用弓应是有差异的。与步兵所用单体长木弓相比，骑兵弓多为角弓，属于复合弓。因为史料限制，考虑到以上四个政权，尤其是在早期多采用骑兵作战方式，因此对其弓的考察以骑兵用的角弓为主。

（一）辽弓

契丹人素善骑射，“弓以皮为弦，箭削桦为干”〔2〕。据时人武珪记载，其所用弓称“燕北胶弓”，具有“坚劲不易折”〔3〕的特性。弓胶，制弓六材之一，将动物筋、角黏合在弓臂上。用“胶弓”命名，主要是为了突出其复合弓的特性。此外，《契丹国志》记载的辽庆贺宋皇帝生日礼物清单中，辽弓有名“黄桦皮缠楮皮弓”〔4〕者。虽然不见实物，但能够作为国礼馈赠他国，可见该弓制作之精良。

关于辽弓形制的探讨，各类同时期传世画作，如胡瓌的《卓歇图》、耶律倍的《骑射图》、李赞华的《射鹿图》、河北宣化

---

〔1〕（唐）李林甫：《唐六典》，陈仲夫点校，中华书局，1992，第 771 页。
〔2〕（宋）叶隆礼：《契丹国志》，上海古籍出版社，1985，第 175 页。
〔3〕（宋）武珪：《雁北杂记》，转引自（明）陶宗仪主编《说郛》，中国书店，1986，第 94 页。
〔4〕（宋）叶隆礼：《契丹国志》，上海古籍出版社，1985，第 200 页。

辽墓壁画、内蒙古辽庆陵壁画等，均可提供有益参考。如内蒙古宝山辽墓中的《厅堂图》，图中弓、箭、弓囊、箭袋一应俱全，为了解辽弓形制提供了翔实依据。总体而言，《厅堂图》所示辽弓与隋唐中原弓相仿，具有弓弝内凹、弓体长大的特点。该种弓的主体内胎为竹或木，外贴动物角，内贴动物筋，两端安装木质弓弰。1986 年，内蒙古通辽市陈国公主墓曾出土一把辽弓，弓弦长 138 厘米，推测该弓全长（顺曲度测量）约 150 厘米[1]。

纵观中国弓的历史长河，该种角弓弓体长大，弓弰向开弓者方向弯曲，弓弰与弓弦有间隙，是使用时间最长的一种弓形。中原地区至少从汉代开始就已经大规模装备这种角弓，直到元代才逐渐被弓体相对较短、弓弰与开弓者方向平行、弓弰与弓弦无间隙的角弓所取代（图 2–1）。

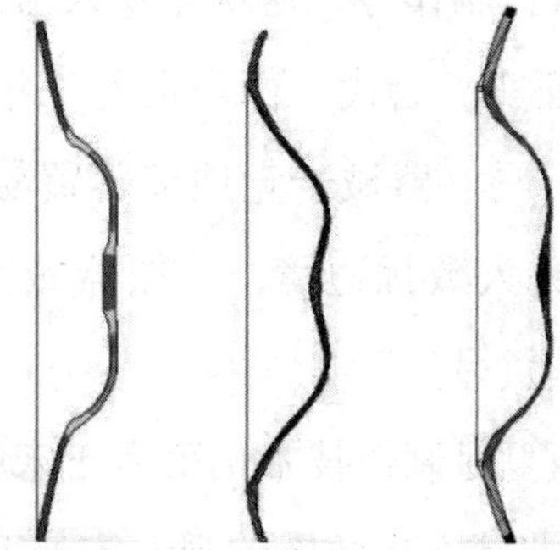

图 2–1　辽弓、元弓、清弓

《厅堂图》所示弓囊也称胡禄，是一种圆筒形的箭箙，口部

---

〔1〕内蒙古自治区文物考古研究所、哲里木盟博物馆：《辽陈国公主墓》，文物出版社，1993，第 62 页。

狭窄，底部较阔，口部的一侧有便于取箭的缺口。王援朝在《胡禄源流考》中认为，胡禄是从西亚传至西域，再从西域传至中原的。隋唐至宋代，胡禄被广泛应用，《武经总要》中有被称为“弓箭葫芦”的箭箙，这里的“葫芦”应是“胡禄”的谐音。“胡禄”佩戴方式，可参见唐代章怀太子墓的仪卫图。

此外，《厅堂图》所绘箭应为皂雕翎箭。雕翎历来被视为最佳的箭翎材料。华岳的《翠微先生北征录》中记载，箭翎材质分皂雕、白鹇、野雉、鸿鹄、鹅鹳、雁鹜六种，以“雕、鹇、野雉为最捷”。《契丹国志》中记载，宋朝皇帝生日时，辽国曾将“红锦袋皂雕翎瓣角骲头箭十、青黄雕翔箭十八”〔1〕作为礼物赠送。

（二）西夏弓

西夏早期并不擅长制作弓，这从党项人与汉人进行军器贸易的史料记载中得到证实。唐代，德宗贞元三年（787），朝廷就下令“禁商贾以牛、马、器械于党项部落贸易”〔2〕；文宗太和（827—835）初，羌人数扰边境，“然器械钝，苦畏唐兵精，则以善马购铠，善羊贸弓矢”〔3〕。

至北宋初期，西夏弓制作技术仍落后于宋朝。宋太宗至道元年（995），西夏使者张浦在崇政殿前观看宋朝卫士射箭后，言“蕃部弓弱矢短，但见此长大人固已逃遁，况敢拒敌乎！”〔4〕至宋真宗大中祥符二年（1009），仍有西夏使者请求宋廷允许交易弓

---

〔1〕（宋）叶隆礼：《契丹国志》，齐鲁书社，2000，第156页。
〔2〕（五代）刘昫：《旧唐书》，吉林人民出版社，1995，第3375页。
〔3〕（宋）欧阳修、宋祁等：《新唐书》，吉林人民出版社，2005，第4486页。
〔4〕（宋）杨仲良：《皇宋通鉴长编纪事本末》，黑龙江人民出版社，2006，第200页。

矢及弩。

曾巩的《隆平集》中关于西夏“柳弓、皮弦，遇雨雪则不能施，又其所短”的记载，说明该时期西夏弓仍为落后的单体弓，且表面不涂生漆等防潮材料。这种弓制作工艺简单，因为弹性不足，只能通过增加长度来弥补劣势，这不仅影响弓的射距和射速，也因弓体过长而不适合骑兵使用。同时期的宋朝，则早已使用筋角复合弓，如《武经总要》中记载的黄桦弓、白桦弓、黑漆弓和麻背弓等。与单体木弓相比，这种弓形制小、强度高，适合骑兵使用，且表面多包裹桦树皮或涂抹生漆，能够使弓体“雨不能湿，水不能透”〔1〕。

但党项族是一个善于学习的民族，虽然中原政权屡下禁止弓矢贸易的命令，但西夏仍然不断突破禁令，在购买中原弓矢的同时，也积极学习先进的制弓技术。最晚到两宋之际，西夏弓的制造水平已获得极大提高。时人庄绰在《鸡肋编》中，已将西夏弓视为“良弓”而予以记载，“西夏兴州出良弓，中国购得，云每张数百千，时边将有以十数献童贯者”〔2〕。按宋代一千钱等于一贯，一贯等于一两白银来计算，“数百千”即数百贯钱或数百两白银。关于这“数百千”的实际价值或购买力，可从宋代百姓收入获得更加直观的印象。

在宋朝三百余年历史中，劳动力价格大体稳定在每天七十至一百文。《宋会要辑稿·食货》所记，北宋嘉祐年间一百斤一百里的运输脚力钱是一百文。苏轼的《上神宗论新法》中谈到“免

〔1〕（元）华岳：《翠微南征录北征录合集》，马君骅点校，黄山书社，1993，第226页。
〔2〕（宋）庄绰：《鸡肋编》，萧鲁阳点校，中华书局，1983，第33页。

役法”时说，“三日之雇，其值三百”，每天一百文。《三朝北盟会编》提到工匠日钱五十文，米二升半（米在南宋大约是十几个钱一升，全加起来大约八十文）。《鸡肋编》言采茶匠工资每天七十文。即便按日薪一百文，兴州良弓一百千计算，一把兴州良弓仍抵普通民众三年多的收入。

《昨梦录》中关于西夏牦牛角的记载，或可从侧面解释西夏弓价格昂贵的原因所在：

西夏有竹牛，重数百斤。角甚长。而黄黑相间，用以制弓极佳，尤且健劲。其近弝黑者谓之后醮，近稍近弝俱黑而弓面黄者，谓之玉腰。夏人常杂犀角以市焉，人莫有知。往时，镇江裨将王诏遇有鬻犀带者，无他文，但峰峦高低，绕人腰围耳。索价甚高，人皆不能辨。惟辛太尉道宗知此竹牛也。为弓则贵，为他则不足道耳。[1]

“角也者，以为疾也”，是弓体蓄能的关键部分。华岳在《翠微先生北征录》[2]中，依据牛角大小将宋代弓分为马蝗面弓和泥鳅面弓两种。前者是大牛角制成，“遇拽满则曲如扇圈，受力均匀，不爵不走，不闪不肭”；后者用小牛角制成，“遇拽满则曲如折竹，受力不匀，易爵易走，易闪易肭”。华岳还进一步指出：“大角之家常倍于小角，小角之家常半于大角”[3]。

---

〔1〕（宋）康与之：《昨梦录》，中华书局，1991，第3页。

〔2〕该书为华岳被流放期间写的富国强兵和御敌之策，成书于南宋宁宗皇帝赵扩时期的开禧三年（1207）至嘉定元年（1208）。

〔3〕（元）华岳：《翠微南征录北征录合集》，马君骅点校，黄山书社，1993，第225～226页。

西夏灭亡后，西夏弓匠因其高超的制弓技艺，不仅免于被屠戮，还受到提拔重用。如元初监察御史朵兰台的祖父，“以业弓进，赐名怯延兀兰，命为怯怜口，行营弓匠百户”，其弟阔括出“亦业弓，尝献所造弓，帝称善”[1]。此外，还有常八斤“以善造弓，见知于帝”[2]。

（三）元弓

蒙古人所用角弓弓体相对较短，弓弰与开弓者方向平行，弓弰与弓弦之间无间隙。这种新的变化显然引起了宋代使臣彭大雅的注意，为此其特意在《黑鞑事略》中记载，蒙古“有顽羊角弓，角面连靶通长三尺”[3]。此外，如果将元代绘画中的弓与前代绘画中的弓进行比较，也可证实元弓与之前弓的差异。虽然无法确切知道这种新型弓的制作工艺，但弓形的变化无疑是为了增加弓体的杠杆蓄能效果（图 2–2）。

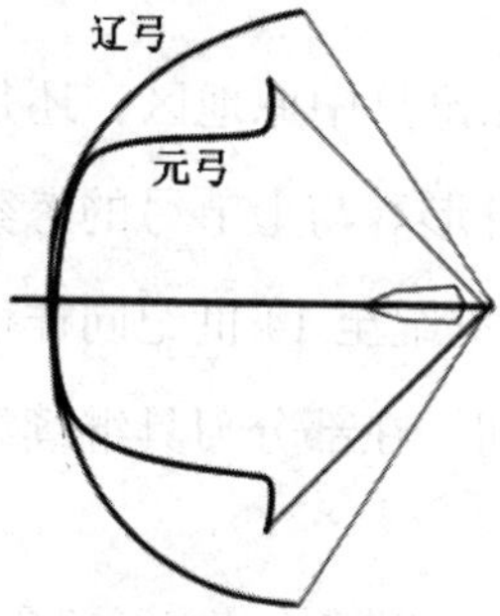

图 2–2 辽弓、元弓满弓张弦状态对比

〔1〕（明）宋濂等：《元史》，吉林人民出版社，1995，第 2074 页。
〔2〕（明）宋濂等：《元史》，吉林人民出版社，1995，第 3319 页。
〔3〕（宋）彭大雅：《黑鞑事略》，徐霆疏证，中华书局，1985，第 12 页。

此外，拉力的增加也是蒙古弓相比于前代弓的重要变化。据孟珙的《蒙鞑备录》记载，蒙古士兵用弓“必一石以上”[1]，这显然是大于同时期宋、金所用骑射弓拉力的。以《翠微先生北征录》为例，华岳依据宋军士卒身体素质，认为马射弓以七斗、八斗最合适，九斗以上不堪用；即便步射弓，也以七斗、八斗最合适，一石以上不堪用，形同废物。金朝只在武举考试的上等标准中，才要求步射用一石弓按要求射中目标，且骑射仅用七斗弓。

形制的改变、拉力的提高，最终导致的是射距的增加。据陈学霖考证，蒙古弓最大射程可以达到三百米，极限射程可以达到五百米[2]。1255年，蒙古国全体那颜[3]聚会期间，移相哥射中三百三十五庹（约502米）远目标，成吉思汗命人专门刻碑纪念[4]。而同时期金朝在武举考试上等录取标准中，射远项目仅要求用一石弓射中二百二十步（约341米）外目标。

二、刀

从西汉至唐代，无论是中原地区，还是周边少数民族地区，所用刀具多为窄身直脊形。与上节弓的考察类似，如果将宋代一并纳入本时期，那10世纪至14世纪同样可以视为中国古代刀形的过渡时期。这一时期，在部分刀具继续沿袭汉唐直身刀形外，

---

〔1〕（宋）孟珙：《蒙鞑备录》，中华书局，1985，第7页。

〔2〕Hok –Lam chan, “Siting by Bowshot：A Mongolian Custom and Its Sociopolitical and Culture Implications”，Asian major, No.4（1991）：53~78.

〔3〕那颜（Nuo yan）蒙古语音译，意为老爷、官人。原指有贵族血统的人，在社会上居于特殊地位，享有各种荣誉称号，拥有众多属民和大量牲畜，并有那可儿伴当为其效劳。蒙古诸部统一之前，各部落之长即有此称。蒙古汗国建立之后，万户长、千户长亦有此号。以后逐渐成为对贵族领主的通称。

〔4〕此石碑于1818年在俄罗斯被发现，因以“成吉思汗”名字起首，学术界多以“成吉思汗石”称之，现存于俄罗斯圣彼得堡市艾尔米塔什博物馆。

也开始出现各种形制的弯刀。在直刀与弯刀的竞赛中，至元代弯刀最终取代直刀，并对明清时期的刀形产生深刻影响。

（一）金朝战刀

结合史料及实物可知，金朝铁刀主要有两种刀形存世，其一为环首直刀，其二为无环直刀。

前者形象可参见山西马村金墓中的“蔡顺拾椹奉亲”砖雕。此墓葬是段氏家族在金世宗大定年间（1161—1189）以前墓葬。该砖雕题材为“蔡顺拾椹奉亲”，画面中有将士四人，两名站立士卒所持刀即为环首直刀。由此可知，金环首直刀与宋环首直刀高度相似，表现出刀身直宽、刀尖背斜的特点。

后者形象可参见黑龙江勃利县出土金朝战刀（图 2-3）。该刀刀背末端签刻汉字楷书“大定二十九年□府造”字样，说明是官造刀，属军队制式化装备，因此对于研究金代刀形具有重要意义。与环首直刀相比，该刀有如下变化：一是刀身非直脊，略呈弧形，刃前端微斜；二是与环首直刀刀身、刀把、刀环一体锻造相比，据图中所示金朝铁刀刀靶末端的铆眼可知，此刀并非一体

图 2-3　金大定二十九年铁刀
（藏于黑龙江省博物馆）

锻造，且无环首。总体而言，该种刀形是介于环首直刀与元代弯刀之间的一种过渡刀形。

（二）元代弯刀

进入 13 世纪，伴随着蒙古人的西征，西亚地区的弯刀开始引入中国，因其优越的性能最终彻底取代中原传统的环首直刀。结合元代绘画可知，该时期弯刀有两种形制，其一是有环弯刀，其二是无环弯刀。蒙古语称环刀为“温勒都”，早在成吉思汗时期蒙古人已经使用环刀[1]。此外，联蒙抗金时期，在南宋使臣的出使笔记中也可见环刀记载。彭大雅在《黑鞑事略》中记载，环刀“轻便而犀利，靶小而偏”[2]，并称蒙古人“其长技，弓矢为第一，环刀次之”[3]。《蒙鞑备录》中，也记载蒙古人“手刀甚轻薄而弯”[4]。通过以上两位使臣对环刀表现出的兴趣可知，相比于中原流行的直刀，这是一种新刀形。

有环弯刀形制可参见《搜山图》，柳叶形刀身，狭窄锐利，刀锋上挑，弧度顺畅，这与宋、金时代的刀有着明显的区别，符合《黑鞑事略》中关于“环刀”的描述。此外，山西宝宁寺明代水陆画《往古雇典婢奴弃离妻子孤魂众》所绘蒙古人腰间挎刀刀形与此相似，即可证明。值得注意的是，如在《搜山图》中除绘有有环弯刀外，还绘有与宋、金相似的有环直刀。一幅画作中出现两种刀形并存现象，这恰是元代直刀向弯刀过渡的证明，新旧刀形的交替界限并非泾渭分明，应该有一个界限相

〔1〕乌兰校勘《元朝秘史》，中华书局，2012，第 86 页。
〔2〕（宋）孟珙：《蒙鞑备录》，徐霆疏证，中华书局，1985，第 12 页。
〔3〕（宋）孟珙：《蒙鞑备录》，徐霆疏证，中华书局，1985，第 13 页。
〔4〕（宋）孟珙：《蒙鞑备录》，徐霆疏证，中华书局，1985，第 7 页。

对模糊的共存期。

从传世绘画和出土文物来看，元代除有环弯刀外，还流行一种无环弯刀。如《元世祖出猎图》中，张弓武士腰间所挎刀即为此种无环弯刀。此外，伊尔汗国流传至今的细密画中，也绘有大量蒙古持刀武士的形象，刀形与此一致。

综上可知，无环弯刀较有环弯刀刀身更加狭窄弯曲，并且刀柄呈向下倾斜趋势。这种刀柄较直身刀柄更为实用，不仅可以增加刀的劈砍力度，还使直刺更加方便。此外，虽然无法得知无环弯刀的锻造工艺，但根据刀身细长比刀身宽短锻造要求高的经验可知，这种刀的质量显然是优于中原流行的环首直刀的。这也是环首直刀被无环弯刀取代的原因所在。元朝灭亡后，有环弯刀基本绝迹，而无环弯刀不仅为蒙古草原民族继承，相比有环弯刀，无环弯刀对明清时期的刀形影响更为深远。

三、剑

纵观各类壁画可知，辽、西夏、金、元时期剑的形制均延续唐代，即剑首硕大，以三耳云头形居多，剑格加宽为挡手，呈一字形或八字形。北京金代墓葬曾出土一把长身宽刃铁剑，剑根带吞口，三耳形环首。经 X 光透视，可见北斗七星（图 2–4）。此剑与金墓砖雕上的剑形一致，具有一定代表性。

以往研究中多认为隋唐以前，剑在战场上的地位已经被刀取代，基本上已退出了大规模的军事战争舞台。但综合现有史料来看，没有证据支撑这一论断，至少辽、西夏史料中，仍有使用剑的记载。以辽为例，圣宗统和十四年（996），“命刘遂教南京神武军士剑法，赐袍带锦币”[1]；兴宗重熙四年（1035），“诏诸军炮、弩、弓、剑手以时阅习”[2]。《中国出土壁画全集》所示的各类辽代墓葬壁画中，多有持剑武士壁画，而持刀武士未见其一。

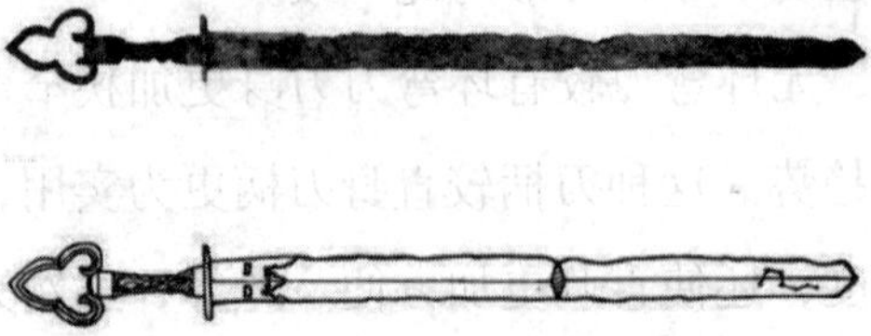

图 2-4 北京金墓七星剑（仿画图）

此外，西夏史料更能说明该问题，据《宋史·夏国传》记载，其官兵装备如下：

凡正军给长生马、驼各一，死则偿之。团练使以上，帐一、弓一、箭五百、马一、骆驼五，旗、鼓、枪、剑、棍、棒、沙袋、雨毡、浑脱、背索、锹攫、斤斧、箭牌、铁浆篱各一。刺史以下，无帐，无旗鼓，人各骆驼一、箭三百、幕梁一。兵三人同一幕梁。幕梁，织毛为幕，而以木架之。

纵观以上装备，剑才是西夏军队的制式兵器，而刀未列其中。西夏存世律法《天盛改旧新定律令》中，第五“军持兵器供给门”

〔1〕（元）脱脱：《辽史》，吉林人民出版社，1995，第 85 页。
〔2〕（元）脱脱：《辽史》，吉林人民出版社，1995，第 123 页。

则提供了更为翔实的证据：

牧主正军：官马、弓一张、箭六十支、箭袋、枪一支、剑一柄、囊一、弦一根、长矛杖一支、拨子手扣全。

农主正军：官马、剑一柄、弓一张、箭三十支、枪一支、囊一、拨子手扣、弦一根、长矛杖一支。

使军正军：官马、弓一张、箭三十支、枪一支、剑一柄、长矛杖一支、拨子手扣全。比农主少囊和弦。

诸臣僚属正军：官马、披、甲、弓一张、枪一支、剑一柄、拨子手扣、宽五寸革一。[1]

此外，西夏剑因其做工精良，备受宋朝君臣青睐。《宋史·王伦传》中，就有“钦宗解所佩夏国宝剑以赐（王伦）”的记载。西夏剑能为宋帝佩戴，锻造技艺应该十分精湛。苏轼在扬州听闻宋将缴获西夏刀、剑，专程借来观看，并特命门人晁补之作《赠戴嗣良歌时罢洪府监兵过广陵为东坡公出所获西夏刀剑东坡公命作》诗，以示纪念。

四、骨朵

此时期使用的短兵器，除刀、剑等锐器外，还曾出现骨朵、斧、锤、鞭、锏等钝器，尤以骨朵最具时代特色。骨朵与锤、挝类似，均是用铁或坚木作柄，在柄端安装金属头，利用重力势能劈砸对方的兵器。虽然无法考证骨朵的确切起源，但骨朵的广泛

〔1〕史金波、聂鸿音、白滨译注《天盛改旧新定律令》，法律出版社，2000，第225～226页。

使用确是发生在10至14世纪，尤其与契丹人密切相关。它不仅被作为一种实用兵器，广泛存在于战场和民间，更被当作象征权力的礼器使用。

（一）辽骨朵

据《辽史·兵制》中记载，骨朵是辽士兵的一种制式兵器，“每正军一名……弓四，箭四百，长短枪、䥕𨱏、斧钺……皆自备”。骨朵虽然简陋，但非常实用。尤其是当刀、剑等短兵锐器面对敌方铠甲，特别是重甲而无可奈何的时候，作为钝器的骨朵却可以造成轻则骨折、重则毙命的打击效果；此外，相比于刀、剑，骨朵简便易得、坚固耐用的特性，使其成为此时期的重要短兵器。

事实上，骨朵在契丹人心目中的地位早已超越实用兵器范畴，在器物崇拜心理的支配下，更是开创性地将其作为一种象征权力的礼器而应用于仪卫、宿卫和百官仪从，这从辽墓葬壁画中可以得到证实，如赤峰市巴林右旗岗根苏木床金沟5号辽墓、巴林右旗庆陵东陵、巴林右旗耶律弘世墓、元宝山区小五家乡塔子山2号辽墓、敖汉旗四家子镇北羊山辽墓，通辽市库伦旗奈林稿辽墓、陈国公主墓等墓葬中均有与骨朵相关的壁画。

此外，出土实物更加丰富了辽的相关知识。除石、铁、铜质骨朵出土外，还出现有金、银装饰的骨朵，甚至包括玉、玛瑙、水晶等宝石材质骨朵（图2-5）。不同的材质象征着使用者的不同身份地位，这从金代史料中可以得到印证。

无论是作为实战兵器，还是作为仪卫礼器，辽对骨朵的使用，不仅影响了同时代的宋、西夏、金、元，直至明代，骨朵仍被用作礼器。

图 2-5　辽水晶骨朵
（藏于赤峰市博物馆）

（二）西夏骨朵

综合现有史料，党项人称“骨朵”为“圆头木橹”。受契丹人影响，党项人也将骨朵作为兵器和礼器使用。

据《天盛改旧新定律令》记载，圆头木橹是帐门后宿属正军、内宿后卫等属正军、神策内外侍等属正军的制式装备：

帐门后宿属正军有：官马、披、甲、弓一张、箭百支、箭袋、银剑一柄、圆头木橹一、拨子手扣全、五寸叉一柄、囊一、弦一根、凿斧头二、长矛杖一支。

内宿后卫等属正军：官马、披、甲、弓一张、箭百支、箭袋、枪一支、剑一柄、圆头木橹一、长矛杖一支、拨子手扣全、五寸叉一柄、弦一根、囊一、凿斧头二、铁笊篱一。

神策内外侍等属正军有：官马、披、甲、弓一张、箭五十支、箭袋、枪一支、剑一柄、圆头木橹一、拨子手扣、宽五寸革一、弦一根、囊一、凿斧头一、长矛杖一支。[1]

作为礼器的圆头木橹可参见敦煌莫高窟第409窟《西夏皇帝供养像》（图2–6）。此图对研究西夏仪卫制度有重要参考价值，图中右上角与右下角侍卫所持器物即为圆头木橹。此外，藏于俄罗斯艾尔米塔什博物馆的黑水城绘画《西夏皇帝与众侍从图》中，皇帝左边武将所持器物也是圆头木橹。由此可见，圆头木橹是西夏仪卫的重要组成部分。

图2–6　西夏皇帝供养像（敦煌莫高窟第409窟）[2]

（三）金骨朵

金承辽制，骨朵也沿袭辽朝，将其作为重要兵器和礼器。《金史》中关于骨朵的记载，不仅可以反映金骨朵使用情况，也可弥补辽骨朵仪卫史料之不足。

---

〔1〕史金波、聂鸿音、白滨译注《天盛改旧新定律令》，法律出版社，2000，第227～228页。
〔2〕原画残缺，此图为敦煌研究院原院长段文杰临摹图。

《金史·仪卫志》中记载，骨朵在朝会、行仗等仪卫中，均作为主要礼器使用。

其一，朔望日朝会期间，殿下所列卫士中，左右卫将军、宿直将军“金束带，各执玉、水晶及金饰骨朵”。左右亲卫“盘裹紫袄，涂金束带，骨朵，佩兵械”。供御弩手、伞子百人“并金花交脚幞头，涂金铜鈒衬花束带，骨朵”[1]。

其二，天子行仗中，控鹤二百人“各执金镀银蒜瓣骨朵”，长行四百人，有七十八人执列丝骨朵。[2]

其三，天子常朝、御殿、郊庙、临幸，凡步辇出入时，在近侍导从中均有二人执金镀银骨朵。[3]

除天子仪卫外，金朝还将骨朵作为百官仪从使用。正一品官员，包括三师、三公、尚书令，允许使用骨朵三对；从三品官员，除运使无骨朵，其余均使用银裹骨朵两对；正五品官员，防御、刺史、知军使用银裹骨朵一对。[4]

第四节　徒手较技的角抵（相扑）

如果抛开“角抵”“相扑”等语词符号上的差异，回归到语词所指代的技术本身，可以发现，这种抱摔类技术广泛存在于古代世界各地，尤其是草原民族，角抵与骑马、射箭共同组成男子

---

〔1〕（元）脱脱：《金史》，吉林人民出版社，1995，第 532 页。
〔2〕（元）脱脱：《金史》，吉林人民出版社，1995，第 536 页。
〔3〕（元）脱脱：《金史》，吉林人民出版社，1995，第 555 ～ 557 页。
〔4〕（元）脱脱：《金史》，吉林人民出版社，1995，第 555 ～ 557 页。

三项必备技艺。在考察辽、西夏、金、元时期角抵活动时，应注意区分两种不同形式的角抵：一种是中原地区的角抵，上身赤裸，下身着兜裆；另一种是草原民族的角抵，该种角抵具体面貌不详，但考虑到边塞苦寒的气候条件，需着衣比赛这点应是可以肯定的。前者多在中原地区民间流行，后者多在少数民族统治者的上层社会中盛行，二者风格并不相同。

一、辽角抵

契丹语中如何称呼“角抵”，暂不可知。但宋朝使臣张舜民在《画墁录》中的记载，为了解契丹角抵提供了相关线索：

> 北虏待南使，乐列三百余人，舞者更无回旋，止于顿挫手足而已。角觝以倒地为负，两人相持终日，欲倒而不可得。又物如小额，通蔽其乳，脱若褫露之，则两手覆面而走，深以为耻也。[1]

通读以上史料，就其语境而言，张舜民显然是将契丹舞蹈、角抵视为区别于中原舞蹈、角抵的新鲜事物，才予以记载的。“物如小额，通蔽其乳”的着衣特点，显然是区别于中原角抵仅着兜裆的特点。考虑到《梦粱录》《武林旧事》等中均有对中原相扑的记载，但缺乏比赛规则的事实，虽然无法将以上史料所反映的契丹角抵与中原角抵做深入比较，但“以倒地为负，两人相持终日，欲倒而不可得”应该也是与中原角抵的区别所在。

1931 年，辽东京城遗址（今辽宁省辽阳市）曾出土一个八角白釉陶罐（图 2–7），为研究契丹摔跤实际情状提供了具体可

---

〔1〕张舜民：《画墁录》，中华书局，1991，第 3 页。

靠的资料。据日本人鸟居龙藏考证，罐上所绘即契丹小孩摔跤形象，且属连环画性质。鸟居龙藏对八幅画面做如下解释：

第一面（两幅画面），画两个契丹小孩对面蹲着，等待比赛。胸部穿有类似兜肚的东西。

第二面（两幅画面），画这两个契丹小孩，各自举手并活动脚力，作准备动作，身上穿有无袖短衣和兜肚。

第三面（两幅画面），将开始比赛，尚未揪扭在一起。另外有两个人，手中拿着花，似乎是裁判。

第四面（两幅画面），互助紧张搏斗的情景，左边契丹小孩正以两个手揪扭，用一脚撩对方使之倒地。[1]

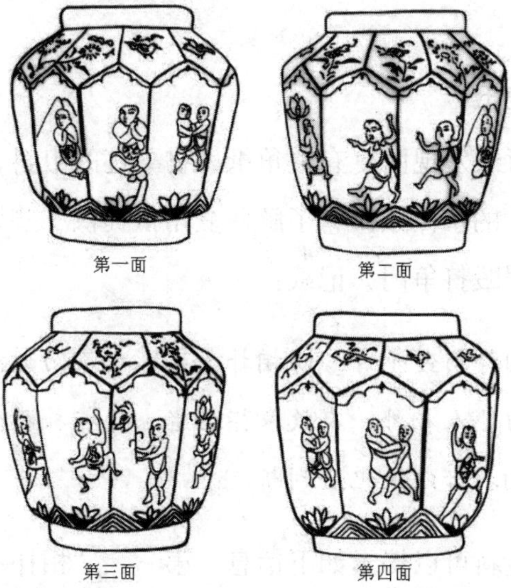

图 2-7　八角白釉陶罐线描（1931 年由辽东京城遗址出土）

〔1〕［日］鸟居龙藏：《契丹之角抵》，载《契丹史论著汇编》，辽宁省社会科学院历史研究所，1988，第 540 ～ 549 页。

考虑到后晋天福三年（938），石敬瑭已将燕云十六州割让给契丹人，因此该时期辽国境内，除流行本民族角抵外，中原地区的角抵应该也有所开展。据《辽史·地理志》中记载，早在后周太祖广顺年间（951—953），汉人胡峤在游历上京（今内蒙古自治区巴林左旗东南郊）西楼时，曾见“有邑屋市肆，交易无钱而用布，有绫锦诸工作、宦者、翰林、伎术、教坊、角抵、儒、僧尼、道士。中国人并、汾、幽、蓟为多”〔1〕。

此外，《辽史·兴宗二》中，兴宗重熙十年（1041）“以皇子胡卢斡里生，北宰相、驸马撒八宁迎上至其第宴饮，上命卫士与汉人角抵为乐”〔2〕的记载，也可证明当时辽国境内中原角抵有所开展的事实。

二、西夏角抵

目前暂未发现西夏有关角抵人物事迹的史料，但《天盛改旧新定律令》的法律条文为了解西夏角抵提供了些许参考。据该书卷十四《误殴打争门》记载：

诸人相扑而致死者，以相扑不死人之法而大意无理杀之，徒三年。若曰他人相扑，有故意指使者，使相扑致死，则令相扑者徒三年，相扑者以从犯法判断。〔3〕

以上史料可以揭示如下信息。第一，“相扑不死人之法”提示当时西夏社会内有两种相扑，既然有“不死人之法”，自然应

〔1〕（元）脱脱：《辽史》，吉林人民出版社，1995，第253页。
〔2〕（元）脱脱：《辽史》，吉林人民出版社，1995，第140页。
〔3〕史金波、聂鸿音、白滨译注《天盛改旧新定律令》，法律出版社，2000，第483页。

该有“死人之法”。第二，党项人有本民族语言——党项语，发音、书写均与汉文不同。党项语中对相扑这类抱摔项，应该有本民族称谓。这里舍弃本民族称谓，而用汉语符号“相扑”代替，可见西夏深受汉文化影响。

三、金角抵

女真旧时俗称角抵为“拔里速”[1]。以往研究多依金章宗明昌四年（1193）“制定民习角抵、枪棒罪”史料记载，断定金朝统治者禁止民间习武，事实上并不成立。

其一，金朝禁武史料仅此一例，况且《金史》中同样记载，金章宗明昌六年（1195）“敕行尚书省，有方略出众、武艺绝伦、才干办事、工巧过人者，其招选之”[2]。

其二，直到元世祖至元十七年（1280），翰林修撰王德渊在《角觝说》中记载，泰安、曲阳与磁州庙会期间仍有角抵开展，可从侧面证明金并未禁止民间习武。

其三，各地出土的角抵砖雕，以山西稷山马村段氏家族 4 号墓葬中的角抵砖雕最具代表性。该墓墓室须弥座雕刻有相扑力士 12 座。墓中相扑力士形象与成都体育学院博物馆收藏的宋朝相扑力士砖雕高度相似，均表现为头发卷曲，眉头紧皱，双目圆睁，袒胸露乳，斜披帛带（图 2–8）。

结合北宋时期角抵在北方的流行程度，以及金对北方地区的实际统治能力，可以认为靖康之变后，女真人入主中原并未影响北方角抵的发展。

---

〔1〕（元）脱脱：《金史》，吉林人民出版社，1995，第 1712 页。
〔2〕（元）脱脱：《金史》，吉林人民出版社，1995，第 183 页。

图 2-8　宋朝相扑力士砖雕
（藏于成都体育学院博物馆）

四、元角抵

蒙古语称角抵为“巴哩勒都”[1]。与其他北方民族一样，蒙古族人也将角抵视作一项重要技能。统治者不仅观赏、练习角抵，更对角抵技艺高超者不吝赏赐，以示提倡。如武宗至大三年（1310）春正月“太子如西园观角抵戏，命取缯帛赐之”[2]，同年夏“赐角抵者阿里银千两，钞四百锭”[3]；仁宗延祐七年（1320）“赐角抵者百二十人钞各千贯”[4]。此外，仁宗延祐六年（1319）设置与唐代“相扑朋”、宋代“内等子”相似的专门相扑机构“勇校署”[5]。

从现有史料来看，早期角抵与当前摔跤的规则并不相同。《多桑蒙古史》“窝阔台喜观角抵”一节中，对蒙古与波斯力士摔跤的描述如下：

〔1〕（元）脱脱：《金史》，吉林人民出版社，1995，第 1712 页。
〔2〕（元）脱脱：《金史》，吉林人民出版社，1995，第 613 页。
〔3〕（元）脱脱：《金史》，吉林人民出版社，1995，第 685 页。
〔4〕（元）脱脱：《金史》，吉林人民出版社，1995，第 720 页。
〔5〕（元）脱脱：《金史》，吉林人民出版社，1995，第 705 页。

二人相扑时，蒙古力士投比列于地。比列戏曰："紧持之，否则我将脱身而起"，语甫毕，亟反蒙古力士而投之地。[1]

由上可知，该时期角抵不以膝盖是否着地论输赢。此外，苏联史学家在《巴都罕》"蒙古军那达慕"一节中，记载了蒙古军因胜利渡水，在今俄罗斯境内举行的迎兵仪式上组织了骑马、射箭、角抵比赛。其中角抵比赛规定"三轮交锋中，双肩一次未着地者，誉为巴图鲁"，也与当今蒙古式（摔）跤规则不同[2]。

元代统治者起初并不禁止民间流行的中原角抵，中原角抵上承宋、金，依然开展活跃。如上文所言，元世祖至元十七年（1280），泰安、曲阳与磁州庙会期间仍有角抵开展：

余幼从先大夫寓居磁州，磁有崔府君祠，岁以十月十日社，四方乐艺毕来献其能，而以角觝之戏殿。角觝中复择其勇且黠者，殿号曰首对。当时众人指在东者一个相语曰："此人前年获胜于泰安庙下，去年获胜于曲阳庙下，今日又将胜矣。"

从上文可知，至少该时期，角抵活动与宋代无异，活动举行频繁，一些职业相扑手周游各地，巡回比赛。如文中的那位角抵高手，便屡胜于泰安、曲阳与磁州庙会，成为一时擂台霸主。时人胡祇遹（1227—1295）在目睹大都角抵盛况后，专作《相扑二首》："满前丝竹厌繁浓，勾引眈眈角抵雄。毒手老拳毋借

〔1〕［瑞典］多桑：《多桑蒙古史》，商务印书馆，2017，第 247 页。
〔2〕阿琪拉图：《蒙古族古代摔跤初探》，载中国体育科学学会编《1980 年全国体育科学学术报告会论文摘要汇编》，人民体育出版社，1980，第 102 页。

让，助欢鼓勇兴无穷。臂缠红锦绣裆襦，虎搏龙拏战两夫。自古都人元尚气，摩肩累迹隘康衢。”[1]由此可知，元代相扑赛前，有鼓乐开场，选手臂缠红锦，胯着绣襦，左扭右搏，异常激烈。而“摩肩累迹隘康衢”一句，记录了当时角抵比赛期间观者如堵的盛况。

元代统治者对待民间角抵活动态度的转变，始于至元二十一年（1284）“禁治习学枪棒”条的颁布，即“奸民不事本业，游手逐末，甚至习学相扑，或弄枪棒。有精于其事者，各出钱帛，拜以为师。各处社长等人，恬不知禁，有司亦不究问。长此不已，风俗恣悍，狂妄之端，或自此生”[2]。

禁令颁布后，虽然对民间角抵活动开展有一定影响，但并未完全阻断，这从仁宗皇庆二年（1313）颁布的“禁投醮舍身烧死赛愿”条中得到证实。当年，山东东西道廉访司奏章显示，泰山东岳庙打擂仍有举办：

今士农工商，至于走卒、相扑、俳优、娼妓之徒，不谙礼体，每至三月，多以祈福赛还口愿，废弃生理，敛聚钱物、金银、器皿、鞍马、衣服、匹缎，不以远近，四方辐凑，百万余人，连日纷闹。[3]

但该年庙会期间，因发生香客刘信在火池焚子酬愿事件，使

〔1〕（元）胡祗遹：《胡祗遹集》，吉林文史出版社，2008，第198页。
〔2〕陈高华、张帆、刘晓、党宝海点校《元典章》，中华书局、天津古籍出版社，2011，第1940页。
〔3〕陈高华、张帆、刘晓、党宝海点校《元典章》，中华书局、天津古籍出版社，2011，第1949页。

得政府再次下令“民间一切赛祈，并宜禁绝”[1]。

第五节　宣示正统的金朝武举

金朝开设文、武举考试，其实并非单纯沿袭唐宋，这其中应该有着更为深刻的政治含义，即以“彼有科举，吾亦有”的竞争态度，与南宋朝廷展开政权合法性的争夺。只有在这种层面上来探讨金朝武举，才能明确其开设的真正意义。

一、制度变迁

根据《金史》“泰和元年，定制，不分旧等，但从所愿，试中则以三等为次”以及“旧制，就试上等不中，不许再试中下等”[2]的记载，可推测章宗泰和元年（1201）之前，金武举考试时，考生需要在考前确定自己参加上、中、下三等中的哪一等考试，确定之后不能更改；而章宗泰和元年开始，废除以上规定，考试结束后根据考生成绩来划分上中下三等。

虽然金朝史籍中并未明确交代武举考试的程序、时间等内容，但《金史·选举志》中有“（章宗）二年，省奏：武举程式当与进士同时，今年八月府试，欲随路设考试所，临期差官，恐以创立未见应试人数，遂权令各处就考之”的记载，提示金朝武举与文举相同，具体可参考章宗明昌元年（1190）女真进士科规定，

---

〔1〕陈高华、张帆、刘晓、党宝海点校《元典章》，中华书局、天津古籍出版社，2011，第1949页。
〔2〕（元）脱脱：《金史》，吉林人民出版社，1995，第672页。

即每三年举行一次，府试日期为八月二十日，会试为次年正月二十日，御试为次年三月十二日[1]。值得注意的是，宣宗兴定二年（1218），武举会试和殿试时间分别为四月和五月，可能与宣宗贞祐二年（1214）迁都南京有关。

而武举府试考点，宣宗迁都南京前，有大兴府、大定府、大同府、东平府、开封府、河中府、辽阳府、平阳府、益都府、太原府，共十处。南迁后，因河北州县被蒙古占领，"武举人权于南京、东平、婆速、上京四处府试"[2]。会试由尚书省主持，南迁前后考试地点分别为上京会宁府和中都。

二、考试内容

金朝武举考试内容分文、武两科，根据考试成绩分上、中、下三等定级。文科，也称"程试"，包括律义和武经问答，具体规定如下：上等，依荫例问律一条，又问《孙》《吴》[3]书十条，能说五者；中等，解律同上等，《孙》《吴》书十条通四；下等，解律同上等，《孙》《吴》书十条通三。虽然程试内容简单，却执行严格，"凡程试，若一有不中者，皆黜之"，"凡不知书者，虽上等为中，中则为下"[4]。武科考试内容包括射贴、远射、射鹿、刺板四科。

上等录取标准：（1）射贴，能挽一石弓，以重七钱竹箭，射一百五十步立贴；十箭内，府试要求中一箭，省试中二箭，殿

---

〔1〕（元）脱脱：《金史》，吉林人民出版社，1995，第666页。
〔2〕（元）脱脱：《金史》，吉林人民出版社，1995，第667页。
〔3〕《孙》《吴》分别指《孙子兵法》《吴子兵法》。
〔4〕（元）脱脱：《金史》，吉林人民出版社，1995，第672页。

试中三箭；（2）远射，用一石弓、七钱竹箭，射二百二十步垛，中一箭；（3）射鹿，先在一百五十步内，每五十步设高五寸、长八寸卧鹿二，应试者用七斗弓、两支大凿头铁箭驰射；府试则许射四反，省试三反，程试二反，皆能中二箭者；（4）刺板，一百五十步内，每三十步，左右错置高三尺木偶人戴五寸方板者四，以枪驰刺；府试则许驰三反，省试二反，程试三反，左右各刺落一板者。

中等录取标准：（1）射贴，能挽八斗力弓，其他要求同上等；（2）远射，用八斗弓、七钱竹箭，射二百一十步外垛子，三箭中一箭；（3）射鹿，用六斗弓，其他要求同上等；（4）刺板，同上等。

下等录取标准：（1）射贴，用七斗弓，其他要求同上等；（2）远射，用七斗弓、七钱竹箭，射二百零五步外垛子，三箭中一箭；（3）射鹿，用五斗弓，其他要求同上等；（4）刺板，同上等。[1]

为加深对金朝武举考试的理解，现对以上标准中"石"和"步"两个计量单位进行换算。

首先，确认金朝"一石"的范围值。《中国古代度量衡图集》依据北京出土金朝铜砝码，以自铭重量和实测重量进行折算，得出金朝一斤合 634 克，按"凡石者以九十二斤半为法"[2]计算，一石约合 58.6 千克，再换算成弓的拉重单位即 129 磅。至于弓力测试方法，古代多采用杆称测量法，具体可参考明代宋应星《天工开物》中的《试弓定力图》（图 2–9），即以一石重物挂于弓弝，然后用秤称重。

---

〔1〕（元）脱脱：《金史》，吉林人民出版社，1995，第 672 页。
〔2〕（宋）沈括：《梦溪笔谈》，中国画报出版社，2011，第 36 页。

其次，与今天概念不同，在古代迈出一足为“跬”，迈出两足才是“步”。虽然史家对金朝营造尺尺值范围认识不一，但基本界定在 30.2 ～ 31 厘米，差额较小[1]。按金朝“量田以营造尺，五尺为步”[2]的规定，若取一尺等于 31 厘米的整值计算，则一步等于 155 厘米。综合以上分析，现对金代武举考试中射贴、远射、射鹿三科数据换算如下表（表 2-1）。

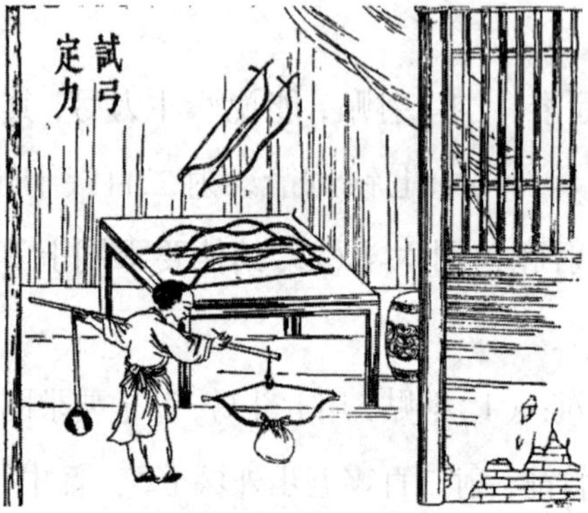

图 2-9 试弓定力图（宋应星《天工开物》载[3]）

表 2-1 金代武举弓力和射距换算表

类别	射贴		远射		射鹿	
	弓力 / 磅	射距 / 米	弓力 / 磅	射距 / 米	弓力 / 磅	射距 / 米
上等标准	129	232.5	129	341	90.3	232.5
中等标准	103.2	232.5	103.2	325.5	77.4	232.5
下等标准	90.3	232.5	90.3	317.7	64.5	232.5

〔1〕林哲在《山西朔州崇福寺弥陀殿大木作营造尺及比例初探》中认为金代营造尺为 31 厘米；张高岭在《怀庆府金元木构建筑研究》中推算金代营造尺 1 尺等于 30.7 厘米；刘畅、孙闯在《也谈义县奉国寺大雄殿大木尺度设计方法——与温玉清先生讨论》中推算金代营造尺 1 尺约长 30.2 厘米。

〔2〕（元）脱脱：《金史》，吉林人民出版社，1995，第 1009 页。

〔3〕（明）宋应星：《天工开物》，世界书局，1936，第 272 页。

三、中举除官

章宗承安元年（1196），对武举会试中举者，采用按名次进行除官的办法，具体规定如下：

第一名所历之职，初都巡、副将（正八品），二下令（从七品），三中令（正七品），四、五上令（从六品）。第二、第三名，初巡尉、部将（从八品），二上簿（正八品），三下令（从七品），四中令（正七品），五、六上令（从六品）。余人，初副巡、军辖（正九品），二中簿（从八品），三下令（从七品），四中令（正七品），五、六上令（从六品）。[1][2]

至章宗泰和三年（1203），将中举者除官办法修改为：

上甲第一名迁忠勇校尉（正八品上），第二、第三名迁忠翊校尉（正八品下）。中等迁修武校尉（从八品上），收充亲军，不拘有无荫，视旧格减一百月出职。下等迁敦武校尉（从八品下），亦收充亲军，减五十月出职。[3][4]

每一任任期为30个月，任期期满后再履下一任。所任之职遍历之后，复上呈吏部，以重新授任高一级的官职。武举人升降所凭军功，包括以下六项：一曰川野见阵，最出当先，杀退敌军；

---

〔1〕（元）脱脱：《金史》，吉林人民出版社，1995，第679页。
〔2〕括号中品级是笔者通过查阅《金史》后的补注。
〔3〕（元）脱脱：《金史》，吉林人民出版社，1995，第679页。
〔4〕括号中品级是笔者通过查阅《金史》后的补注。

二曰攻打抗拒州县山寨，夺得敌楼；三曰争取船桥，越险先登；四曰远探捕得喉舌；五曰险难之间，远处报事情成功；六曰谋事得济，越众立功。关于武举录取人数，目前仅见宣宗兴定二年（1218）记载，“特赐武举温迪罕缴住以下一百四十人及第”〔1〕。

〔1〕（元）脱脱：《金史》，吉林人民出版社，1995，第679页。

第三章

体系完备的明代武术

朱元璋于1368年建立明朝。明朝时期，长期存在“北虏南倭”之患，导致军事力量的兴衰与武举制度存在着一定的对应关系。武举制度经过弘治、正德时期的初具规模，嘉靖、万历时期的不断完善，至天启、崇祯时期走向成熟。同时，明代武学也比前代更加规范与完备。

明代军阵武艺的发展促进了兵书武略一类军事著作的涌现。这些军事著作保留了不少具有很高价值的武术篇章，如戚继光的《纪效新书》、何良臣的《阵纪》、俞大猷的《续武经总要》、茅元仪的《武备志》、郑若曾的《江南经略》等。除了带兵领将的著作外，明代民间武术家也为后世留下了珍贵的武学著作，如程宗猷的《耕余剩技》、程子颐的《武备要略》等。

明代已经形成了以棍法见长的少林武术，以拳法、枪法闻名的峨眉武术，有别于少林武术的浙东内家拳、西南壮族武术等典型武术流派。人们往往以“十八般武艺”来概括武术门类。实际上，也正是在明代，武术套路的趋于成熟、武术流派的形成、武术功法与武术器械的日趋完善，标志着中华武术体系的基本形成。

明代民间武术之家族式传承逐渐成为主要方式。至于武术的交流切磋，除乡村旷野和城市庭院之外，寺庙成为民间武术交流的特殊空间。军阵武艺与民间武术正是借助寺庙这一空间不断进行交流与传播的。其中，少林寺是最具有代表性的特殊空间。

中华武术与周边国家的武艺交流也达到了一个高峰。中国与日本、朝鲜诸国的交往，促进了中华武术与各国武艺的交流。

第一节 文武并举、谈兵论剑尚武之风

明太祖朱元璋倡导文人习武，推行文武并重之策，使得明初形成文人习武之风，也为明代中后期文人投笔从戎、谈兵论剑之风及民间武术活动盛行奠定了基础。明中后期内忧外患，武备废弛，文人大行谈兵论剑之风，热心结交民间武术家，躬行武术活动。

一、文武并举之策

洪武三年(1370),朱元璋关于重开文官科举考试时明确提出，要对中试者进行箭术、马术等项目测试，推动了文士及州县学子们的习武之风[1]。明初，朱元璋反对武学独立开科，倡导文武并举，在科举考试及学校教育政策中注重培养、发现文武兼备的人才。洪武二年（1369）大建学校，要求生员“专治一经，以礼、乐、射、御、书、数设科分教”[2]；洪武三年八月“京师行省

〔1〕［美］牟复礼、［英］崔瑞德编《中国剑桥明代史》(1368—1644)，中国社会科学出版社，1992，第119页。

〔2〕（清）张廷玉等：《明史》，中华书局，2010，第1686页。

各举乡试。初场，试经义二道，四书义一道；二场，论一道；三场，策一道。中式十日，复以骑、射、书、算、律五事试之”〔1〕。这时期的史籍文献中，对文人善射、击剑的记载屡见不鲜。

二、论剑尚武之风

明正统（1436—1449）后，随着文科取士科举制度的完备，以文取得功名成为进入仕途的唯一途径，整个社会逐渐形成重文轻武的风气。如王鸣鹤的《登坛必究》自序中所言："世轻武弁而久之武弁自轻，浸谣成俗几于不振。挽强蹶张者不事考索，顽诟纨绔者湛溺自安。尝观世胄子弟、伛偻一官目不识一丁，举笔如扛鼎。”这时期武将以善于“文”而能，以跻身文人雅士之列而荣。正如戚继光指出：“军旅之毋学，五伯之羞称，却乃籍其豢养之资，用心逐时之末，谓之人品，高谈于宾筵，窃取于文艺佛老，盗高人之名，杂缙绅之伍，固实未尝不为之荣矣。”〔2〕明正统十四年（1449）的“土木之败”及嘉靖二十九年（1550）的“庚戌之变”正是明代武备废弛、重文轻武的真实写照。

明代提倡“文武并重”，并身体力行挽救长期重文轻武风气之端者，当推丘浚，其在弘治时期就主张“文武非二道”，提出“治忽在乎文，文之所以备，相之辅也。强弱由乎武，武之所以备，将之辅也”等观点〔3〕。随后还有马文升、余子俊等人随风而起。嘉靖时期沿海倭患蔓延，出现一批主张文武兼备、致力改变明代

---

〔1〕（清）龙文彬：《明会要》，中华书局，1956，第876页。
〔2〕（明）戚继光：《练兵实纪》，邱心田校释，中华书局，2001，第214页。
〔3〕陈宝良：《晚明的尚武精神》，《明史研究》1991年第1期。

武备废弛的有识武将，其中以俞大猷、戚继光为代表。

俞大猷是在东南沿海抗倭战争中涌现的一名文武全才的名将，他“少好读书。受易于王宣、林福，得蔡清之传。又闻赵本学以易推衍兵家奇正虚实之权，复从受其业……又从李良钦学剑”〔1〕。俞大猷本为书生，其父去世后才不得不承武职而世袭百户。明嘉靖十四年（1535），俞大猷在武科会试中排名第五，升任千户。俞大猷由文士转为武将，对文武之道有自己的见解，主张文武并备，绝非一般文士可比。他认为，“武官虽猥鄙，亦行道地也”〔2〕。俞大猷还以言说躬行实践自己的“文武并举”，将跟随赵本学学习的兵法及自己的《剑经》合编为《续武经总要》，在东南沿海抗倭战争中练兵御倭。在武平教练士兵时，俞大猷还办“读书轩”，“与诸生以文会，而日教武士击剑”〔3〕，显示了他以身践行文武并举的思想。

戚继光为明代嘉靖时期东南沿海抗倭名将，文武全才，不仅著有流芳后世的《纪效新书》《练兵实纪》两部兵书，在戎马倥偬之暇还留下《止止堂集》等大量诗文集，可谓“沉毅有度，具文武才”，择当时民间善之善者拳法创编“三十二势长拳”，并创造了令倭寇〔4〕闻风丧胆的“鸳鸯阵”，训练出御倭奇兵“戚家军”。戚继光在当时有“忠故能谋，仁故能勇……负文武才如

---

〔1〕（清）张廷玉等：《明史》，中华书局，2010，第5601页。

〔2〕（明）俞大猷：《正气堂全集》，廖渊泉、张吉昌整理点校，福建人民出版社，2007，第176页。

〔3〕（清）张廷玉等：《明史》，中华书局，2010年，第5602页。

〔4〕“倭”，中国古代文献中对日本的称呼，“倭寇”在日本就具有“地方集团武装为寇”的性质，曾不断入侵朝鲜半岛。至元朝后期，倭寇成为危害于日本海的巨盗，倭寇入侵我国始于元末方国珍引倭入侵山东。

公者，一时鲜见其俪，是则可传也已”之赞誉[1]。他反对那些视弓马为末艺的世人偏见，认为：“天下之事，难者多矣。至于兵，则难之尤者也。世有视弓马为末艺，等行伍为愚民者，是岂知本之论哉？”[2]

明代中晚期，由于沿海倭寇之患，出现了一股文人谈兵之风，这是明代文人尚武之风的一个显著表现，以唐顺之、郑若曾、何良臣、茅元仪等人为著名。这批文人、儒生在社会上践行谈兵、尚武之风，成为明代晚期文武并举之风的引导者，他们“或仿效班超投笔从戎，或投身武将幕府，或亲身武将、与士卒浴血沙场”[3]。

唐顺之不仅是一位在文学上有极高造诣的唐宋派文学家，还倡导文士习武，其本人亦精通武艺，他的著作收入《四库全书》的有《武编》[4]《稗编》《荆川集》《文编》。其中《武编前集》卷五收录有关拳、枪、刀、剑等论述，所论之精要，绝非文士空谈，乃出自躬身精通武艺者之手。唐顺之曾经在浙江西兴江楼[5]为戚继光讲解、传授枪法，令在场之人叹为观止，并传为后世佳话。

郑若曾早年历经多次科举考试，均名落孙山，遂绝志科名，无意仕途，潜心学问，尝与当时名士王龙谿、唐荆川、茅鹿门等交往。明嘉靖年间，郑若曾有感于武备废弛，其家乡昆山又备受

〔1〕（明）戚继光：《止止堂集》，王熹校释，中华书局，2001，第 8 页。
〔2〕（明）戚继光：《纪效新书》（十八卷本），曹文明、吕颖慧校释，中华书局，2001，第 1 页。
〔3〕陈宝良：《晚明的尚武精神》，《明史研究》1991 年第 1 期 。
〔4〕《武编》分为前集、后集。具体指某一集时，分别表达为《武编前集》或《武编后集》若指整体则表述为《武编》。
〔5〕今浙江杭州萧山，故今浙江萧山地铁一号线有西兴站。

倭寇袭扰，故应聘进入胡宗宪幕僚，先后编撰《筹海图编》《江南经略》。其中，《江南经略》卷八上《兵器总论》对当时拳种、流派及各家器械记录甚详。

何良臣早年擅长辞赋，以诗文称著乡里，弱冠弃诸生从军，从戎于东南沿海抗倭，为整顿明代军备而著《阵纪》《军权》等书。何良臣在军中多年，对军事武艺及民间武术较为熟悉，《阵纪》卷二《技用篇》对明代军事武艺及民间各家拳家、器械流派多有记述。《四库全书总目提要》对何良臣及其《阵纪》有着十分中肯的评价："明之中叶，武备废弛，疆圉有警，大抵鸠乌合以赴敌，十出九败。故良臣所述，切切以选练为先，其所列机要，亦多中原野战立说。"

茅元仪是明代晚期倡导文武并举的儒将，其祖父为明代著名的散文家且文武兼备，其父茅国缙官至工部郎中。受家庭熏陶，茅元仪自幼勤奋好学，博览群书，尤其喜读兵、农之作。成年后又熟谙军事，胸怀韬略，对长城沿线的"九边"之关隘、险塞，都能口陈手画，了如指掌。茅元仪堪称文武全才，时人称："年少西吴出，名成北阙闻。下帷称学者，上马即将军。"茅元仪面对明末武备废弛之状况，曾多次冒死上书言陈富国强兵之计，并收集、辑录了历代兵书、术数之各类典籍，历时十五年之久而成《武备志》，对后世影响深远，其中卷八十四至卷九十二辑录有枪、刀、拳等明代武术图谱。

明代晚期这些儒生、文士掀起的谈兵之风，其实就是这一时期广大有志文士及儒生、武将面对武备荒废的一种尚武精神迸发，这种尚武精神在当时社会上引起了巨大反响，激励一大批有志之士抛弃功名利禄。他们有的投笔从戎，有的归隐山林潜心研究兵学。明代晚期尚武精神的兴起，与明代中期国家内忧外患的时代背景有密切联系，同时社会文士、儒生的谈兵、尚武之风也刺激了民间武术的兴起，这些都为明代中晚期武术的兴盛奠定了基础，同时，加强了军事武艺与民间武术的交流。

三、东南遗民文士的尚勇习武活动

明末“一些身怀忧国之情的知识分子，特别是东南地区的一些年轻士人，抛弃重文轻武的传统陋见，把一部分精力用之于研习韬略和武技上来”[1]。这一时期的遗民文士习武以吴殳、黄百家为代表。

吴殳（1611—1695），名乔，字修龄，号沧尘子，江苏娄县（今上海松江）人（一说江苏太仓人），早年入赘到昆山，遂占籍昆山。吴殳既是一位明末清初的诗人、史学家，其《围炉诗话》为文坛所知，又是一位坚守志节、文武兼备的明末遗民文士，精通武艺，尤其精研枪法。他的《手臂录》为明清武学名著，备受后世武学者推崇。明崇祯六年（1633），石家枪法名家石敬岩来到娄江寄寓报本寺，吴殳约同夏君宣、夏玉如、陆桴亭一同拜石敬岩为师学习枪法，并朝暮习练不辍，后又继续学习了程真如的峨眉枪法、杨家枪、沙家枪、马家枪、少林枪，程冲斗之汊口枪等枪法；明崇祯八年（1635），吴殳还在湖州跟随“天都侠少”项元池学习双刀；他还曾向渔阳老人学习剑法。吴殳还亲自设计了一种“筅枪”，潜心研习三十余年，曾屡折四方枪师。历史学家马明达对吴殳及其著述有深入的研究，称吴殳是一位“畸”人：

---

〔1〕马明达：《说剑丛稿》（增订本），中华书局，2007，第84页。

成功融合了文学、史学和武学，创造出独具一格的学术模式，是明清革代之际文武兼修学风中最突出的代表〔1〕。

黄百家（1643—1709），原名百学，字主一，号不失，是明末思想家黄宗羲之子。黄宗羲精于技击，明末曾组织武装在浙江四明山抗击清兵。黄百家自幼被送到内家拳高手王征南（1617—1669，名来咸，明末内家拳著名传人，师承单思南）门下习练内家拳。王征南参加反清运动失败后，归隐老家宁波。黄百家曾裹粮前往王征南住处铁佛寺，朝暮跟随王征南学习内家拳。黄百家也是明代文献记载的王征南内家拳唯一传人。其初始意气风发，专心学习内家拳，“百家颖悟，从学后，于拳之应敌打法、穴法、所禁犯病法、练法，皆能尽举，以六路、十段锦歌诀隐略难记，各为诠释”〔2〕。入清后，“当是时，西南既靖，东南亦平，四海晏如，此真挽强二石，不若一丁之时。家大人见余跅驰放纵，恐遂流为年少狭邪之徒，将使学为科举之文；而余见家势飘零，当此之时，技即成而何所用？遂自悔其所为”〔3〕。黄百家于是转攻科举之业，遂放弃了内家拳。在王征南去世后，黄宗羲曾为其写了一篇墓志铭——《王征南墓志铭》（1669），记述了内家拳源流、传承谱系及其生平事迹；清康熙十四年（1675），在王征南去世后六年，黄百家看到家乡盗贼蚁合、流离载道、白骨蔽野，很后悔抛弃其师王征南所授之学，又感到王征南拳法“所授者唯余”，不忍心内家拳失传，追悔之余，写成《王征南先生传》。

---

〔1〕马明达：《说剑丛稿》（增订本），中华书局，2007，第 295 页。
〔2〕唐豪：《内家拳》，载《少林武当考·太极拳与内家拳·内家拳》，山西科学技术出版社，2008，第 25 页。
〔3〕唐豪：《内家拳》，载《少林武当考·太极拳与内家拳·内家拳》，山西科学技术出版社，2008，第 25 页。

明末清初，东南遗民文士习武之风与明清革代之变有密切关系。一些思想家如黄宗羲、黄百家父子及以理学闻名的陆桴亭等均精于技击，另外有一些文士崇尚习武，因而积极结识当时一些民间武术家，如石敬岩、王征南等。

第二节 武举及武学的完备

明代在继承、发展唐宋时期武举制度的基础上，使之更加制度化，武学制度亦较宋代完备。武举制度在一定程度上促进了民间习武之风，身怀武艺、有一技之勇者均有机会通过武举进入仕途。

一、武举

（一）弘治、正德年间初步完备

明代武科制度可以追溯到朱元璋“吴元年（1367）设文武二科取士之令，使有司劝谕民间秀士及智勇之人，以时勉学，俟开举之岁，充贡京师”[1]，当时主要是为了延揽武勇人才。明朝正式建立后，文科取士从洪武四年（1371）开始，而武科却迟迟没有举行。洪武二十年（1387）礼部奏请“立武学，用武举”，不但没有得到应允，反而遭到朱元璋以建立武举和武学是将文、武分开，藐视天下无全才为由的严词训斥，故而洪武一朝终未见有关武科史料记载。

---

〔1〕（清）张廷玉等：《明史》，中华书局，2010，第 1695 页。

"天顺八年（1464）命天下文武官举通晓兵法、谋勇出众者，各省抚、按、三司，直隶巡抚御史考试。中式者，兵部同总兵官于帅府试策略，教场试弓马。答策二道，骑中四矢、步中二矢以上者为中式。骑、步所中半焉者次之。"[1]"天顺八年十月甲辰，立武举法。"[2]另外有文献记载："天顺八年，始开武举。然所取不过一二名，至七名而止。"[3]虽然文献记载天顺八年开始实行武举，还制定了具体的武举考试办法，但有学者研究指出天顺八年并没有实行武举[4]。"成化十四年（1478）从太监汪直请，设武科乡、会试，悉视文科例"[5]，但因兵部尚书余子俊及大学士万安等人暗中操作而搁置，故而成化时期武举亦未得以实行[6]。明代中后期著名文学家王世贞记载，武举开始于弘治十四年（1501）[7]。在弘治年间，武举制度不断在完善，如弘治六年（1493）定武举六年一次，先策略，后弓马。弘治十七年（1504）改为三年一次，并出榜赐宴。"正德元年，始行武举，三年一次……"[8]。正德十四年（1519）又对武举考试内容进行具体规定：初场试马上箭，以三十五步为准；二场试步下箭，以八十步为准；三场试策一道，逢子、午、卯、酉年乡试。至正德年间，明代武举制度的开考时间和内容基本确立下来。

〔1〕（清）张廷玉等：《明史》，中华书局，2010，第1708页。
〔2〕（明）龙文彬：《明会要》，中华书局，1956，第877页。
〔3〕（清）查继佐：《罪惟录》，浙江古籍出版社，2012，第844页。
〔4〕张祥明：《明代武举新论》，《齐鲁学刊》2011年第3期。
〔5〕（清）张廷玉等：《明史》，中华书局，2010，第1708页。
〔6〕晁中辰、陈风路：《明代的武举制度》，载《明史研究》第3辑，黄山书社，1993，第53页。
〔7〕（明）王世贞：《弇山堂别集》，魏连科点校，中华书局，2006，第98页。
〔8〕（清）查继佐：《罪惟录》，浙江古籍出版社，2012，第831页。

（二）嘉靖、万历年间不断完善

明代武举制度在嘉靖时期进一步完善，考试时间、规格及内容日趋完备。如“嘉靖初，定制，各省应武举者，巡按御史于十月考试，两京武学于兵部选取，俱送兵部。次年四月会试，翰林二员为考试官，给事中、部曹四员为同考。乡、会场期俱于月之初九、十二、十五。起送考验，监试张榜……又仿文闱南北卷例，分边方、腹里。每十名，边六腹四以为常”〔1〕。由此可见，嘉靖时期的武举已不是时断时续举行的，其在考试时间、监考官、录取张榜及名额分配上均与文举相近。万历三十八年（1610）还规定会试录取名额，即进士录用最多百名，特殊情况下增多不超三十名。

“穆、神二宗时，议者尝言武科当以技勇为重。万历之末，科臣又请特设将才武科，初场试马步箭及枪、刀、剑、戟、拳搏、击刺等法，二场试营阵、战车等项，三场各就其兵法、天文、地理所熟知者言之。”〔2〕虽“报可而未行”，但从一个侧面可以看出，此时期武举制度及内容更加全面，对此有学者指出，“显而易见，这是一个具有远见卓识的提议，可惜并没有引起朝廷重视，只是说说罢了，否则将会产生极为深远的历史影响”〔3〕。明代嘉靖、万历对武举中举者的录用及待遇也有了较为详细的规定，如“嘉靖元年，凡会试中试者，不分名次俱升职二级、月支米三石；指挥以上者斟酌推用；署千户、百户、镇抚、总旗者，俱送各边总兵官处为赞画；杀敌立功者，添加米石，于原卫所支给；获军功

〔1〕（清）张廷玉等：《明史》，中华书局，2010，第1708页。
〔2〕（清）张廷玉等：《明史》，中华书局，2010，第1708页。
〔3〕马明达：《说剑丛稿》（增订本），中华书局，2007，第110页。

依例加升；五年无功者发回。万历初年又规定，武举中式的锦衣卫和各卫千、百户等官，多年未著贤劳，有无举荐，则将因武举中式而加的禄米停支”[1]。嘉靖、万历年间所有这些对武举中试后的升迁、待遇等都进行了详细的规定，显示了武举制度进一步完备。

（三）天启、崇祯年间发展成熟

面对内忧外患，为满足对武勇人才的渴求，明代不断完善武举制度。明代天启、崇祯年间武举得以发展成熟，其标志即为武举乡试、会试、殿试三级制度的完备，并且达到与文举同样的规格。天顺八年（1464）、成化十四年（1478）、弘治十五年（1502）不断有大臣谏言武举应进行殿试，但均未予以实行；天启二年（1622）给事中甄淑再次提议皇帝亲自到教场进行殿试，“十月上旬过堂，令（武举子们）各陈所能，先期演试。即于是月望日，皇上临轩策问，阁臣与兵部尚书侍班，皇上钦定一甲三名授都司佥书，二甲三十名授守备，三甲百余名以次各授出身”[2]，但仍没有得以实行。“崇祯四年（1631），武会试榜发，论者大哗。帝命中允方逢年、倪元璐再试，取翁英等百二十人。逢年、元璐以时方需才，奏请殿试传胪，悉如文例。乃赐王来聘等及第、出身有差。武举殿试自此始也。”[3]在崇祯四年会试中，只有王来聘与徐彦琦可以运使一百斤重刀，结果张榜时徐彦琦却落第，一时朝野一片哗然，震怒了崇祯。崇祯惩置办了主考官、监试御

〔1〕晁中辰、陈风路：《明代的武举制度》，载《明史研究》第3辑，黄山书社，1993，第56页。
〔2〕王鸿鹏等编《中国历代武状元》，解放军出版社，2002，第168～169页。
〔3〕（清）张廷玉等：《明史》，中华书局，2010，第1708页。

史及兵部郎官二十余人，委派方逢年、倪元璐再试，并亲自殿试，钦定一甲三人。王来聘居首，成为明代武举第一位真正意义上的殿试武状元[1]。从中可以了解当时武举制度的局部。随后，清代基本沿用了明代武举制度。

二、武学

武学是一种为国家培养军事人才而设置的学校，中国最早的武学设立于宋仁宗庆历三年（1043）[2]。明代武官职位实行世袭制，把对武官子弟的教育提高到国家层面，故而武学也达到了前所未有的高度，更加规范与完备。

（一）武官世袭制度

明代产生过两批世袭武官，并有“旧官”“新官”之别：第一批是跟随明太祖朱元璋打天下的武官，称为“旧官”；第二批是跟随明成祖朱棣推翻建文帝的武官，称为“新官”。明代虽然对武官世袭的比试内容及奖惩有严格的规定，但随着武官子弟大多变为纨绔之弟，其武官世袭的素质不断下降，明太祖及其后继者开始重视对这些世袭武职及下层武官子弟的教育，武学便应运而生。另外，由于明代实行卫所制，故武官分布在各地卫所中。一些边防重地如辽东、宁夏、陕西等边疆偏远地区，武官子弟多跟随生活在卫所。一方面是为了方便武官子弟接受世袭的素质教育，另一方面担心这些武官子弟远在边地，长期脱离庙堂思想管制，远离儒家礼教熏陶，日久生变。因此，各地相继在卫所开办

---

〔1〕许友根：《武举制度史略》，苏州大学出版社，1997，第 56 页。
〔2〕赵冬梅：《武道彷徨：历史上的武举和武学》，解放军出版社，2000，第 119 页。

教育武官子弟的“卫儒学”，并不断得到明代后继者的重视。

（二）武学发展

明代在各地卫所及中央为武官子弟教育而开设的学校，即为“武学”，有的亦称“卫儒学”[1]。史载“武学之设，自洪武时置大宁等卫儒学，教武官子弟”[2]，卫儒学是指设置在边地用于教育武官子弟的学校教育机构，属于地方诸卫儒学，不是严格意义上的“武学”。洪武二十年（1387）七月礼部奏请设立武学，没有得到皇帝朱元璋的允许，“礼部请如前代立武学，用武举，仍建武成王庙。上曰：‘是歧文武为二也，轻天下无兼长矣。三代以上，文武咸宜，如太公望鹰扬而授册书，仲山甫赋政而式吉训，召虎经营而陈文德，岂尚一偏之艺为哉？’罢不立学”[3]。京卫武学设立于惠帝建文元年（1399），但成祖即位即予罢黜。宣德十年（1435）英宗即位，下诏全国卫所都设立武学，正统六年（1441）设京卫武学，除教授一员，训导六员，教习勋位子弟，正统七年（1442）设南京武学[4]。“正统六年五月，从成国公朱勇等奏，以两京多勋卫子弟，乃立武学，设教授、训导，如京府儒学之制”[5]，即正统年间，成国公朱勇曾选拔五十名都指挥使、一百名娴熟骑射的幼官，在两京设立武学予以训练。武学入学资格为都司、卫所世袭子弟十岁以上者，提学官选送其读书，

〔1〕赵冬梅：《武道彷徨：历史上的武举和武学》，解放军出版社，2000，第 132 页。
〔2〕（清）张廷玉等：《明史》，中华书局，2010，第 1690 页。
〔3〕（清）查继佐：《罪惟录》，浙江古籍出版社，2012，第 843 页。
〔4〕（明）龙文彬：《明会要》，中华书局，1956，第 413 页。
〔5〕（明）顾炎武：《日知录集释》，黄汝成集释，栾保群、吕宗力校点，上海古籍出版社，2007，第 1016 页。

当地没有武学者送儒学。武学中武生考试有罚有奖，“幼官武生肆业外，每五日一次习演弓马，各营总兵官，兵部堂上官，每月一员，下学考验，武库司籍其功能岁终检阅，其一次答策文理可观，并马步中五、六箭者，赏钞一百贯；三、四箭者，五十贯；若积累至于能专其业，可以为将，或坐营把总守备者，不次擢用。十年以上怠于进学者，黜退送操”〔1〕，对考验优等者，十年一次举送各营各卫，如遇坐营把总等缺，从其中选用。另外，还有官员不定时检查，发现逃学送交法司处理，还要追回所领粮饷。武学中的教员由文武重臣担任，万历时武库司专设一名主事管理武学。教官教学时，都指挥使要按照弟子之规行礼，并立为教规。崇祯十年（1637）各府、州、县学均已设立武学〔2〕。“万历中，兵部言‘武库司专设主事一员，管理武学’，御史左光斗请增畿南真、顺、广、大四府武学。”〔3〕

对于武官子弟的教育问题，戚继光曾提出过建议：“近该本院调取所属遵化等卫应袭舍人〔4〕，亲临演武场，聊一试之，得年力精健、骑射闲习者三百余人。窃欲将此辈群之武庠，择立师长，授以《武经总要》《孙吴兵法》《六壬》《百将》等书，俾各习读，讲解其义。仍于骑射之外，如矛盾、戈铤、钩弩、炮石、火攻、军战之法，各随所长，分门解析，各令精通。俟其稍熟，间一试之。或令之赴边，使习知山川之势、夷虏之情。或暂随在营，使熟识旌麾金鼓之节，且教而且用之。

〔1〕《明会典》卷一百二十五《兵部二十》，载文渊阁四库全书本《政书类·史部十三》。
〔2〕（清）张廷玉等：《明史》，中华书局，2010，第1690页。
〔3〕（明）龙文彬：《明会要》，中华书局，1956，第414页。
〔4〕“舍人”指对宋元以来显贵子弟的俗称。

用之不效，而复教之。如此，数年之后，必有真才。”[1]明代朝廷对这些建议采纳了多少，不得而知。明代武学的一个局限就是其培养对象是武官子弟，其他人士是无法进入武学的，这就限制了武学招生人员的素质，导致一些身怀武技之人无法通过武举进入武职仕途。

第三节 “舞对合彀”[2]的军阵武艺[3]

经过历代兵将实践过的军阵武艺一向被视为中华武术古典武艺之源，在流入民间后，成为“游场”较技的民间传统武艺，如杨家枪、双刀等。因此，研究明代在军旅中发展的武艺对于认识明代武术发展及与民间武艺的交流具有正本溯源之意义。

一、明代兵制

（一）卫所制

“明以武功定天下，革元旧制，自京师达于郡县，皆立卫所”[4]，明代兵制是卫所制，主要特点在于家属同守、寓兵于农。明代卫所军民是一种世袭军户，世代为兵，既保证了一定的兵源，又使得军阵武艺在军户子弟中得以世代相传。

---

〔1〕（明）戚继光：《练兵实纪》，邱心田校释，中华书局，2001，第201页。

〔2〕舞对合彀：出自戚继光《练兵纪实》卷四，“舞对”是指两种有机的习练方式——“舞”指单人练习，“对”是指两两对打比试；“彀”是指法度、标准。“舞对合彀”指打练结合。此处用以展示明代军阵武艺的主要内容及特色。

〔3〕“军阵武艺”相对于“民间武艺”而言，与“军事武艺”意思相近，是指“开大阵，对大敌”时使用的武艺。

〔4〕（清）张廷玉等：《明史》，中华书局，2010，第2175页。

（二）朝廷督训军士武艺

明代重视对军队的武艺训练，文献中多有记载皇帝督促军队训练的诏令，对军队训练考核、奖惩亦有严格规定。明太祖曾“起兵布衣，策群力，取天下。即位后，屡命元勋宿将分道练兵”[1]。洪武六年（1373），朱元璋要求将官轮番进京测试，测试结果与奖惩联系，如果其指挥的军士有六分之一达不到要求的要罚俸禄一年，超过四分之一达不到要求的要罢官。建文帝时“六师尝自教阅”[2]，地方则命官员监督操练，到京接受检阅。明武宗好武勇，让提督到军营监督操练。嘉靖六年（1527）命各营挑选一二名精于刀、枪、箭、牌及铳手的军士作为教师，相互教习，并对技艺优秀者进行奖赏。

洪武六年，朱元璋命中书省、大都督府、御史台、六部商议教练之事，并制定了练兵“教练军士律”：“骑卒必善驰射枪刀，步兵必善弓弩枪。射以十二矢之半，远可到，近可中为程。远可到，将弁百六十步、军士百二十步；近可中，五十步。彀弩以十二矢之五，远可到，蹶张八十步，划车一百五十步；近可中，蹶张四十步，划车六十步。枪必进退熟习。”[3]朱元璋时期军备强盛，对军士武艺练习有较为严格的制度保障。洪武时期，朱元璋会在京师卫所中抽取一定比例武官（指挥官以下）亲自进行御前验试，其余武官也要轮番接受验试，如果军士骑射都达标或优等，其统帅将领就会受到奖赏，否则就会受罚；验试军士还会发给路费。

洪武十六年（1383），“敕天下卫所习射，选善射者十之一，

---

〔1〕（清）张廷玉等：《明史》，中华书局，2010，第 2258 页。
〔2〕（清）张廷玉等：《明史》，中华书局，2010，第 2259 页。
〔3〕（清）张廷玉等：《明史》，中华书局，2010，第 2258 页。

于农隙更番赴京较试。个边军士，本卫较射”[1]。另外，同书还记载了洪武二十年(1387)、二十二年(1389)、二十五年(1392)，宣德五年（1430），景泰二年（1451），成化二十年（1484），弘治九年（1496），嘉靖六年（1527），隆庆四年（1570）等明朝廷选军士进京验试[2]。

（三）民壮、乡兵及土兵

明代除了由首军籍的士兵组成的“正规军”外，还有其他非正规兵制的地方武装。这些兵不入军籍，在国家非常时期才被朝廷征用，如民壮、乡兵及土兵。“卫所之外，郡县有民壮，边郡有土兵。”[3]

1. 民壮

民壮是明代为备御北边侵犯和维持社会治安而组织的地方武装，又名士兵、民颖、会手、剑手、机兵等。民壮依其承担职责不同，又有巡捕民壮、巡盐民壮、盐捕民壮、常随民壮之分。“太祖初，立民兵万户府，简民间武勇之人，编成队伍，以时操练。有事用以征战，无事复还为民。”[4]“成化三年（1467），国子监学录黄明义言：‘宋时多刚县夷为寇，用白芳子兵破之’，白芳子即今之民壮也。”[5]

民壮是从民间选拔一些武勇之才临时组织起来的地方武装，

---

〔1〕（明）龙文彬：《明会要》，中华书局，1956，第1145页。
〔2〕（明）龙文彬：《明会要》，中华书局，1956，第1146页。
〔3〕（清）张廷玉等：《明史》，中华书局，2010，第2249页。
〔4〕（明）龙文彬：《明会要》，中华书局，1956，第1135页。
〔5〕（清）顾炎武：《日知录集释》，黄汝成集释，栾保群、吕宗力校点，上海古籍出版社，2007，第1648页。

如万历年间，常熟发生“盐盗”薛四彭等人引起的动乱，县令耿橘招募勇士，即招募民壮，明末武术家石敬岩即在其招募之列[1]。明代被招募为民壮的可以免除杂役，如文献记载：“弘治二年（1489），令州县选民壮，人免户户丁杂役。”[2]

明代不同时期招募民壮的规模数量不定，一般在边事紧张、国内有农民起义暴动、外族入侵时期招募数量较大。正统二年（1437），当时招募满额后，余下的民壮中仍愿意留下的，陕西有4200人，每人赏给布二匹、月粮四斗。正统十四年（1449）“土木之变”后，令各处招募民壮，在各地官司率领下操练，用以遇警调用。天顺元年（1457），招募民壮，鞍马器械都是官府给，本户有粮的免五石，并免户下二丁，以资供给。弘治二年（1489），令各州、县选民壮。弘治七年（1494），立民壮法，要求州、县七八百里以上的，每里佥派二名；五百里每里派三人；三百里、四百里以上派五人，有司负责训练，供给行粮[3]。嘉靖二十二年（1543），兵部奏请增选州、县民壮，最多千人，次之六七百人，最少者五百人。隆庆四年（1570），浙江抚按官以浙中旧额设民壮一万六千三百九十名，请留下四千二百一十一名，备各府州县守城之用[4]。

2. 乡兵

“国家郡邑，额设营兵之外，民间乡兵，所在而设。初，起角抵，相团结，后遂因不废。”[5]乡兵又称民兵，是居民自动组织或

[1] 马明达：《说剑丛稿》（增订本），中华书局，2007，第88页。
[2] （清）查继佐：《罪惟录》，浙江古籍出版社，2012，第893页。
[3] （清）张廷玉等：《明史》，中华书局，2010，第2250页。
[4] （明）龙文彬：《明会要》，中华书局，1956，第1136～1141页。
[5] （清）查继佐：《罪惟录》，浙江古籍出版社，2012，第892页。

政府组织起来的武装力量，一般乡兵“随其风土所长应募”[1]，这些乡兵之武技多具有本地域特长。其中隶属军籍的乡兵最有名的为“浙兵”，以义乌为最，其次为处州（今为丽水市），台州、宁州又次之，擅长狼筅及叉槊。戚继光曾招募“浙兵”创制“鸳鸯阵”，东破倭寇，北守蓟门。另外还有“川兵”“辽兵”，崇祯时期多调用剿杀流贼。“不隶军籍者，所在多有。河南嵩县曰毛葫芦，习短兵，长于走山；而嵩及卢氏、灵宝、永宁并多矿兵，曰角脑，又曰打手；山东有长竿手；徐州有箭手；井陉有蚂螂手，善运石，远可及百步；闽漳、泉习镖牌，水战为最；泉州永春人善技击。”[2]另外，《明史·兵志》还记载：“正统间，郭荣六者，破沙优贼有功。商灶盐丁以私贩为业，多劲果。成化初，河东盐徒千百辈，自备火炮、强弩、车仗，杂官军逐寇。而松江曹泾盐徒，嘉靖中，逐寇至岛上，焚其舟。后倭寇见家中鹾囊，辄摇手相戒。粤东杂蛮蛋，习长牌、斫刀，而新会、东莞之产强半。延绥、固原多边外土著，善骑射，英宗命简练以备秋防。大藤峡之役，韩雍用之，以擢瑶、僮之用牌刀者。庄浪鲁家军，旧隶随驾中，洪熙初，令土指挥领之。万历间，部臣称其骁勇，为敌所畏，宜鼓舞以储边用。西宁马户八百，尝自备骑械赴敌，后以款贡裁之。万历十九年，经略郑雒请复其故。”[3]

僧兵也属于乡兵之列，少林、五台、伏牛三处僧兵最为出名。嘉靖时期，倭寇侵扰我国东南沿海江浙一带。为抗倭所招士兵中，僧兵有四十多人，战亦多胜，使得少林武术得以传播，并有“今

〔1〕（清）张廷玉等：《明史》，中华书局，2010，第2251页。
〔2〕（清）张廷玉等：《明史》，中华书局，2010，第2252页。
〔3〕（清）张廷玉等：《明史》，中华书局，2010，第2252页。

之武艺，天下胥推少林”[1]。

乡兵武技大多具有地域特色，虽然不像军阵武艺那样经过严格的训练，但这些乡兵的武技却各有所长，所用器械既丰富了军阵武艺，同时也推进了具有地域特色的武艺进一步发展。

3. 土兵

土兵、土司兵均为西南等边地少数民族自治下的地方武装。“土”即本土之意。“土兵”“土司兵”因地区不同亦有不同的称谓，如在西南夷服之兵，蜀曰“土兵”；黔蒙民兵，粤西瓦氏、东兰、那地、南丹、归顺诸州，俱曰“狼兵”[2]。另外，当时湖南永顺、保靖，四川酉阳、石柱秦氏、冉氏诸土司均有各自训练的土兵。

土兵一般具有较强武技，战斗力很强，如湖南永顺土兵的钩、镰、矛、弩诸技，天下莫强，在嘉靖时期屡破倭寇，总督胡宗宪称赞土兵：“短兵相接，倭贼甚精，近能制之者，惟湖广土兵钩、镰、枪、弩之技。”[3]

土兵一般配合有独特的阵法，如粤西瓦氏有岑氏家法：“七人为伍，每伍自相为命。四人专主击刺，三人专主割首。所获首级，七人共分之。割首之人，虽有照护主击刺之责，然不必其武艺精绝也。”湖广土兵阵法：“每司立二十四旗头，每旗一人居前，其次三人横列，为第二重；又其次五人横列，为第三重；又其次七人横列，为第四重；又其次七人为横列，为第五重。其余皆置后，欢呼助阵。若在前者败绩，则第二重居中者进补，两翼亦然。

〔1〕（明）郑若曾：《筹海图编》，李致忠点校，中华书局，2007，第739页。
〔2〕（清）查继佐：《罪惟录》，浙江古籍出版社，2012，第892页。
〔3〕（明）郑若曾：《筹海图编》，李致忠点校，中华书局，2007，第738页。

胜负以五重为限，若五重而皆败，则余无望矣。每旗内十六人，二十四旗共三百八十四人，皆精选之兵也。”[1]土兵的阵法节制甚严，违者或退缩者皆斩，故人莫敢撄[2]。

土兵在抵御外侮、镇压农民起义暴动等事件中多有奇功。朝廷时常调用土兵进行征战。四川的石柱土兵曾在万历时从征播州，援辽东；天启时，讨奢崇明；崇祯时，剿流寇。酉阳土兵在景泰四年（1453），从征五开、铜鼓苗；弘治十二年（1499），协剿贵州贼妇米鲁；万历四十六年（1618），援辽。嘉靖三十三年（1554），总督张经曾调永顺、保靖土兵剿倭寇，保靖土兵败倭寇于石塘湾，同时永顺并受邀夹击，倭寇溃败奔走王江泾。

二、军事武艺训练

明代军事武艺训练，增加了士兵身体素质训练的内容，各种冷兵器及其技能有所改进、创新，武艺训练更加突出对敌实战，技术讲究简单实用。

（一）长、短冷兵器训练

明代军事武艺，长、短冷兵器是主要的训练器械，尤以长枪、腰刀为代表。这些长、短冷兵器在明代随着军事武艺与民间武术的交流，得以流传并流入民间，如杨家枪、双手刀等技艺。戚继光就曾对杨家枪极为推崇，称“夫长枪之法，始于杨氏，谓之曰‘梨花’，天下咸尚之，其妙在于熟之而已”[3]。

---

〔1〕（明）郑若曾：《筹海图编》，李致忠点校，中华书局，2007，第736页。
〔2〕（明）龙文彬：《明会要》，中华书局，1956，第1143页。
〔3〕（明）戚继光：《纪效新书》（十八卷本），曹文明、吕颖慧校释，中华书局，2001，第158页。

明代“戚家军”武艺操练以枪、刀、钯[1]、狼筅、藤牌等长、短冷兵器为主，并根据各种兵器特点配合使用。兵器制造亦有要求，长枪锋要轻利，重不过两，枪杆要梢长、腰硬而跟粗；狼筅要在顶端有利枝，四周竹枝要竖直粗大；钯、叉、棍要长一丈二尺；藤牌要高宽遮挡持牌者，要坚固轻便，并配备长刀、标枪[2]。各种兵器操练按照对敌实战需要，反对花哨而不实用的技法，并有赏罚。如训练腰刀时预备长（七尺）、短（三尺五寸）棍两根，步兵从远处快跑向棍，要先砍短棍，假设为马腿，转身砍长棍，假设为马头，砍中的有赏，违反规则者要被记录在册；其他棍、牌、钯等操练时，均从实战对敌演练出发，假设敌人练习，并对速度、准确性有具体要求[3]。

对军士进行各种长、短冷兵器操练时，戚继光先看个人演练，主要看手法、步法，再对练，并对个人演练、对练做出优劣等分，并给予赏罚。如长枪操练时，先看单人演练枪法，看其手法身法，进退步法，巻串不宜甚大，尺余便好；然后在二十步外立一木人，高五尺，宽八寸，在木人眼、喉、心、腰、脚挖五个直径一寸多的圆孔，孔中安一木球，每人持枪听鼓声快跑向木人，枪刺木人，以能刺中木人五个部位的木球者为优；两人持枪比武时，能熟练运用封、闭、捉、拿、守枪法防守，不被刺中即为掌握了枪法的秘诀[4]。其他兵器如刀、藤牌、钯等均有训练之法，如能将刀冲入叉、钯、狼筅，使其不能遮拦为熟练，并认为刀法甚多，真

---

〔1〕钯（扒），是南方称谓，北方称为“钢叉”。

〔2〕（明）戚继光：《纪效新书》（十八卷本），曹文明、吕颖慧校释，中华书局，2001，第 91 ～ 92 页。

〔3〕（明）戚继光：《练兵实纪》，邱心田校释，中华书局，2001，第 96 ～ 98 页。

〔4〕（明）何良臣：《阵纪注释》，陈秉才点注，军事科学出版社，1984，第 103 ～ 104 页。

正得其妙者不多；叉、钯要先个人演练，看其身法、手法、步法，然后再以叉、钯与长枪、短刀比试，能格挡长枪、刀、棍、狼筅，并能杀敌者为熟练；狼筅亦是先个人演练，看其身法、手法、步法，然后与长枪比试，能经得起长枪迷惑及格挡开长枪的方为熟练；藤牌先要个人演练，看其藤牌遮挡活动能否藏身不见，但可以看到外面的敌人，脚下要灵活，然后藤牌与长枪比试，因只能防御不能杀敌，故而需要配合腰刀或标枪使用。明代军旅兵器使用技能主张不在于多，而在于精。如明代何良臣主张："不在多能，务求精熟。设或不精，反为所累。所以秘技有神授，如无真授，未可强为。授之不精，未可称技。精而不能变，犹为法之所泥。"[1]因此，明代军士的武艺技法不多，多为战阵而练，技术讲究简单、实用，这是明代军事武艺与其后民间武艺的区别。

（二）射艺

明代军士的武艺训练，除各种长、短冷兵器外，射技也是重要的训练内容，包括马射和步射。戚继光的《纪效新书》卷十三有《射法篇》，对马射和步射的动作要领有详细的记述：骑射时"势如追风，目如流电，满开弓，急放箭，目勿瞬视，身勿倨坐，出弓如怀中抱月，平箭如弦上悬衡"[2]。骑射马箭有三种方法：一为马箭分踪式，向前射；一为马箭对蹬式，向旁射；一为马箭末秋式，向后射[3]。步射时前脚压紧地面以支撑重心，后脚脚

---

〔1〕（明）何良臣：《阵纪注释》，陈秉才点注，军事科学出版社，1984，第 109 页。
〔2〕（明）戚继光：《纪效新书》（十八卷本），曹文明、吕颖慧校释，中华书局，2001，第 222 ～ 223 页。
〔3〕（明）郑若曾：《筹海图编》，李致忠点校，中华书局，2007，第 936 ～ 939 页。

尖踮地并抬起脚跟，左肩尖直对右脚尖，放箭瞬间的步形既不是丁字步，也不是八字步，所谓“不丁不八”；拉弓时前手向前推弓，后手向后拉弦，满开弓，快放箭，如果箭摇头则是右手食指扣弦太紧的缘故。书中对各种可能的错误动作提出了改正方法，并配有“实握射图”“掌心推射图”。这些都是指导军士练习骑射与步射的要诀。掌握了射箭的动作要领后，就要训练射箭的准确度及距离了，“学射以十步立标，标眼如钱大，平胸满射，能三矢中二，远移五步。又能不离左右，即于二十步立标，标眼如酒盅面大，平胸满射，能三矢中二，远移五步。……标之高下，须以远近相称，虽立百步，不过高六尺是也”[1]，标眼随着距离的增加逐渐增大。

（三）身体素质训练及拳术

戚继光强调对军士身体素质的训练，主要有练手力、练足力、练身力。士兵平时操练所使用的器械，比对敌交锋时所用的器械要重，平时以重器械练习，临阵交锋时使用器械时就会手法快捷，这是练习手力；平时士兵都要练习快跑，以一气跑完一里而不气喘为准，腿上可以裹沙袋，逐渐加重，上阵时去掉沙袋，这样自然轻便，是谓练习足力；平时操练时要穿重甲，并逐渐加重物，以能承受为准，临战时去掉，自然身体轻便，进退迅速，这是练身力之法[2]。戚继光指出士兵练习手足之力对掌握器械之重要性：“手足便捷，系于器械轻利。古法云：‘器械不利，以卒予

〔1〕（明）何良臣：《阵纪注释》，陈秉才点注，军事科学出版社，1984，第 93 ～ 94 页。
〔2〕（明）戚继光：《练兵实纪》，邱心田校释，中华书局，2001，第 103 页。

敌。'手无搏杀之方，徒驱之以刑，是鱼肉士卒也。"[1]

戚家军的武艺训练也包括拳术。戚继光虽认为拳法是"无预于大战之技"，仅作为惯勤肢体的初学入门之用，并把《拳经捷要篇》作为诸篇之末[2]。但同时其也指出练习拳法可以使"身法活便，手法便利，脚法轻固，进退得宜"。明代军事家虽不重视拳法在军事武艺训练中的作用，却把拳法作为学习其他器械的入门技能，"学艺先学拳，次学棍。拳棍法明，则刀枪诸技，特易易耳，所以拳棍为诸艺之本源也"[3]。

第四节 蓬勃开展的民间武术

明代民间武术已形成自己独特的技术、理论体系，出现了独善一技的拳种、器械名家流派，如山东李半天之腿、鹰爪王之拿、千跌张之跌等，以及青天棍、少林棍等器械。民间武术家纷纷著书立说。这些出自民间武术家之手的武术文献著作成为研究明代武术的珍贵文献，如《耕余剩技》等。

一、社会风气

明代社会风气在前期和后期有着明显的变化，这种变化对民间武术的发展有一定影响，在一定程度上促进了民间武术的兴盛。

---

〔1〕（明）戚继光：《纪效新书》（十四卷本），范中义校释，中华书局，2001，第47页。
〔2〕（明）戚继光：《纪效新书》卷十四，马明达点校，人民体育出版社，1988，第307页。
〔3〕（明）何良臣：《阵纪注释》，陈秉才点注，军事科学出版社，1984，第99页。

历史学研究者指出正德、嘉靖以后社会风气的变化："在嘉靖以前，妇女的服装很朴素，嘉靖以后变得很华丽。山东《郓城县志》记载在嘉靖以前老百姓很朴素、很老实，嘉靖以后变了，讲排场了，普通老百姓穿衣服向官僚看齐，向知识分子看齐。总之，从吃饭、娱乐到家庭用具都不像过去了。《博平县志》讲嘉靖以后过去好的风气没有了，过去乡村里没有酒店，也没有游民，嘉靖中期以后变了，到处都有酒店，二流子很多。当时有一种风气，一个人有名、有字，还要有外号。"〔1〕明代社会风气的变化是明代经济变化引起的，尤其是明代后期资本主义萌芽给明代自给自足的乡村小农经济带来的影响是深刻的，也引起了社会各阶层的变化。明代民间社会风气的这些变化，给本来属于俗文化的民间武术发展提供了社会历史背景和社会生存的土壤。

明代社会经济不断发展，社会流动日趋频繁，社会底层群体流动加大，处于社会底层的游民数量不断增多。但游民的成分及其来源很复杂，包括征乱留屯的卫所之军、士人、商人、工匠技艺者、游方僧道等〔2〕，当然，其中也有一些身怀武技的军籍者、僧道、没落武艺家族人士。如明代民间武术家程宗猷就曾游历十几年到处学艺；此时期的少林武僧也出门云游遍访名师、高人切磋武艺，如程宗猷就跟随少林高僧广按出寺同游，少林僧宗擎、普从还跟随俞大猷随军学习其棍法；王征南、石敬岩等都曾游历民间，将武术传于民间大众。

明代中后期，随着商品经济的发展，"游民"阶层的扩大，武术得以在民间以各种形式流行。武术是一种技艺，既可以防身

〔1〕吴晗：《明史简述》，中华书局，2005，第158～159页。
〔2〕陈宝良：《明代社会生活史》，中国社会科学出版社，2006，第6～9页。

自卫，又可以作为谋生的手段，这无疑为武术在民间的传播提供了广阔的空间。中华武术体系中精妙的枪法、拳法、功法，以及各种奇特兵器、五花八门的暗器、诡秘的药法正是在脱离军事武艺后，适应民间私斗而不断演进发展的。进入民间社会的武术为了适应宗族械斗、防身自卫、看家护院、行侠走镖、传艺授徒谋生等种种需要[1]，不断在技术上得到发展。从武术发展的历史演进中发现，只有武术脱离军事武艺进入民间，并经历从一种技术开始向技艺发展时，其技术、理论体系不断完善，我国武术体系才开始逐渐形成。

二、民间武术发展特征

（一）民间武术技术特征

从文献中可以看出，民间武术发展已呈现出一些明显的特征，这被认为是中华武术体系基本形成的标志，在中华武术发展历史中具有重要意义与价值。

1. 军事武艺向民间武术过渡

明代军事武艺向民间武术的过渡初期，器械武术占头等重要位置，民间武术流派也是以各善其技的器械为主。军事武艺中的重要器械——刀、枪、剑、棍，也是民间武术重要的器械，并出现了多家精通刀、枪、剑、棍的流派。如何良臣在《阵纪》卷二《技用篇》[2]中记载的棍法流派有杊杈[3]（长一丈二尺，精者能入枪破刀）、东海边诚[4]与闽中俞大猷之棍、少林棍之夜叉棍［有

〔1〕程大力：《中国武术——历史与文化》，四川大学出版社，1995，第 12 页。

〔2〕（明）何良臣：《阵纪注释》，陈秉才点校，军事科学出版社，1984，第 100 ～ 111 页。

〔3〕杊为短齿耙，横木用铁皮包裹；杈为木叉，农具。杊杈指一种用铁皮包裹横头、叉形的棍。

〔4〕边诚：又名“边澄”“边城”。

前、中、后三堂之称：前堂棍名单手夜叉，中堂棍名阴手夜叉（类刀法），后堂棍名夹枪带棒，牛山僧[1]擅长]、紫薇山[2]棍、张家棍、青田[3]棍、赵太祖腾蛇棒、贺屠钩杆、西山牛家棒、孙家棒；枪法流派有杨氏梨花六合枪法、马家长枪、沙家杆子、李家短枪；剑法有数十家，尤以下庄之纷绞法、王聚之起落法、刘先主之顾应法、马明王之闪电法、马超之出手法为著名；刀法有凤嘴刀、三尖两刃刀、斩马刀、镰刀、苗刀、麋西刀、狼刀、掉刀、屈刀、戟刀、眉锋刀、雁翎刀、将军刀、长刀、提刀等，各有妙用；另外，还有马权、绰钯、燕尾权、虎尾权、五龙钯、三股权、钯尾鞭、丈八鞭、双钩枪、连珠铁鞭、鹰爪飞挝、开山斧、挫子斧、钩镰戟枪、铁铣、钩杆、天蓬铲、捣马枪、蒺藜锥、鸦项枪、拐突枪、鱼肚枪、狼牙棒、豹尾鞭、芦叶枪、流星锥、权尾锥、权杆、抓枪、桊镤、掷远、铁梧、环子枪、抓子棒、紫金标、八尺棍等，不可悉数，各有专门。郑若曾在《江南经略》卷八上《杂著·兵器总论》中称“中国武艺不可胜纪，古始以来各有专门秘法散之四方，若召募得人以一教十，以十教百，即刀法一艺，倭不足以当我，况其他乎，试举其略言之”，列举了使枪之家有十七、使刀之家有十五、使剑之家有六、使弓弩之家有十四、使棍之家有三十一、马上器械之家有十六。郑若曾在《筹海图编》中也记载了一些器械，如偃月刀、梨花枪、棍等。程子颐在《武备要略》卷八至卷十二中记载的器械有鞭、大刀、画戟、峨眉铲、狼牙棒、长柄斧、天蓬叉、狼筅、单刀（双

---

〔1〕牛山即牛首山，又名牛头山，在今南京市西南，明代山上有普觉寺，僧人有牛山僧之称。
〔2〕紫薇山指浙江省金华市西北三十里的紫薇岩。
〔3〕青田即指今浙江省丽水市青田县一带。

手刀）、长枪、少林棍等。程宗猷的《耕余剩技》中记载了少林棍法、枪法、单刀以及弩法。

从明代武术文献中可以看出，武术器械的记载占绝大多数，这些器械的形制已经与纯粹的兵器有了细微的差别，并带有了民间武术器械自身的特点。这是明代民间武术的一个重要特征，也显示了军事武艺向民间武术的转变，首先是在武术器械上得以体现。明代民间武术在军事武艺向民间武术过渡时期，器械占据绝对的优势，武术流派也是精于一门器械，以器械区别于其他流派，并形成"某家"器械为自身武术技术特征，如杨家枪、张家棒、孙家棍、少林棍等。明代民间武术器械的种类也显现出除军事武艺常用的器械，如刀、枪、棍、弓以及马上器械等，同时带有民间武术器械自身特色的器械开始逐渐增多。这些已经明显脱离了军事武艺实用的器械开始大量出现在民间武术中，如杈杈、钯、条子等民间农具演化而成的武术器械，这类武术器械在军事武艺中是不太实用的。另外，杂器械的大量出现正是适应民间武术个体之间比试的需要，如夹棒、单手燥铁链子、蒺藜骨朵、蒜头骨朵、金刚圈、镘掌铁尺、吕公拐子等，这表明，民间武术器械已经开始为适应民间武术发展而首先进行了改进与创造。

民间武术器械在形制上的改进与创造，必然会伴随着器械在使用方法上的改进和创新，由此民间武术器械走上了与军事武艺器械不同的发展道路，二者在功能和价值上的差异逐渐显现。军事武艺器械讲究简单、实用，在演练上重视实战搏杀，在技术训练上是单个简单技术的重复训练，直来直去，没有左右周旋，其功能与价值取向是杀敌。而民间个体之间比试与对决时，在空间上有了可以左右周旋的施展场地，其技术功能与价值取向也发生了巨大转变——民间武术器械已经不完全用于杀死对手了，而是具备以技服人、交流提高个体技艺等功能与价值取向。另外，演练也成为武术器械的一个重要功能，套路形式开始出现并成为民间武术的一个重要特征，如杨家枪有三十六路花枪，偃月刀有三十六刀法，阴手短棍有十二路棍法，少林夜叉棍有前、中、后三堂之殊等。套路形式的兴起与发展是民间武术体系形成的一个重要特征，也是中华武术体系在明代形成的一个标志。

2. 拳种作为民间武术诸艺之冠地位的确立

明代前期，军事武艺器械中以刀、枪、弩等冷兵器占据绝大多数，拳术仅作为惯勤肢体、习练各种兵器的附属练习，故而在明代军事武艺典籍中几乎找寻不到有关拳术的记载，几乎都是与刀、枪、弩、藤牌等有关的军事武艺。这表明在冷兵器时代的军事武艺中，拳术是不在其范畴之内的。只有戚继光的《纪效新书》（十八卷本）是个例外，书中收录了一篇《拳经捷要篇》。这篇仅有五百多字的短文，为后世保留下明代有关拳法及明代拳种的概貌。但戚继光收录此篇拳法并非表明拳术在军事武艺中具有重要的地位，他认为“拳法似无预于大战之技”，其作用不过是“活动手足，惯勤肢体，此为初学入艺之门也”，充其量不过是练习各种军事武艺之前的准备活动而已，可见拳法在此时期军事武艺中的地位是无足轻重的。戚继光十分明确地指出：“此艺不甚预于兵，能有余力，则亦武门所当习，但众之不能强者，亦听其所便耳。”[1]这时期，戚继光正值壮年，刚从山东被调到浙江不久。对一位雄心不已、壮志未酬的将军来说，拳法似乎也在其习练武艺之内，因此在其为提高军士武艺而编著的《纪效新书》（十八卷本）中还特意收录了这么一篇拳法。这种对拳法的认识在明代是很可贵、很难得的。但是，半生戎马的戚继光在晚年谪居广东重新修订《纪效新书》成十四卷本时，毫不犹豫地将这篇《拳经捷要篇》删除，表明了他在经历过无数军旅实践后对拳法的深刻认识。在戚继光看来，拳法在军士的军事武艺中已经没有必要存在了。

虽然在明代武术文献中有关拳法的记载极少，但毕竟还可以寻到一些相关记载，尤其在明代后期的文集、类书、军事著述中，甚至还有有关拳法的专门论述，并记载有诸多民间拳法名家。虽然并不能全面、详细地了解明代这些拳法名家的生平及其掌握的拳法技艺状况，但表明明代后期民间武术开始出现了精通某种拳法、某项绝技的武术家，他们多以腿法、拿法、跌法而闻名一方。如唐顺之在《武编前集》卷五中记载了明代一些拳种及其特点，如赵太祖长拳擅长用腿，山东、江南多习练；山西刘短打用头、肘六套，长短打六套用手、用低腿；吕短打六套。另外，书中还记载了温家拳则钺所专习，并且家有拳谱，如一势四平势、井阑四平势、高探马、指裆势、一条鞭势、七星势、骑虎势、地龙势、一撒步势、拗步势等。这表明明代温家拳不仅传习多代，而且已经有拳谱流传[2]。戚继光在《纪效新书》中就记载了宋太祖

[1]（明）戚继光：《纪效新书》，马明达点校，人民体育出版社，1988，第307页。
[2]《中国兵书集成》编委会编《武编》，解放军出版社、辽沈书社，1989，第784页。

三十二式长拳、六步拳、猴拳、囮拳、温家七十二行拳、三十六合锁、二十四弃探马、八闪番、十二短、吕红的八下、绵张的短打、山东李半天之腿、鹰爪王之拿、千跌张之跌、张伯敬之打等拳法[1]。何良臣在《阵纪》卷二《技用篇》中还记载了曹聋子之腿、唐养活之拿，另外其中还记载了童炎甫、刘邦协、李良钦、林琰等明代拳术名家，并称这些民间武术家各有神授，世称无敌，然皆失其传[2]。郑若曾在《江南经略》卷八上《杂著·兵器总论》中记载使拳格兵器之家有十一[3]。

明代拳术的发展还处于初级阶段，明代武术的拳法表现为专善一技，或长于腿法，或善于跌法、肘击，或长于拿法。由于文献的缺失，无法知道这些民间武术家的生平，甚至名字。文献中仅记载了其擅长的拳技，如李半天、曹聋子之腿，鹰爪王之拿，千跌张之跌，张伯敬之打等，这与中华武术发展历程中拳法专精一技，使拳法或技艺向精深发展相吻合。这时期，武术拳种往往在各自拳法上精益求精，与其他拳种交流极少，仅限于某地域、某流派内流传，故而武术家在各自拳法技艺上达到了很高的水平。戚继光就对这时期拳法专善一技、各有所长的民间武术指出了其局限："虽各有所长，然专有上而无下，有下而无上，就可取胜于人，此不过偏于一隅"，并提出拳家需要"以各家拳法兼而习之，正如常山蛇阵法，击首则尾应，击尾则首应，击其身而首尾相应，此谓上下周全，无有不胜"[4]。郭希汾先生在其《中国体育史》

---

〔1〕（明）戚继光：《纪效新书》，马明达点校，人民体育出版社，1988，第308页。
〔2〕何良臣：《阵纪注释》，陈秉才点校，军事科学出版社，1984，第100页。
〔3〕（明）郑若曾：《江南经略》，傅正、宋泽宇、李朝云点校，黄山书社，2017，第559页。
〔4〕（明）戚继光：《纪效新书》，马明达点校，人民体育出版社，1988，第308页，

上也对明代拳种这一现象指出："盖彼等虽以一技享盛名，而其他拳法，无不精娴。所传得意之技，特其独到者耳，否则全身皆劣，而独特一手一足，正如小儿持石击人，石虽坚，不能中第也。"[1]

明代拳种的发展处于初步阶段，这时期虽然有缺乏"兼而习之"的局限，但专精一技却使得明代拳法名噪一时，这主要是由于当时的地域局限，拳种交流困难，是中华武术拳种发展演进中必经的一个阶段。这时期某拳种仅代表一个流派中的拳术，还没有泛化成为一个流派的代称，但从中华武术拳种发展的历程看，拳种的发展趋向，至清代开始明朗，清代时期拳术逐渐成为"十八般武艺"诸艺之冠，表明这种变化在明代，至少在明代末期就已经悄然开始了。随着冷兵器时代的结束，军事武艺渐渐流入民间，兵器典籍逐渐被冷落，拳谱却受到武术人士的青睐，各流派的拳谱不断涌现，民间抄本也随处可觅，拳术的地位得到根本性改变，跃居武术诸艺之冠。由此，拳种成为各个流派包括器械和拳术的代名词，拳种成为流派的统称，并不断有新的拳种出现，且多以拳为流派名称[2]。

（二）民间武术基本理论

1. 拳法、器械图谱的势、谱、诀更加完备

明代民间武术文献中记载的拳法、器械图谱已经形成了势、谱、诀完备的体系，表现在不仅拳法、器械绘有图势、运行路线，还在图谱中配有拳诀，并形成了完备的武术图谱谱系。这在明代

〔1〕郭希汾：《中国体育史》（影印本），上海文艺出版社，1993，第 40 ～ 41 页。
〔2〕李吉远、郭志禹：《太极拳传播现象的文化解读》，《西安体育学院学报》2010 年第 2 期。

有关武术的著述中有所体现，如《纪效新书》《少林棍法阐宗》《单刀法选》《长枪法选》《武备要略》等。明代武术图谱势、谱、诀的模式为后世武术图谱奠定了完备的体系，如清代民间武术家世代流传的抄本多按明代武术图谱样式。这种武术图谱也是中华武术独特的传承样式，流传到海外的明代武术图谱也仿照这种样式，如古代朝鲜辑录的明代武术图谱收录在《武艺图谱通志》中，其中拳法、双手刀、古剑法均沿袭了明代这种成熟的武术文献图谱记载方式。

2. 拳棍为诸艺之首的确立

明代中后期，拳棍成为拳法诸艺之首，如戚继光在《纪效新书》（十八卷本）卷十四《拳经捷要篇》中说，“拳法似无预于大战之技，然活动手足，惯勤肢体，此为初学入艺之门”。他认为，拳法虽然在军事武艺上用处不大，却是惯勤手足、学习其他器械必要的练习手段，这是出于军事武艺的实际所做出的论断，军事武艺讲究“真可搏杀”，徒手之技的拳法当然不在军事武艺考量之内。然而，在《拳经捷要篇》文末，戚继光又认为“大抵拳、棍、刀、枪、叉、钯、戟、弓矢、钩镰、挨牌之类，莫不先由拳法活动身手。其拳也，为武艺之源”[1]。明代民间武术家程子颐对拳法也有相近的认识：“尝谓拳法虽无预于大战之技，然各艺身法皆出于拳，知拳则能活脱手足，运动肢体。若习他艺自然便利，过于他人矣。”[2]明代军事武艺和民间武术都将拳法的习练作为学习其他各种武术的基础。明代中后期，随着民间

---

〔1〕（明）戚继光：《纪效新书》（十八卷本），曹文明、吕颖慧校释，中华书局，2001，第 229 ～ 230 页。

〔2〕（明）程子颐：《武备要略》，北京出版社，1997，第 298 页。

武术的发展，拳棍逐渐成为诸艺之冠。例如，俞大猷精通武艺，尤其精通棍法，他认为“用棍如读《四书》，钩、刀、枪、钯，如各习一经，《四书》既明，《六经》之理亦明矣。若能棍，则各利器之法从此得矣”，他将棍法作为一切长、短器械的基础，认为学习器械首先要学棍，然后其他器械的技法就更容易学习了。何良臣在其《阵纪》卷二《技用篇》中认为：“学艺先学拳，次学棍。拳棍法明，则刀枪诸技，特易易耳，所以拳棍为诸艺之本源也。”[1]明代拳棍逐渐成为诸艺之首是明代武术尤其是民间武术发展的一大特点，其中既有明代棍法流派、技术、理论成熟的原因，也有脱离了军事武艺的发展轨迹，逐渐形成民间武术特有的发展文化价值趋向使然。

3. 武术出现了分类标准

明代已经对武术进行了长拳与短打的分类，这种分类是中华武术发展到明代时的一种理论总结。例如，唐顺之在《武编前集》卷五中有“赵太祖长拳多用腿；山西刘短打，用头、肘六套；长短打六套，用手、用低腿；吕短打六套”等记载。戚继光在其《纪效新书》（十八卷本）卷十四《拳经捷要篇》中也提到“宋太祖有三十二势长拳，……十二短，……绵张短打”等。另外，郑若曾在《江南经略》中也提到“赵家拳（即赵太祖神拳三十六势），南拳，……绵张短打”等，明代武术文献记载的拳种大致按长拳、短打进行了分类。从中华武术拳种的发展来看，明代这种分类基本符合事实，如北方多长拳，南方多短打。但也有例外，如北方也有短打类拳种，即巴子拳（八极拳）、番子拳（翻子拳）、螳

〔1〕（明）何良臣：《阵纪注释》，陈秉才点注，军事科学出版社，1984，第 99 页。

螂拳等。这些均说明明代武术文献中对长拳与短打的分类，彰显了明代武术理论已经发展到一定的高度，至今，这种武术分类还在当代武术技术分类中有着生命力，如当代竞技武术比赛即分为“长拳、太极拳、南拳”（太极拳属于长拳类，只是由于其特殊性单独列为一类）。唐顺之在《武编前集》卷五中对长拳、短打论述得十分精到：“长拳变势，短打不变势，逼近用短打，若远开则用长拳。”由此可见，明代武术从实践到理论都确立了“长拳与短打”的分类，既显示了明代武术理论体系的成熟，也表明中华武术技术分类在明代已经完善，并奠定了对后世武术分类的理论依据。此外，明代武术家亦主张“长拳”与“短打”相结合，如程子颐就有“长拳兼短打，如锦上添花”[1]之论。

4. 武术“踢、打、跌、拿”四大技法体系的形成

明代武术文献中对拳种流派的记载，显示了“踢、打、跌、拿”武术技法的形成，这四种技法的拳种、流派或武术家可以各善一技，自成一派。例如，戚继光在《纪效新书》（十八卷本）卷十四《拳经捷要篇》中就有“山东李半天之腿、鹰爪王之拿、千跌张之跌、张伯敬之打”的说法。显然，戚继光提到的这几位武术家分别擅长踢、拿、跌、打之技，即明代武术的四大技法；何良臣在其《阵纪》卷二《技用篇》中也提到“李半天、曹聋子之腿，王鹰爪之拿，千跌张之跌，张伯敬之打”。明代武术“踢、打、跌、拿”四大技法即为当今武术“踢、打、摔、拿”四大技法一脉相传，只不过明代技法的“跌”与当今的“摔”既有联系又有区别，马明达先生曾专门对此撰文进行详细解读。从技术发展及

---

〔1〕（明）程子颐：《武备要略》，北京出版社，1997，第 298 页。

难易程度上看，“踢、打”相对于“跌、拿”技法来说容易一些，但技击效果更好，正如程子颐在其《武备要略》卷八《长拳说》中说：“千拿不如一跌，千跌不如一打，何也？拿要拿住他之手及手胫，或托肘，方能拿得；且跌亦要摘住他之手或垫肘，或警阴或圈外勾脚，或自虚身跌，方能跌得。总不如一拳一脚之快疾，所谓‘不招不架，只是一下，犯了招架就有几下’者是也。”[1]从技术发展进程来看，“踢、打”要先于“跌、拿”。“跌、拿”技法是武术技法发展到一定水平时，尤其是民间武术出现两两相当的私人较艺时，才逐渐发展并成熟的技法，其复杂程度显然较“踢、打”高，在武术技法实践运用上也更难。在明代文献中就有专门的“跌、拿”流派，如郑若曾在《江南经略》卷八上《兵器总论》中说：“曰九滚十八跌打拿，又有眠（绵）张短打破法九，内（吕）红八下等，破法三十六，拿法三十六，解法七十二，跌法七十二，解法一百三十。教师相传，各臻其妙……”[2]明代武术“踢、打、跌、拿”四大技法的完备及成熟，也表明中华武术技法在明代已经形成。

5. 导引、拍打之术与武术结合

中国导引术历史悠久，文献多有记载，明代《易筋经》的出现被认为是导引术与中华武术相结合形成内功的标志与里程碑[3]。目前，经学者考证的最早抄本为著名学者郑振铎所收藏的抄本，现藏于国家图书馆古籍部[4]。《易筋经》中有“修炼

〔1〕（明）程子颐：《武备要略》，北京出版社，1997，第 298 页。
〔2〕（明）郑若曾：《江南经略》，上海古籍出版社，2003，第 427 ～ 428 页。
〔3〕周伟良：《中华民族传统体育概论高级教程》，高等教育出版社，2003，第 166 页。
〔4〕周伟良：《〈易筋经〉四珍本校释》，人民体育出版社，2011，第 13 页。

气至，筋膜齐坚”的《膜论》、“内壮言道，外壮言勇”的《内壮论》、“外资于揉，内资于药”的《揉法》及《服药法》《内壮丸药方》《烫洗药水方》，按月份运气辅助以掌、木杵（槌）、石袋等拍打，最终以达到“久久加之，其臂腕迥异寻常，以意努之，硬如铁石。并其指，可贯牛腹；侧其掌，可断牛领；努其拳，可碎虎脑”[1]的功效。以《易筋经》为代表的导引之术，显然与前代那些以延年益寿为主要目的的导引术有了明显的区别，其方法借鉴了古老导引的练气之法，并运用揉、木槌、石袋等外物辅以拍打，从而达到“内壮外勇”之功效，这种导引、拍打的功效令手臂、掌、指的硬度达到克敌制胜的功效，其“小用之技”足以穿牛腹、断牛颈、碎虎脑，从而实现了从传统导引延寿到内壮外勇伤敌的突破，以及在修炼手段和理论上的突破，从而在明代开启了导引与武术相结合修炼武术内功的先河。清代民间秘密社团等群体中大量出现的“刀枪不入”等“神功”盖出于此。明代导引、拍打与武术结合的内功对后世产生了深远的影响，在中国导引术及武术发展史上都具有划时代的意义。

（三）家族习武及传承方式

随着民间武术的发展壮大，家族群体习武开始出现并流行，并逐渐成为民间武术传承的一种主要方式。明代家族群体习武以安徽休宁[2]程宗猷程氏家族为代表，而少林寺少林僧徒的家族

---

〔1〕周伟良：《〈易筋经〉四珍本校释》，人民体育出版社，2011，第 79 ～ 103 页。

〔2〕休宁曾名为新都、新安，故在文献中对程宗猷、程子颐叔侄籍贯有新都、新安不同记载，程宗猷著《少林棍法阐宗》中自称“新都程宗猷”，程子颐的《武备要略》中自称“新安程子颐涵初著”。

式传代制度则十分独特。

1. 家族习武之风

“中国的传统社会，是一个以血缘关系为基础的家长制宗法社会。在人类发展史上，血缘关系是人类社会最初的一种社会关系，然而在中国漫长的封建社会中，这种关系不断被巩固，并不断被社会化，或社会关系血缘化。社会关系的血缘化，在中国历史的进程中退化得非常缓慢，而且非常不彻底，它显示出了中国传统文化的某些基本特征。血缘关系的家族传代，……出于一种文化认同而自愿凝聚的模拟血缘关系，它既有血缘式的情感牵萦，又有在认同基础上世代相延的传承自觉。传统武术那令人羡慕的生命力，就是这种文化传承的结果。”〔1〕

程宗猷程氏家族为明代晚期安徽休宁当地一大望族，这在万历四十一年（1613）赐进士第原任福建宁府推官通家制侍生陈世俊写的《少林棍法阐宗》中有详细记载：“新都程氏甲于邑里，其族数千人多业儒，取甲第，朱轮华毂相望，即沽而善贾，亦挟儒以行。有冲斗君者，族之奇士也。”〔2〕程氏家族有数千人，在程宗猷（字冲斗）之前，家族人以“取甲第”的儒业为多。后在程宗猷习武的带动下，程氏家族的习武之风渐盛。在安徽休宁县令侯安国为《少林棍法阐宗》所写的序中记载，当程宗猷的侄子程子颐拿着《少林棍法阐宗》拜见侯安国时，侯安国曾问程子颐家族有多少人精通武艺，程子颐的回答是“父子兄弟辈俱能之”。且五日后，程子颐及其家族的“程氏子弟十余人各手持其器至，

〔1〕周伟良：《行健放歌——传统武术训练理论的文化诠释》，甘肃文化出版社，2005，第49～50页。

〔2〕（明）程宗猷：《少林棍法阐宗》，山西科学技术出版社，2006，第3页。

刀戟犀利，鞭简皆悉数十斤。始命之独舞，再对舞，继之群舞，飘若飞雪，回若旋风……”可见当时程氏家族中已经习武成风，程氏子弟们所习武术器械种类之多，功力之深厚，表明程氏家族习武非短期之内形成，而且家族成员很多。程宗猷携带程氏子弟兵八十余人前往天津帮助训练士兵，更表明程氏家族习武之盛。初见程氏子弟兵时，“李公见其人之威猛，器之精利，技之熟巧，欢然有当也。遂授宗猷以佥书，子颐为守备，诸子弟皆把总等职”。

程宗猷少时游少林寺学习棍法，跟随其一起在少林寺学习的还有其他程氏族人。《少林棍法阐宗·纪略》中记载：“余叔族武学生云水、侄君信、太学生涵初，昔同学少林棍法。”其中“太学生涵初”即为明代武术家程子颐，著有《武备要略》十四卷，其中卷八、卷十、卷十一、卷十二中分别记载了有关明代的武术器械及拳术，如卷八中有鞭、大刀、画戟、峨眉铲、狼牙棒、长柄斧、天蓬叉、狼筅、滚牌、长拳，卷十中有单刀法图说，卷十一中有长枪法图说，卷十二中有少林棍法图说[1]。

从程氏家族的习武情况来看，至少在明天启年间，民间的家族习武已经盛行。由于相关文献史料的缺乏，可以了解到的其他习武家族不多，但仅从程氏家族的习武之风之盛，不难看出在明代鼓励民间习武的社会背景下，结合明代民间武术的发展，程氏家族的习武绝不会是个别现象，而应该在明代相当流行。

2. 少林寺家族式传代制度

少林寺作为明代武术的集大成之所，其法脉传承具有佛教僧徒的传代制度，武术传承更是具有非常明显的家族传承。

---

〔1〕（明）程子颐：《武备要略》，北京出版社，1997。

少林寺自北魏创建到金末，僧人虽有代数之分，但尚不具备家族形式。唐代以前，寺院的住持及其他管理僧人都是从寺院高僧中挑选出来担任的，故而前后住持不一定有着师承上的关系[1]。元代福裕主持少林寺后，为了使其子孙代代相沿，世世相传，在广泛吸纳中国传统宗法思想的基础上，参照曹洞宗师曹山本寂在江西豫章（今南昌市）传法时所创立的五十字派，模拟世俗宗族的血缘传承方式，使少林寺开始确立一种师徒传承体系。为此，他为少林寺制定了一份七十字辈的辈分传承谱系。无论来自哪里，只要进入了少林寺就会按照这个传承谱系进入各辈分的僧人门下。少林寺武僧也不例外，也是按照这个谱系传承的，如少林寺有史料记载的武僧周友、洪转、洪纪、普明、广按、宗相、宗岱、宗擎等。当然，史料记载的这些少林寺武僧有的名、号不同，有的并不是按少林寺谱系的，主要是由于文献史料的阙如，记载的少林寺武僧名、号不同而已。唐豪曾经试图按照少林寺这个谱系考证明代抗倭武僧，但考证结论实有诸多偏颇。随着少林武术体系在明代发展的成熟，少林寺这种非常独特的家族式传承谱系，在中华武术传承历史演进过程中具有深刻的文化意义。

第五节　武术典型拳种及流派

一、少林武术

作为“禅宗祖庭”的少林武术，明代是其大发展时期，表现

〔1〕吕宏军：《嵩山少林寺》，河南人民出版社，2002，第441页。

在有关文献记载逐渐增多。明嘉靖年间少林僧兵抗倭，使少林武术与民间武术得以广泛交流。明代后期，已经有“今之武艺，天下胥（须）推少林”[1]的说法，使得少林武术名扬天下。

（一）紧那罗王传棍

明代少林武术以棍法著称，并有“神传”之说。俞大猷在为少林寺所撰的《新建十方禅院》碑文中有：“予昔闻河南少林寺有神传长剑技”，其所言“长剑”即“棍”，而“神传”则是有关紧那罗王传棍的传说。明末清初，吴殳在其《手臂录》附卷下《梦绿堂枪法》中也提到少林棍为“神传”之技：“少林棍法，出自神授，名重古今，余颇染指焉。”关于紧那罗王传棍传说，程宗猷在《少林棍法阐宗》中有记载：“元至正间，红军作难，苦为教害，适爨下一人出慰曰：‘惟众安稳，我自御之。’乃奋神棍，投身灶炀，从突而出，跨立于嵩山御寨之上，红军自相辟易而退。寺众异之。一僧谓众曰：‘若知退红军者耶？乃观音大士化身紧那罗王是也！’因为编藤塑像，故演其技不绝。”[2]清代叶封在《少林寺志》中记载的“紧那罗王”传说与之略有不同：“元至正初，有一僧至少林，蓬头裸背，跣足止著单棍。在厨中作务数年，殷勤负薪执爨，朝暮寡言。暇则闭目打坐，人皆异之，莫晓其姓名。至十一年辛卯三月二十六日，颍州红巾贼率众突至少林，欲行劫掠，此僧乃持一火棍而出，变形数十丈，独立高峰，贼众望见惊恐而遁。僧大叫曰：‘吾紧那罗王也！’言讫遂没。

---

〔1〕（明）郑若曾：《筹海图编》，李致忠点校，中华书局，2007，第 739 页。
〔2〕（明）程宗猷：《少林棍法阐宗》，山西科学技术出版社，2006，第 12 页。

始知菩萨化身也，塑像寺中遂为护法伽蓝，至今灵异。”[1]

紧那罗王已经成为少林武术的一种文化信仰，今少林寺碑廊东壁尚存金初祖端禅师主持少林期间所立《那罗延执金刚神像》碑，图中那罗延金刚神手执金刚杵，裸胸跣足，威风凛凛，为后世少林寺紧那罗王像所本[2]。所谓“神传之技”，即指紧那罗王传下的棍法，紧那罗王更是被少林武僧奉为“棍祖”“二辈爷”（头辈爷为昙宗）。

我国武术各派起源多伪托有名的仙人或神话，并不见怪，少林武术在明代以棍显却是史实。明代茅元仪在《武备志》中记载：“诸艺宗于棍，棍宗于少林，少林之说，莫详于近世新都程宗猷之《阐宗》。”[3]明代少林武僧中以棍出名者不乏其人，如洪纪、宗相、宗岱、广按等宗师。明代少林棍法有势、有路、有谱，已经形成了体系完备的棍法流派。

明代少林武术虽以棍法为宗，但并不仅限于棍法，还有枪法、拳法。明代后期少林武术转向主攻拳法。程宗猷在《少林棍法阐宗》卷下《问答篇》中对此解释为：“或问曰：棍尚少林，今寺僧多攻拳而不攻棍，何也？余曰：少林棍名夜叉，乃紧那罗王之圣传，至今称为无上菩提矣。而拳犹未盛行海内，今专攻于拳者，欲使与棍同登彼岸也。”这种解释有一定道理，然纵观我国武术的演进历史，拳法在明代及以前仅作为活动肢体无预于大战之技，军事武艺始终占主流，而明末之后显现出拳法开始跃居诸艺之冠，各种拳谱、抄本逐渐增多，军事武艺的器械武艺的失落与民间

---

〔1〕（清）叶封：《少林寺志》，江苏广陵古籍刻印社，1997，第75页。
〔2〕释永信主编《少林功夫文集》，少林书局，2004，第99页。
〔3〕（明）茅元仪辑《武备志》，华世出版社，1984，第3317页。

武术的拳法兴盛正是我国武术发展的内在规律使然。

（二）少林僧兵东南御倭扬威

明正德年（1506—1521）以后，国势日衰，武备荒废，官贪吏败，人民暴动、起义不断。嘉靖元年（1522）后，随着明朝的国力日趋衰落，由日本的商贾、没落武士、浪人形成的“倭寇”对东南沿海的侵扰逐渐加剧。嘉靖三十二年（1553），浙江沿海数千里告急，倭寇攻太仓、上海县，犯崇明、嘉定、苏州，所到之处，攻城略地。明军见倭溃散，受害最大的是百姓。在《倭变事略》及《嘉靖东南平倭通录》等记载倭寇的史籍中，均有对倭寇的凶狠及残忍的描述。倭寇的横行，使得百姓无处安身。为躲避倭寇，百姓不得不背井离乡，导致农田荒废，沿海一带乡城一片荒凉，“孤城喜复愁还剧，草合通衢杂藓痕，废屋梁空无社燕，清宵月冷有悲魂”〔1〕，即是倭寇猖獗时期对荒凉悲惨景象的真实历史写照。

明代倭患最早可追溯自明初。“元末濒海盗起，张士诚、方国珍余党导倭寇出没海上，焚民居，掠货财，北自辽海、山东，南抵闽、浙、东粤，滨海之区，无岁不被其害”〔2〕。郑若曾在《江南经略》卷八下《僧兵首捷记》中记载：“国家承平日久，民不习兵，东南文物之地，武备尤弛。嘉靖癸丑春，倭人滑夏，我祖宗之制，非奏请不得擅动军旅。有司仓皇不及以闻，权起民兵御之。”〔3〕少林僧兵即是其中被征调的民兵之一，“又僧兵，

〔1〕（明）戚继光：《止止堂集》，王熹校译，中华书局，2001，第17页。
〔2〕（清）谷应泰：《明史纪事本末》，中华书局，1977年，第843页。
〔3〕（明）郑若曾：《江南经略》，上海古籍出版社，2003，第460页。

有少林、伏牛、五台。少林僧应募者四十余人，战亦多胜”[1]。明代的倭寇主要由日本武士、浪人组成，其行径实质是对我国主权的侵略、经济的掠夺、百姓的屠杀。在反抗入侵的民族大义的历史背景下，身处少林寺的佛门弟子也不能置身事外，他们积极参加抗倭行动，赢得了民众的高度评价。顾炎武曾对少林僧兵抗倭给予高度评价："嗟乎，能持干戈以扞疆场，则不得以其髡徒而外之矣。"[2]

明代僧兵有少林、伏牛、五台多家，且首推少林。郑若曾在《筹海图编》言天下精兵甚多，不可胜计，并根据朝廷当时所调客兵的评述，对少林僧兵做了如下评价：

> 今之武艺，天下胥推少林，其次为伏牛。要之，伏牛诸僧亦因欲御矿盗，而学于少林者耳。其次为五台，五台之传，本之杨氏，世所谓杨家枪是也。此三者，其刹数百，其僧亿万，内而盗贼，外而夷狄，朝廷下征调之命，蔑不取胜，诚精兵之渊薮也。[3]

以铁棍抗击倭寇是少林武术在明代显扬的一个契机，使得少林武术有了“今之武艺，天下莫不让少林”的声誉，扬威天下。

率先启用少林僧兵抗倭的是都督万表（1498—1556）。万表，字民望，号鹿园，定远人。十七岁承袭宁波卫指挥使，文武兼备，明正德十五年（1520）武会试第一，先后擢任广东副总兵、漕运总兵官、南京中军都督府佥书，任职期间曾两次因病在家休

---

〔1〕（清）张廷玉等：《明史》，中华书局，2010，第 2252 页。
〔2〕（清）顾炎武：《日知录集释》下册，黄汝成集释，栾保群、吕宗力校点，上海古籍出版社，2006，第 1646 页。
〔3〕（明）郑若曾：《筹海图编》，李致忠点校，中华书局，2007，第 739 ~ 740 页。

养[1]。嘉靖三十二年（1553）倭寇突犯赭山（今浙江杭州萧山），万表受当时的布政使游居敬之请，精选了二百名少林僧，由其女婿，时任杭州卫指挥使的吴懋宣率领，前往剿倭，并将倭寇打败。在这次战斗中，万表的女婿吴懋宣因独身追赶逃走的倭寇而战死。《筹海图编》卷十上《遇难殉节考》有记载："贼犯杭州府，指挥使吴懋宣御之于赭山，死之。懋宣率僧兵御贼，力战而死。"[2]赭山之战后，万表所识少林僧兵远近闻名，渐为朝廷所知，并被邀请参加了其他剿倭战斗。

郑若曾《江南经略》卷八下《僧兵首捷记》[3]，记载有少林僧兵武艺及其抗倭的文献蕴含着丰富的历史文化信息。其记载少林僧兵是由杭州郡守孙公与万表共同供养的。当时，倭寇首陷黄陂（岩），杭州郡守预备而无兵，与万表供养少林僧二百人于昭庆寺。随后还记载了一段描写万表与三司赌酒测试少林僧孤舟武艺的文字，结果孤舟在手无寸铁且毫无防备的情况下击败八位教师，以精湛的武艺征服了杭州郡将官。后来，倭寇屯于鲊山，三司率领僧兵四十人，以天真、天池二人为将击败倭寇。

《僧兵首捷记》中还记载了一位武艺更高且自称"真少林僧"的天员，以一人力敌少林僧月空带领的八名僧人，显示了少林僧武艺之高。该文较为详细地记载了有关少林僧在翁家港抗击倭寇的经过，此战几乎将倭寇灭尽。郑若曾将此战称为"后我师与倭战多凯旋，凯旋自天员一阵始"，并在《江南经略》卷八下

[1] 范中义、仝晰纲：《明代倭寇史略》，中华书局，2004，第 305 页。
[2]（明）郑若曾：《筹海图编》，李致忠点校，中华书局，2007，第 642 页。
[3]（明）郑若曾：《江南经略》，上海古籍出版社，2003，第 460 ～ 463 页。

《勤功三誓》中记载："天员一战于翁家港，再战于白沙滩，倭贼二百五十余人，斩刈无遗。自时厥后，我民方知倭为可敌，而士气渐奋，捷音渐多，实天员一战有以倡之也。"[1]《鄞县志》亦对此战称赞："自倭深入，我兵望风未尝敢与斗，自是始知贼可杀，士气为一奋，俱用表所结客也"[2]，可见文献记载皆对天员此战称誉有加。

据文献记载，少林僧兵在抗倭中所用兵器多为铁棍。顾炎武《日知录》中记："嘉靖中，少林僧月空受都督万表檄，御倭于松江。其徒三十余人，自为步伍，持铁棍击杀倭甚众，皆战死。"[3]《云间杂志》中记："一贼舞双刀而来，月空坐不动，将至，身忽跃起，从贼顶过，以铁棍击碎贼首，于是诸贼气沮。"[4]《吴淞甲乙倭变志》中载："……皆称少林僧。俱持铁棍，长七尺、重三十斤，运转便捷如竹杖，骁勇雄杰。……贼队有巨人红衣舞刀而来，领兵僧月空和尚遍视诸僧，皆失色；独一僧名智囊，神色不动，即遣拒之。兵始交，智囊僧提铁棍一筑跃过红衣倭左，随一棍落，其一刀贼复滚转。又跃过红衣倭右，又落其一刀，倭应手毙矣。"[5]当然，少林僧兵在抗倭中并非全部使用铁棍，也使用钢叉、钩枪、砍刀、弓弩火器等。

除万表使用少林僧兵外，韩玺（"都司韩玺奉军门檄讨南汇贼，会少林僧应募至，遂并统之，以进焚其三舰。辛巳，战于白

---

〔1〕（明）郑若曾：《江南经略》，上海古籍出版社，2003，第 465 页。
〔2〕黎光明：《嘉靖御倭江浙主客军考》，哈佛燕京学社，1933，第 116 页。
〔3〕（清）顾炎武：《日知录集释》下册，黄汝成集释，栾保群、吕宗力校点，上海古籍出版社，2006，第 1646 页。
〔4〕《云间杂志》，载无谷、刘志学编《少林寺资料集》，书目文献出版社，1983，第 99 页。
〔5〕《中国野史集成》编委会、四川大学图书馆编《中国野史集成》第二十五册，巴蜀书社，1993，第 19 页。

沙湾，斩敌一百余级，僧了心、彻堂、一峰、真元，乘胜深入被害”[1]）、任环、卢镗、胡宗宪亦以僧兵抗倭。少林僧兵至明末时仍有活动记载，如《明史》卷二百九十二《史记言传》中载，崇祯时期的举人史记言由长沙知县迁为陕西知州，由于陕西是当时农民起义军攻击之地，史记言自己出资招募军士，聘请了不少室僧训练[2]。

在民族危机出现时，少林僧兵挺身而出，凭借着高超的少林武术，用自己的鲜血践诺着护国御敌的强烈情怀[3]。也正是这种爱国精神赢得了社会人士的普遍认可。

明代少林僧兵的抗倭及奉旨征调参战，即佛教受到儒家忠孝仁义正统思想的影响。早在宋代，五台山僧兵就曾进行大规模抗金活动。元代，五台山僧兵依然存在，这在元明时期小说、杂剧中亦有反映，如鲁智深和杨五郎就是其中非常典型的人物，他们都是在五台山出家，且武艺高强，这可能是五台山僧兵的真实历史背景在文学艺术上的一种反映[4]。

（三）少林武术是军事武术实践与民间武术交流的结晶

明代少林武术以棍为主，也包括枪、刀等器械，总体上是以器械为主，此时拳还没有达到较高的水平。这在程宗猷《少林棍法阐宗》卷下的《问答篇》中有具体的说明，表明这时期少林武

〔1〕（明）郑若曾：《江南经略》，上海古籍出版社，2003，第 302 页。
〔2〕（清）张廷玉等：《明史》，中华书局，2010，第 7490 页。
〔3〕周伟良：《明清时期少林武术的历史流变》，载释永信主编《少林功夫文集》第 1 期，少林书局，2003，第 7 页。
〔4〕王继东：《明代的僧兵——以少林僧兵为考察中心》，硕士学位论文，西南大学，2010，第 8 页。

术开始从器械转向拳法。器械的盛行正是军事武术时期的特征，而少林武术棍法正是经历抗倭等血与火的实践不断发展的。由于少林武僧中有多位都是经历过战争磨炼的，少林武术必定要在这些军事实践中适应军事武术的实战需要，如著名武僧“三奇和尚”周友，曾镇守山东、陕西布政司（省）辖下的堡寨并屡立奇功，还奉命统征云南讨伐叛蛮，并于正德五年（1510）十月参与征讨刘六、刘七等人发起的霸州起义等，现存少林寺塔林中有“三奇友公和尚塔”，塔额有“敕赐大少林禅寺，敕名‘天下对手，教会武僧’。正德年间蒙钦取宣调，镇守山陕等布政边，京御封都提调总兵，统任云南烈兵扣官，赏友公三奇和尚之寿塔”字样〔1〕。在征战过程中，周友收有一千多名僧俗弟子，将少林武术广泛传播，其中著名武僧洪转是周友的法侄，将周友的枪法整理成《梦绿堂枪法》。另外，《少林棍法阐宗》中所记载的少林棍法也多是“大封大劈”“掀天揭地”技法，表现为一种强调力量和速度的简洁实用的棍法，这正是少林武术在军事实践中的技术体现，而且少林棍法有以棍法代枪法之说。这些技术的演进表明，少林武术是一种站在军事集体化、简洁实用的立场发展的武术。

少林寺本身就是寺内外不同武术交流的场所，本寺武僧奉旨出外征战以及出寺云游，寺外民间武术家也会到寺内交流。少林武僧是“介乎军旅与民间之间的一个特殊的武艺群体，正由于此，少林武艺兼有军旅武艺与民间武艺两方面的内容”〔2〕。少林武

〔1〕温玉成：《少林史话》，金城出版社，2009，第 181 ～ 182 页。
〔2〕马明达：《花拳入门 错了一生》，载释永信编《少林功夫文集》第 2 期，少林书局，2004，第 133 页。

术就是在军事武术实践与汲取民间武术精华的基础上不断发展提高的。

（四）少林武术体系

关于少林武术起源于何时，目前武术界尚未有定论，主要有三种说法：南北朝说、隋唐说及明前期说[1]。但从史料文献来看，少林武术的拳、棍等系统体系在明代基本形成，这也与我国武术体系在明代基本形成是大体一致的。

少林寺有史料记载的第一位武僧就是“三奇和尚”周友。正德年间，周友受武宗征调而出征山西等地边关镇守，并传授了僧俗弟子千余人，这是明代最早征用僧兵的记载，也是规模较大的一次僧兵参战活动[2]。

从少林棍法“神传”之说推断少林寺习武活动似乎更早。程宗猷《少林棍法阐宗》中记述，元末紧那罗王的后嗣哈嘛师曾以拳、棍授匾囤。虽然紧那罗王之神传不可信，但据少林史料记载，确有匾囤和尚其人，而且是一位高僧，在少林寺塔林东侧偏北有其灵塔，全称为“ □没哪塔匾囤和尚灵塔”，为嘉靖四十四年（1565）中秋吉日刻，铭石高 62 厘米、宽 49 厘米，书者不详，字径 4 × 3 厘米，孝重法孙普云建[3]。匾囤和尚是一位棍法高僧，其法孙即为建立少林寺十方禅院之人，而且法脉传承是清晰的，将匾囤之师追溯到紧那罗王，似乎在通过神话向人们透露早在元

〔1〕周伟良：《明清时期少林武术的历史流变》，载见释永信主编《少林功夫文集》，少林书局，2003，第 14 页。
〔2〕吕宏军：《嵩山少林寺》，河南人民出版社，2002，第 496 页。
〔3〕米祯祥主编、王雪宝编《嵩山、少林寺石刻艺术大全》，光明日报出版社，2004，第 180 页。

末明初，少林寺即已有棍法了。由于元末至明代中期这阶段资料的失落或阙如，不能直接了解少林武术在元末明初的状况，但神传之说，恰似对少林武术在明初发展的演绎〔1〕。至少明代中后期，少林棍法已经发展到很成熟的阶段，这时期出现了一批精通棍法的高僧，如万历时期的洪转，有“棍法神矣，寺众推尊”之说。万历年间，程宗猷到少林寺学艺十几年，先后跟随宗相、宗岱、广按等高僧学习少林棍法，足以证明这时期少林棍法已经达到的水平，在技术上、理论上都已经自成体系。程宗猷在少林寺学习的棍法名著《少林棍法阐宗》对少林棍法的渊源、技术、理论均进行了详细论述，是明代少林武术棍法集大成之作。

由于少林棍法在军旅中威力巨大，故而少林武术以棍显世，而拳、刀、枪等其他文献记载不多，但明代中后期一些文人游览少林寺所写的游记、诗句却为人们展示了少林武术体系的日趋成熟。万历九年（1581），王士性的《嵩游记》记载：“山下再宿，武僧又各来以技献，拳棒搏击如飞，他教师所束手观，中有为猴击者，盘旋踔跃，宛然一猴也。”〔2〕此时期的少林寺不但棍法闻名，而且拳法也似达到了一定的水平，如象形拳猴拳已经在少林武术之列。万历三十六年（1608），金忠士在《游嵩山少林记》中说：“至今寺僧以武勇闻，从来远矣！……午刻，少参君招饮溪南方丈，中观群僧角艺，尽酒十巡，乃起。”〔3〕万历三十九年（1611），袁宏道在《游少林记》中记：“晓起出门，童白分棚立，乞观手

〔1〕程大力等：《少林寺棍法渊源详考》，见释永信主编《少林功夫文集》第2期，少林书局，2004，第68页。
〔2〕吕宏军：《嵩山少林寺》，河南人民出版社，2002，第468页。
〔3〕（清）叶封：《少林寺志》，载郑州市图书馆文献编辑委员会编《嵩岳文献丛刊》第4册，中州古籍出版社，2003，第43页。

搏。主者曰：'山中故事也'。试之，多绝技。"[1]表明少林寺不仅有棍法、拳法，还有双人徒手的对抗搏击。嘉靖时期，唐顺之在其文集《荆川集》卷三《峨眉道人拳歌》中称："浮屠善幻多技能，少林拳法世希有。"黄宗羲在《王征南墓志铭》中也称："少林拳勇名天下。"从文献记载来看，至少从嘉靖到明晚期这段时间里，少林拳法已经发展成熟。万历四十三年（1615），文翔凤在其《游少林记》中记载："归，观僧之以掌搏者、剑者、戟者。"[2]明代少林武术已经发展成包括棍法、拳法、掌法、剑、戟等在内的日趋成熟的武术体系。

另外，除了文人墨客的游记、诗文对少林武术进行了记载，还有朝廷官员到少林寺观看僧人演武而留下的诗句，可以从另一个侧面更清晰地展示出少林武术体系在明代的成熟程度。例如，天启五年（1625），河南巡抚程绍在少林寺观看僧人演武后而作的《少林观武》，以及万历时期吏部侍郎公鼐的《少林观僧比武歌》。程绍的《少林观武》中的"定乱策勋真证果，保邦靖世即传灯"指明了少林武术是保疆卫国的武艺，并没有违背佛法与戒律，这也是我国佛教之儒、佛统一的特点。

公鼐的《少林观僧比武歌》一诗"展现了三百七十多年前少林寺千余名武僧清晨操练的壮观场景，如身临其境，目见其人，而闻其声，感沛于不可战胜的浩然之气之中"[3]。

从这些文人游记及诗文中不难看出，最迟在明代中晚期，少

---

〔1〕（清）叶封：《少林寺志》，载郑州市图书馆文献编辑委员会编《嵩岳文献丛刊》第 4 册，中州古籍出版社，2003，第 45 页。
〔2〕（清）叶封：《少林寺志》，载郑州市图书馆文献编辑委员会编《嵩岳文献丛刊》第 4 册，中州古籍出版社，2003，第 49 页。
〔3〕温玉成：《少林访古》，百花文艺出版社，1999，第 312 页。

林武术已经发展成为既有器械、徒手又有对抗搏击技术的庞杂体系。明代少林武术体系的形成也符合我国武术体系在明代基本形成的历史事实。

二、峨眉武术

峨眉武术也是有明确史料记载的明代武术流派，只是由于详细史料的缺乏，对明代峨眉武术的发展难以窥见全貌。根据目前所能见到的有限的资料，本节对明代峨眉拳法及枪法等做一梳理。

（一）峨眉拳法

明代拳法以峨眉为首。明代有关武术拳法的记载，多以戚继光《纪效新书》、何良臣的《阵纪》中所记为主。早于戚继光时代的唐顺之，对峨眉拳法极为推崇。他目睹了峨眉道人演练的峨眉拳法，留下一首弥足珍贵的《峨眉道人拳歌》[1]，这也是目前有关峨眉武术的最早的文献记载。唐顺之是见多识广、精通武艺的武术家，他对峨眉道人演练的拳法的描述，更多是从武术的角度记述，而绝非如一般文人墨客般的意境描述。

作为拳法高手，唐顺之在《武编前集》卷五中对拳进行了精辟论述："拳有势者，所以为变化也。横邪侧面，起立走伏，皆有墙户，可以守，可以攻，故谓之势……作势之时，有虚有实，所谓惊法者虚，所谓取法者实也。似惊而实取，似取而实惊，虚实之用，妙存乎人。"对拳势、攻守、虚实之法可谓论述精要，显示唐顺之不仅在军事武艺枪法上有很高的技术水平，在拳法上

---

〔1〕（明）唐顺之：《荆川集》，吉林出版集团有限责任公司，2005，第43页。

亦有相当的造诣，故他对峨眉道人的拳法多是从武术角度进行描述也就顺理成章了。

《峨眉道人拳歌》描述了峨眉拳法从起势到收势的整套演练过程，主要从拳势、手法、身法、步法、劲力、攻守、气势等方面对峨眉拳法的演练进行描述，并对演练中的起、承、转、落、收进行了形象记述。例如，“道人更自出新奇”一句表明，虽然峨眉拳法在明代已经发展得较为成熟，却不太为世人所熟悉，其技术风格也很新奇，就连唐顺之这位拳法大家也感到拳法风格不同于一般；“忽然竖发一顿足，崖石迸裂惊砂走”表现出峨眉拳法之刚猛，“去来星女掷灵梭，夭矫天魔翻翠袖”展现出峨眉拳法的身法、步法之快速与轻灵，表现峨眉拳法轻柔的一面；“险中呈巧众尽惊，拙里藏机人莫究”展现了峨眉拳法演练时注意套路的起、承、转、合之布局；“百折连腰尽无骨，一撒通身皆是手”描写峨眉拳法身法柔软、手法密集；“余奇未竞已收场，鼻息无声神气守”一句展现出峨眉道人功力高深，一套拳法演练后仍气息平和，足见其呼吸调整得法，也突出了峨眉拳法内外兼修的特点。

从描述来看，峨眉拳法已经有成熟的套路，从起势到收势有完整的套路编排，起落、刚柔、动静、转合等合理有序。形成套路是一个流派成熟的重要标志，也表明峨眉武术的拳法要早于少林武术的拳法，只是由于资料的缺失，今人不能更好地认识明代峨眉拳法的全貌，尚待进一步搜寻与发掘。

（二）峨眉枪法

峨眉拳法虽被唐顺之认为是“道人更自出新奇”，但峨眉拳法发展成熟，却不太为外人所知晓，而峨眉枪法已被明代武术文献恭列为当时的著名枪法。郑若曾在其《江南经略》卷八上《杂著·兵器总论》中提及明代“使枪之家凡十有七”时，已将峨眉枪法列入当时枪法之列：“曰杨家枪三十六路花枪、马家枪、金家枪、峨眉枪……”[1]由此可见，明代峨眉枪法是与明代少林棍、杨家梨花枪齐名的著名枪法。“乃谈艺者，必以枪为首，称其为诸器之门户也。”[2]

峨眉枪法的源流文献最早可追溯到明代峨眉山普恩禅师。据明末清初吴殳枪法名著《手臂录》辑录，由“峨眉僧普恩立法，海阳弟子程真如达意”的“峨眉枪法”记载：“西蜀峨眉山普恩禅师，祖家白眉，遇异人授以枪法。立机空室，练习二载，一旦悟彻，遂造神化，遍游四方，莫与并驾。”因此，峨眉枪法为普恩禅师经异人传授参悟而创立，其后广东海阳人程真如云游访师到峨眉山。在程真如和荆江行者月空进山砍柴二年后，普恩才将峨眉枪法传授给二人，“二人良苦，庶可进乎？我有枪法一十八扎、十二倒手，攻守兼施，破诸武艺。汝砍采久而得心应手，不知身法臂法已寓于是”[3]，普恩将峨眉枪法之动静进止之机、疾迟攻守之妙悉心传授给二人，程真如后来又将峨眉枪法与沙家枪、马家带棍枪进行比较，认为此两家枪法与普恩禅师所传授的峨眉枪法相去甚远，故而程真如将普恩禅师所传授的枪法写成《峨

〔1〕（明）郑若曾：《江南经略》，上海古籍出版社，2003，第426页。
〔2〕（清）吴殳：《手臂录》，山西科学技术出版社，2006年。
〔3〕（清）吴殳：《手臂录》，山西科学技术出版社，2006年。

眉枪法》一书并流传后世。程真如曾将峨眉枪法传授给翁惠生、朱熊占。吴殳于南明永历十六年（1662）冬天，在鹿城盛辛五家中巧遇朱熊占，遂跟随朱熊占学习峨眉枪法并得到惠赠《峨眉枪法》枪谱，随后将《峨眉枪法》收录在其枪法名著《手臂录》中，得以为后世所知。

从《峨眉枪法》可知，吴殳从治心篇、治身篇、宜静篇、宜动篇、攻守篇、审势篇、形势篇、戒谨篇、倒手篇、扎法篇、破诸器篇、身手法篇、总要篇等详细记载峨眉枪法，并对程真如的《峨眉枪法》做出了高度评价："……《峨眉枪法》，唯有革法十二、扎法十八，不言立势，不言步法，卓哉，绝识家之正法眼藏也。"从明代普恩传程真如，程真如传朱熊占，朱熊占又传吴殳，表明明至清初，峨眉枪法有着较为清晰的传承，并有枪谱传世。

（三）峨眉铲法

明代峨眉武术除了峨眉拳法及枪法之外，程宗猷之侄程子颐在《武备要略》卷八中还记载有"峨眉铲说"[1]，记载了峨眉铲法八势（四平铲势、边拿铲势、边拦铲势、崩劈铲势、圈里搅沉铲势、圈外压沉铲势、圈里沉铲势、圈外沉铲势），并且记载了峨眉铲的大致传承——"夫峨眉铲南北未有共艺，惟江西教师吕月崖昔时曾负此器至新安余，家君见其技勾推快利，进出便捷，因传其艺，且用法与长枪少异。"[2]从文献中可知，明代峨眉铲最早可推由江西教师吕月崖所传，并传至安徽休宁程子颐父子。程子颐还进一步对峨眉铲的技法进行了记载："用法与长枪少异，

〔1〕（明）程子颐：《武备要略》，北京出版社，1997，第 275 页。
〔2〕（明）程子颐：《武备要略》，北京出版社，1997，第 275 页。

阴阳手持铲，圈里有拿，圈外有拦，有边拿，有边拦，有勾，有推，有崩劈，有搅压沉铲，有圈里圈外沉铲，其进退与枪之凤点头步法同，能以铲艺跟枪用之可称无敌。今选数势绘图说于后，然峨眉铲胜似月牙铲者，何也？月牙铲中无钳口，不能压沉彼枪，又不便于勾推其柄，且短难与枪相敌，故不赘耳。”

从吉光片羽的文献记载来看，峨眉武术在明代大体已经形成拳法、枪法、铲法等徒手及器械的完整体系。

三、浙江武术

从文献资料来看，明代浙江的武术已经发展得相当成熟，如戚继光在《纪效新书》中所列的拳种与器械流派，就有六步拳、青田棍等。明代浙东地区还出现了源流清晰、传承有序且有别于少林拳的内家拳。另外，在嘉靖年间的抗倭战争中，还有精通双刀的“天都侠少”项元池、精通日本双手刀的刘云锋、精通少林拳法并在中日武术交流史上产生了深远影响的日本柔道鼻祖余杭人陈元赟，这些武术家的生平及其武艺虽大多难以考证，但文献却确凿记载明代浙江出现了一批著名武术拳种、器械流派及民间武术群体。这既与浙江地区武术源远流长且作为明代抗倭主战场有着密切的关系，还与浙江是明代对外交流口岸，与海外有着悠久的武术交流历史密不可分。

（一）浙东内家拳

明代中后期，各具技法的拳种流派纷呈，出现了以有别于主于搏人、以静制动为技术特征的内家拳。内家拳的出现标志着我国武术发展的一个新走向，“自明以来，凡谈技击者，遂有内家外家之派别”〔1〕，自此，我国武术开始有内、外家之分。有关内家拳的源流主要载于黄宗羲的《王征南墓志铭》，其技法主要载于黄百家的《王征南先生传》。

1. 内家拳

明代内家拳的出现是我国武术发展史上的一次革新与飞跃，由于文献对内家拳的确切含义记载不详，故对于内家拳的释义也是众说纷纭、莫衷一是。黄宗羲在《王征南墓志铭》开篇提出：“少林以拳勇名天下，然主于搏人，人亦得以乘之。有所谓内家拳者，以静制动，犯者应手即仆，故别少林为外家……”黄百家在《王征南先生传》中说：“盖自外家至少林，其术精矣。张三丰〔2〕既精于少林，复从而翻之，是名内家，得其一二者，已足胜少林。”正如当代武术家蔡龙云所言：“由那时候起，中国的武术被黄氏父子截然地区别为内外家了。”〔3〕自从黄氏父子后，我国武术史上开始出现了“内家”与“外家”的争论，而对于何为“内家”“外家”以及二者划分的依据是什么，并没有详细的文字记载与释义，这给后世对“内家”的理解增添了诸多疑惑。

2. 内家拳传承谱系

《王征南墓志铭》中记载，内家拳在明后期至清初有清晰的传承谱系。内家拳首创于“夜梦元帝授之拳法，厥明以单丁杀贼百人”的张三丰之术，显为附会，民国时期，唐豪已做过详细考

---

〔1〕徐哲东：《国技论略》，山西科学技术出版社，2003，第 9 ～ 10 页。
〔2〕古籍文献中有“张三峰”“张三丰”两者称谓，两者应指同一个人，但黄宗羲的论述中是张三峰。本书中皆依照原文写法。
〔3〕蔡龙云：《琴剑楼武术文集》，人民体育出版社，2007，第 206 页。

证。内家拳流传于山西，以王宗为最著，温州陈州同跟随王宗学习，并将内家拳传授给乡人，从而使内家拳流传于温州。张松溪师承孙十三老[1]，传人有三四人，其中以叶继美、叶近泉为最好，并由此使内家拳流传于四明（今浙江宁波），自此内家拳传承有了清晰的谱系：四明叶近泉传吴昆山、周云泉、陈贞石、孙继槎、单思南；吴昆山传李天目、徐岱岳；李天目传余时仲、吴七郎、陈茂宏；周云泉传卢绍岐；陈贞石传董扶舆、夏枝溪；孙继槎传柴元明、姚石门、僧耳、僧尾；单思南传王征南；王征南传黄百家。在文献记载的内家拳家中，除张松溪、单思南、王征南、黄百家外，其他皆因文献缺失，无事迹可考。

3. 张松溪及其内家拳

张松溪生卒年不详（据有关史料推测其生年最早在嘉靖之初，享年在八十岁左右[2]），明代鄞县（今浙江宁波）人。四明丛书本《四明文征》卷十六中有万历大臣沈一贯（1537—1615）写的《搏者张松溪传》，雍正年间宁波知府曹秉仁纂修的《宁波府志》卷三十一中有《张松溪传》。《搏者张松溪传》作为目前记载张松溪生平及其内家拳事迹的最早文献[3]，对于研究张松溪及其内家拳具有重要的史料价值。《搏者张松溪传》提供了有关张松溪及其内家拳的诸多珍贵史料，可与《王征南墓志铭》《王征南先生传》相互佐证，为认识内家拳技术及理论提供了史料。

据《搏者张松溪传》中记载，在张松溪与明代另一位少林高

〔1〕孙十三：又名“孙十山”。
〔2〕张如安：《内家拳大师张松溪生平辨误》，《体育文史》1988 年第 4 期。
〔3〕周伟良：《中华武术史参考资料选编》，逸文武术文化有限公司，2009，第 59 ～ 60 页。

手边诚的对比中，揭示了内家拳的一些技术特征，如其技法直截。在对张松溪一些事迹的记载中，展现了内家拳传授徒弟的严格及内家拳的功力，如张松溪七十岁时都可以将三块大石直劈为二，虽有夸张之嫌，但也表明内家拳的一些功法特征，表明明代即有武术功法的展示。内家拳有“勤、紧、径、敬、切”五字诀，其中前三诀为张松溪学自其师孙十三老，后二诀为张松溪所创。另外，张松溪内家拳还有点穴之法。张松溪内家拳秉承择徒严格的师训，据《王征南墓志铭》中载，仅传三四人，以四明的叶继美、叶近泉为最好。

综上，嘉靖间张松溪的内家拳出名，张松溪也是内家拳传承谱系中有事迹可考的最早的内家拳家。

4. 王征南及其内家拳

王征南（1617—1669），名来咸，明末清初最负盛名的内家拳家，师从单思南，得内家拳不传之秘，为张松溪内家拳第三代传人。王征南曾参加反清活动，后归隐家乡宁波宝幢同岙，传人仅黄百家。王征南不仅善于拳法及点穴之法，还精射法。在继承内家拳五字秘诀的基础上，除内家拳的斫[1]法：滚斫、柳叶斫、十字斫、雷斫外，他还独创盘斫之法，能以斫破斫，这表明王征南在内家拳技法上又有独创，丰富了内家拳技法。

在《王征南先生传》中，黄百家较为详细地记载了内家拳的技法[2]：应敌打法色名，如长拳、滚斫、分心十字、摆肘逼门、四把腰等三十种；穴法，如死穴、哑穴、晕穴、三里等十三种穴；

〔1〕斫是宁波方言。

〔2〕唐豪：《内家拳》，载《少林武当考·太极拳与内家拳·内家拳》，山西科学技术出版社，2008，第45～49页。

所禁犯病法，如懒散、迟缓、歪斜、寒肩、老步、腆胸、直立、软腿、脱肘、戳拳、扭臀、屈腰、开门、捉影、双手齐出等十五种；练法有练手法三十五、练步法十八；套路有十段锦、六路。《王征南先生传》是研究内家拳的重要史料，其保存了明代内家拳技法，是较完整地记录内家拳法的文献。明代张潮在《昭代丛书》中将其首尾去掉而改名为《内家拳法》[1]。

清初内家拳传至黄百家时，因其弃武从文而没有了传人，而其他内家拳支系亦没有文献记载有传人。民国时期，著名武术史学家唐豪还专门到内家拳曾经的兴盛地宁波实地调研，并到清初王征南隐居的宁波宝幢同岙访王氏后裔，但没有发现内家拳的流传，因而认定内家拳在清初已失传[2]。近年，随着有关内家拳新史料（图 3–1）的出现，在清初已成“广陵散”的内家拳，被证明仍然在浙东一带流传。

（二）浙东其他拳种、器械及民间武术家

明代时，浙江除内家拳有详细的文献记载，还有个别拳种、器械存在，虽然这些拳种没有内家拳那样详细的文献记载，但仍然可以从部分文献及田野调查中寻觅踪迹。从我国武术拳种历史悠久、渊源有序来看，这些拳种、器械及武术家是值得被记载并有着极高史料价值的。戚继光在《纪效新书》中还记载有一种拳种——六步拳，“古今拳家，宋太祖有三十二势长拳，又有六步拳……各势各有所称，而实大同小异”[3]。六步拳也是至今仍

---

〔1〕（清）永瑢等：《四库全书总目》，中华书局，2018，第 1140 页。
〔2〕唐豪：《唐豪太极少林考》，山西科学技术出版社，2008，第 18 页。
〔3〕（明）戚继光：《纪效新书》（十八卷本），曹文明、吕颖慧校释，中华书局，2001，第 227 ～ 228 页。

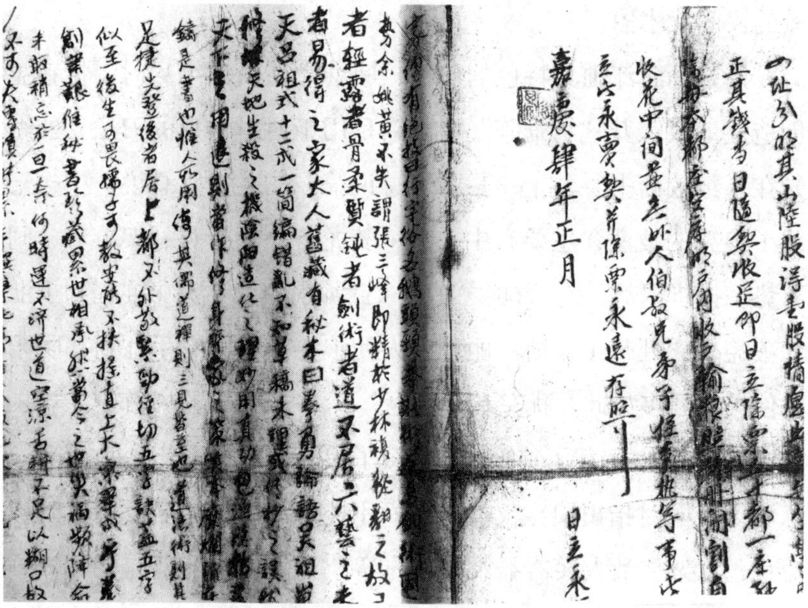

图 3-1 夏氏家藏地契内家拳谱

流传在浙江的一种古老拳种，可惜戚继光仅记载了拳种名称，在明代文献中亦没有发现其他记载。1929 年在杭州国术游艺大会上，浙江瑞安三十八岁的代表谢忠祥表演了六步拳，当时即引起武术家的重视。六步拳当时流行于浙江瑞安、乐清一带，每趟六步。经多次鉴别与评定，黄文叔认为此六步拳即为《纪效新书》中所记载的“六步拳”[1]。武术史上有确切记载的拳种，浙江就有内家拳、六步拳等，且至今仍然在浙江民间流传。

明代，浙江武术除了拳种外，还有一些文献记载的器械也在武术发展史上具有重要地位，著名的、具有地域特色的武术器械有狼筅、青田棍、钯、双手刀，部分文献中还记载了精通这些器

〔1〕凌懿文：《浙江传统武术简史》，学苑出版社，2012，第 102 页。

械的民间武术家。

狼筅是浙江独具特色的器械，戚继光在浙江练兵时，将狼筅创造性地收入其“鸳鸯阵”中，它是用于对付倭寇的刀法。戚继光在《纪效新书》卷十一《藤牌总说篇》的《狼筅总说》中，记载了狼筅的技法，主要有中平势、骑龙势、钩开势、架上势、闸下势、拗步退势[1]。唐顺之在其《武编前集》卷五中亦提到了浙江狼筅，“处州（今浙江丽水）人使狼筅，右脚右手在前，阴阳手使挡扒亦多如此，犹左右开弓也”[2]。何良臣在《阵纪》卷二《技用篇》中也记载了狼筅，并记载了狼筅使用之人、技法、制作、练习等，同时指出狼筅仅能防御而不能杀敌。狼筅主要用于防护短兵，以架住敌人兵器不入为目的等[3]。可见，狼筅是明代极具浙江地域特色的武术器械，在抗击倭寇战争中发挥过积极的作用。

除了在抗倭战争中大显威力的狼筅外，还有青田棍法。戚继光在《纪效新书》（十八卷本）卷十四《拳经捷要篇》中同样有记载：“……少林寺之棍与青田棍相兼，杨氏枪法与巴子拳棍，皆今之有名者”，可以看出，明代青田棍法已经是与少林棍法、杨家枪法等著名武术技法齐名的棍法。何良臣在《阵纪》中记载有：“紫薇山棍为第一，张家棍为第二，青田棍次之。”[4]由于文献的缺失，青田棍技法现在已经难以窥见。

此外，浙江民间还有精通大钯的高手，据《宁波府志》中记载，

---

〔1〕（明）戚继光：《纪效新书》（十八卷本），曹文明、吕颖慧校释，中华书局，2001，第 178 ～ 181 页。

〔2〕《中国兵书集成》编委会编《中国兵书集成》（第 13 ～ 14 册），解放军出版社、辽沈书社，1989，第 796 页。

〔3〕（明）何良臣：《阵纪》，军事科学出版社，1984，第 105 页。

〔4〕（明）何良臣：《阵纪》，军事科学出版社，1984，第 100 页。

明代时宁波慈溪有位叫边诚的武术家，他精通钯法。明正德元年（1506），有十几个倭寇曾持枪和边诚较艺，结果边诚使用大钯轻易打败了他们[1]。在江浙抗倭的戚继光也把钯法记载在其《纪效新书》中，“试叉、钯：先令自使，看其身手足法合一，复单人以长枪、短刀对较，能格架长枪、刀、棍，翼狼筅出入杀人为熟”[2]。郑若曾在《江南经略》卷八上《杂著·兵器总论》中记载当时使钯之家有五：雄牛出阵钯、山间七埋伏钯、番王倒角钯、直行虎钯、稍拦跟进钯。大钯原为南方水乡生产农具，用作南方水网交织之地捕鱼的鱼叉，在山区也为猎兽的利器，在明代进入军事及武术器械之列后，称“杈钯”。明代军事武艺及民间都将大钯作为一种重型武器，其威力不可小觑，历来受到军事家及民间武术家重视，独具江南水域特色。

嘉靖年间倭寇侵扰江浙一带尤甚，而倭寇擅长的倭刀法也因而得以流传在此。戚继光曾将其在嘉靖四十四年（1565）浙江台州大捷中缴获的倭刀及刀谱原本记载在晚年修订的《纪效新书》十四卷本中，并将倭刀习法记录下来[3]。倭刀法在流入浙江民间后，融入了中华武术刀法的特点，形成了双手刀法，这种双手刀法在明代已经在浙江盛行。刘云峰是有关文献中屡屡提到的一位精通倭刀的武术家，可惜文献对他的生平及武艺记载不多，仅提及他为浙江人。经过几番文献搜寻，笔者在程子颐《武备要略》卷十的《单刀说》中发现了有关刘云峰的一条记载：“盖单刀者，乃双手所用一刀，故名曰‘单刀’，其技擅自倭奴，

〔1〕曾昭胜等：《南拳》，广东人民出版社，1983，第 60 页。
〔2〕（明）戚继光：《纪效新书》，马明达点校，人民体育出版社，1988，第 93 页。
〔3〕（明）戚继光：《纪效新书》（十四卷本），范中义校释，中华书局，2001，第 82 ～ 83 页。

左右跳跃，奇诈诡秘，令人莫测。其刀光耀射目，使人寒心，故长技每每败于刀，余甚慕之，故遍访其刀法，遇有浙江武林教师刘云峰者，得倭之真传，不吝授余。”[1]通过这条文献中可知，刘云峰是浙江武林人，即浙江杭州人。这对更深入地认识明代倭刀法的流传脉络有重要的史料意义。当代倭刀法即民间所谓的“双手刀”，目前主要流传于河北、天津、甘肃地区。双手刀法是如何从东南浙江一带流传过去的，还有待进一步考证。武术史上有关双手刀最早的记载见于戚继光在浙江台州得到的倭刀真谱。

另外，在抗倭战争中，还有一位精通双刀法的援浙抗倭壮族武术家，他是瓦氏夫人的双刀法传人，即被称为“天都侠少”的项元池。项元池还将双刀法传给了明末清初枪法大家吴殳。此外，余杭还有一位为中日武术交流做出重要贡献的武术家陈元赟，其曾将少林武术及大明捕人术传到日本，为日本柔道鼻祖。

总之，明代，浙江武术相当发达，不仅有源流有序的内家拳、六步拳，还有青田棍、大钯、双手刀、双刀等技艺流传，有的武术家还对中外武术交流做出了重要贡献。这与浙江是明代抗倭战争主战地，军事武艺、民间武术以及外国武术相互交流便利有关，也与浙江武术根基深厚、民间武术发展成熟有关。

四、西南壮族武术

明代，岭南壮族粤右（广西）狼兵被朝廷征用，在抗倭战争中大显身手，令不可一世的倭寇闻风丧胆，自此狼兵名震天下。

---

〔1〕（明）程子颐：《武备要略》，北京出版社，1997，第336页。

而狼兵使用的武艺为壮族武术的一部分。本节通过追寻历史典籍中记载的狼兵，希冀认识明代西南壮族武术的发展。壮族武术通过狼兵及其展现出的赤胆忠心，在我国历史画卷上留下了精彩的一笔，同时，也为促进西南与中原的文化交流做出了积极贡献。

（一）狼兵的起源

狼兵也称为土兵、俍[1]兵。狼兵专指广西东兰、那地、南丹归顺诸土司的兵。狼兵属于土司管辖，只有在土司指挥下才可以发挥狼兵的作战威力。

狼兵由广西壮族羁縻州及土司制下的各种乡兵发展而来，如峒丁、土丁、田子甲等。峒丁，亦称为溪洞壮丁，为乡兵的一种，“羁縻州之民，谓之峒丁，强武可用”[2]。田子甲为峒丁的一种，指溪洞酋领家奴中的强壮有力者，“（峒酋）既各服属其民，又以攻剽山僚及博买嫁娶所得生口，男女相配，给田使耕，教以武技，世世隶属，谓之家奴，亦曰家丁，强壮可教勒者，谓之田子甲，亦曰马前牌。皆青布巾，跣足，总谓之洞丁”[3]。这些峒丁、田子甲大多在农隙间练习武艺及各种“坐作进退号令旗鼓之法”，由于土官对狼兵的约束甚为严酷，因此，狼兵军纪严明，作战英勇。明代邝露在《赤雅》卷一中有“狼兵鸷悍，天下称最”[4]的记载。

---

〔1〕俍，指明代中叶至清代主要分布于广西一带的瑶族、侗族、壮族等少数民族。
〔2〕（宋）周去非：《岭外代答校注》，杨武泉校译，中华书局，2006，第133页。
〔3〕（宋）周去非：《岭外代答校注》，杨武泉校译，中华书局，2006，第135页。
〔4〕（明）邝露：《赤雅》（丛书集成初编），商务印书馆，1936，第2页。

（二）狼兵的武艺及其作战威力

从历史文献中难以找到狼兵个人武艺的记载，而狼兵作为作战组织在战争中的表现却在文献中多有记载，可以从文献的零星描述中推断狼兵的个人武艺及其集体作战时的威力，领略壮族武术的一鳞半爪[1]。

狼兵多来自溪峒之民，文献中对壮族先民武艺的描写：“邕州溪峒之民，无不习战，刀弩枪牌，用之颇精……道间麇兴于前，能合而取之；鸢飞于天，能仰而落之。”[2]由此，溪峒之民的武技可见一斑，刀弩及枪牌为狼兵所长之技，尤其是枪牌。宋时溪洞首领侬智高起义时率领的即为狼兵。狼兵擅长藤牌和标枪，锐不可当，曾令宋军无法抵挡，后为名将狄青平定[3]。狼兵从小就接受武技训练，骑射练到“儿能骑犬，引弓射雉兔，少长习甲骑，应募为狼兵”[4]。每当壮族儿童出生，就预示着是一名未来的峒丁。邝露在《赤雅》卷一《炼刀》中记载，“儿时选精铁如儿童，渍以药水，及长，咒时炼日，刺熊冲坚，服以终老”[5]，意为儿童出生时，即挑选一块和儿童一样重的良铁，并用药浸渍，等儿童长大时将铁打成刀，教习武艺，试刀是否为良刀，需要以肩负刀于牛颈下，能一负将牛杀死的为良刀，此刀为终身携带[6]。郑若曾在《筹海图编》卷十一《客兵附录·狼兵》中记载：

---

〔1〕瓦氏夫人及其率领的“狼兵”所习练的武术应为壮族武术，即壮拳。据《广西武术》（内部资料）记载：流传在广西田阳、靖西一带的壮拳，历史悠久，历代均有壮拳高手，如唐、宋农民起义领袖潘长安、黄少卿、侬智高，明代抗倭巾帼英雄瓦氏夫人等。“狼兵”均熟习壮拳，从明代瓦氏夫人及“狼兵”抗倭中的武艺表现，可以对壮族武术作一了解。

〔2〕（宋）周去非：《岭外代答校注》，杨武泉校译，中华书局，2006，第135页。

〔3〕马明达：《说剑丛稿》（增订本），中华书局，2007，第174页。

〔4〕《广西通志》卷九十二《诸蛮》 载《钦定四库全书·史部·地理类·都会郡县之属》。

〔5〕（明）邝露：《赤雅》（丛书集成初编），商务印书馆，1936，第6页。

〔6〕韦晓康：《壮民族传统体育文化研究》，中央民族大学出版社，2004，第201页。

"广西狼兵于今海内尤悍，……东兰、那地、丹州之狼兵，能以少击众，十出九胜。"[1]

狼兵从小受到严格的武技训练，除使个人技勇"鸷悍"外，作战时铁的纪律及阵法更是其"天下称最"的法宝。嘉靖年间，广西土官瓦氏率万人狼兵子弟援浙抗倭，《粤西丛载》卷二十四《土官瓦氏》记载瓦氏约束狼兵甚有法度："约所部不犯民间一粒，军门下檄，辄亲视居亭，民诉部署夺酒脯者，立捕杀之，食尚在咽下。"[2]郑若曾在《筹海图编》卷十一《客兵附录·狼兵》中对狼兵的纪律及其作战时的阵法有较为详细的记载[3]。

狼兵铁的纪律是保证其在战斗中奋勇杀敌的"强心剂"，另外，狼兵伍、队的作战阵法具有极强的战斗力，表现在个人、伍、队之间相互接应，充分发挥集团的作战威力，使得狼兵在战斗中能以一敌十。铁的纪律保证了这种阵法发挥出惊人的威力，以"可死而不可败"的气概威震倭寇。残忍的倭寇也为狼兵这种不怕死的英勇所震慑。

（三）壮族武术

壮拳可以追溯到两千多年前宁明花山壁画中壮族先民所展现的武术形象，据《宁明州志》中记载："花山距城五十里，江上峭壁书有赤色人形，皆裸体，或大或小，或持干戈，或骑马。……而且沿江两岸崖壁上如此类者多有。"[4]其中崖壁画中"都老"

---

〔1〕（明）郑若曾：《筹海图编》，李致忠点校，中华书局，2007，第735页。
〔2〕（清）汪森：《粤西丛载》，江苏广陵古籍刻印社，1983，第285页。
〔3〕（明）郑若曾：《筹海图编》，李致忠点校，中华书局，2007，第735～736页。
〔4〕张声震：《广西少数民族传统体育》，广西民族出版社，1991，第124页。

的练武功架图形与流传于左、右江流域的壮拳功法“七步铁线桩功”可谓神似功同。壁画中的年轻武士身高体壮，显示了古老壮拳对提高军士身体素质有很好的作用。另外，壁画中还展现了壮族武术中独特的器械，如环首刀、短剑、长枪、手镖、山弩以及竹箭等〔1〕，均为壮族狼兵惯用的武术器械。壮族地区在明代及以前就出现了精通壮拳的武术高手，如宋代庆历年间南下的汉人将士皆称当地壮民世代相传的拳种为“南蛮拳”；当时著名的壮族起义军首领侬智高精通壮拳拳械，并将其广泛传播；明代嘉靖年间抗倭名将、巾帼英雄瓦氏夫人率狼兵到江浙一带抗倭时，将壮拳传入江浙，并吸收了北方长拳功架，使壮拳后来兼备了北方大架子风格〔2〕。壮拳动作剽悍粗犷，形象朴实，功架清晰准确，沉实稳健，拳刚势烈，多短打，善镖掌，少跳跃，行拳中常借助壮语发声，借声气发力。功法有“站桩”“打沙袋”“抓石抹手”“七步铁线桩功”等。壮族狼兵自小就习练传统的壮拳，并在土官的严格训练下操习各种独具特色的壮族器械刀牌、梭镖、弓弩等。狼兵在战斗时一般配备多种器械，既长于远击阵战，又善于近身肉搏。据《岑氏兵法·器略》中记载，狼兵使用的器械主要有：戟（天狼长戟、雌雄短戟）、刀（双刀又称“鸳鸯刀”、柳叶弯刀）、枪（断魂枪、锁喉枪）、棍（囚龙棍、水火棍）、叉（三阳叉、二龙叉）、盾（铁甲盾、藤牌盾）、箭（穿心箭、连环箭）、镖（蝴蝶镖、金钱镖）均为实用兵器；另外，《拳略》中还载有肉搏格斗的拳谱、腿法等。狼兵作战时，除个人手持惯用的器械

〔1〕广西壮族自治区民族研究所编《广西左江流域崖壁画考察与研究》，广西民族出版社，1987，第162页。
〔2〕广西壮族自治区武术挖掘整理办公室：《广西拳械录》（内部资料），1985，第1页。

如长枪、刀牌、双刀、叉、棍外，身上均配有弓弩、短刀。经过长期训练的狼兵不但擅长“以短降长”各自为伍的阵战，而且在近身肉搏中亦有施展专门的壮族拳法，配以贴身的弓弩、短刀，足令倭寇溃散[1]。

第六节　我国武术体系的基本形成

明代，我国武术开始走向成熟。从丰富的武术古籍文献中可以看出，这一时期以所谓“十八般武艺”、武术套路趋于成熟，武术拳种、器械及其流派的形成以及武术功法发展为主要特征，标志着我国武术体系基本形成。

一、“十八般武艺”

（一）“十八般武艺”名称演进

我国古代的“十八般武艺”泛指多种兵器，在不同的时期有不同的名称。“十八般武艺”的说法最早见于南宋华岳《翠微北征录》。《翠微北征录》为华岳的进奏表。他在《器用小节》中说：“臣闻军器三十有六，而弓为称首；武艺一十有八，而弓为第一。”[2]华岳是南宋嘉定年间（1208—1224）的武科状元，精通武艺。他曾这样描述自己的治学历程，从少年时代起，每天阅读兵家书籍，学习兵家知识，经常探求兵家秘密技巧，时刻打

---

〔1〕岑沫：《壮族女英雄瓦氏夫人率广西狼兵抗倭之谜》，《文史春秋》2010年第7期。
〔2〕（宋）华岳：《翠微北征录浅说》，兰书臣、吴子勇注释，解放军出版社，1992，第233页。

听兵家先贤子孙、名将后嗣家传世袭的理论学问。凡是与用兵打仗有关的事情，没有不全面考察的；凡是与用兵打仗有关的地方，没有不到处勘探的；凡是器用服食、行阵衣甲的制度有助于军事的，没有不广泛采集，了解其底细的；凡是山林隐逸、英雄豪杰中有精通军事的，没有不拜师求教，以增长见识的〔1〕。可见，华岳对当时军旅及民间的武艺相当熟悉，而且还亲自考察过。他的记述表明，此时期的"十八般武艺"，应是从军事武艺"军器三十六"中挑选出来并在民间长期传习的武艺，其中弓排在"十八般武艺"第一位。随后在元代杂剧中出现了大量有关"十八般武艺"的唱词，如张国宾的《薛仁贵荣归故里杂剧》楔子中称："每日则是刺枪弄棒，习演弓箭，十八般武艺无有不拈，无有不晓。……您孩儿学成十八般武艺。"〔2〕纪君祥的《赵氏孤儿大报仇杂剧》第四折中称："教的他十八般武艺，无有不拈，无有不会，这孩儿弓马倒强似我。"〔3〕在元杂剧中还出现了部分"十八般武艺"具体名称，如《逞风流王焕百花亭杂剧》第三折中有："若论着十八般武艺，弓弩枪牌，戈矛剑戟，鞭链挝槌，将龙韬虎略温习。"〔4〕其将"十八般武艺"具体到了其中十二种。

（二）明代"十八般武艺"

明代开始出现了"十八般武艺"的具体名称。元末明初，施耐庵在《水浒传》第二回"王教头私走延安府，九纹龙大闹史家

〔1〕（宋）华岳：《翠微南征录北征录合集》，马君骅点校，黄山书社，1993，第184页。
〔2〕（明）藏晋叔：《元曲选》（第二版），中华书局，1989，第315页。
〔3〕（明）藏晋叔：《元曲选》（第二版），中华书局，1989，第1490页。
〔4〕（明）藏晋叔：《元曲选》（第二版），中华书局，1989，第1435页。

村”中写道:“史进每日求王教头点拨十八般武艺,一一从头指教。那十八般武艺:矛、鎚[1]、弓、弩、铳,鞭、简、剑、链、挝,斧、钺并戈、戟,牌、棒与枪、杈。”[2]明代谢肇淛在《五杂俎》卷五《人物一》中提到一位精通“十八般武艺”的人。此人名李通，当时招募天下勇士时被列为首选，无人可与其为敌，试其武艺时，“十八般武艺”皆能。书中具体指明了“十八般武艺”:一弓,二弩,三枪,四刀,五剑,六矛,七盾,八斧,九钺,十戟,十一鞭，十二简，十三挝，十四殳，十五叉，十六钯头，十七绵绳套索，十八白打。朱国祯在《涌幢小品》卷十二《兵器》中提到的“十八般武艺”:“武艺十八事，一弓，二弩，三枪，四刃，五剑，六矛，七盾，八斧，九钺，十戟，十一鞭，十二简，十三挝，十四殳，十五叉，十六爬头，十七绵绳套索，十八白打。”[3]明代文献中记载的“十八般武艺”中开始出现了“白打”。《涌幢小品》在记述“武艺十八事”时对“白打”解释为:“白打即手搏之戏。唐庄宗用之赌郡，张敬儿仗以立功。俗谓之打拳，苏州人曰打手。能拉人骨至死，死之速迟全在手法，可以日月计。”白打指徒手对抗的拳术，自此徒手拳术开始成为“十八般武艺”之一，亦说明徒手对抗的拳术进入我国武术体系之中。

“十八般武艺”的具体名称虽有所不同，但大体覆盖明代武术器械的短、长、软、杂器械。每种器械亦因形制不同，形成同形异制的兵器。何良臣在《阵纪》卷二《技用篇》中也记载了同种器械刀、杈等各有妙用，不可悉数，各有专门的形制，弩有不

[1] 鎚：同“锤”。
[2] （明）施耐庵、罗贯中：《水浒传》，李贽评，上海古籍出版社，2009，第25页。
[3] （明）朱国祯：《涌幢小品》（上），文化艺术出版社，1998，第262～263页。

下数十种，其制其用各异[1]。茅元仪在《武备志》中记载了一些少数民族中罕见的器械，如棒棍有诃藜棒、钩棒、杆棒、杵棒、抓子棒、狼牙棒、大棒、少林棍；牌有步兵旁牌、骑兵旁牌、手牌、燕尾牌、挨牌、藤牌；另外还有标枪、梭枪、连珠双铁鞭、铁简、蒺藜骨朵、蒜头骨朵、铁链夹棒、双飞挝、飞钩、飞锤、镋耙等[2]。

“十八般武艺”由泛指多种兵器演进到拥有具体名称，表明武术在民间开始向庞杂方向发展，并出现了与军事武艺明显不同的发展趋向。武术器械形制各异，必然带来技术的变化，形成不同的技击方法，并且使得武术器械的使用方法各异。同种器械发展成为不同形制，也会形成不同的使用方法，由此出现各种风格及流派的器械。

二、武术套路趋于成熟及其特征

（一）武术套路趋于成熟

“套子”在宋代即已出现，后来发展成“套路”。明代出现了拳术、器械套路的图、谱、诀，以及套路的运行路线，对套路的结构、运动形式有了明确的规定，有单练与对练两种演练形式，显示套路形式较宋代更加趋于成熟。明代程宗猷因“以前刀法，着着皆是临敌实用，苟不以成路刀势，演习精熟，则持刀运用，进退跳跃环转之法不尽。……故列成路刀法一图”[3]，为了使练习者便于记忆，他将跟随刘云峰所学的刀法，依据有势有法原

〔1〕（明）何良臣：《阵纪注释》，陈秉才点注，军事科学出版社，1984，第109～111页。
〔2〕（明）茅元仪辑《武备志》，华世出版社，1984，第4117～4158页。
〔3〕（明）程宗猷：《少林刀法阐宗》，山西科学技术出版社，2006，第31页。

则，依势取象拟名，制成三十六图刀势、谱，并绘制了刀的运动线路图。此为武术文献中最早记载的刀法路线，其运动方向为从右向左，来往运行，中间以弧线、斜线或8字形串连，其运行的套路路线已与当代套路路线相近。戚继光“择其拳之善者”，创编而成了三十二势，并绘以拳势，配上拳诀。程宗猷的刀法图谱及戚继光的拳术图谱为最早记载的图、谱并茂的器械及拳术套路。

套路武艺在军事武艺中被斥为“花法”，戚继光在《纪效新书》卷六《比较武艺赏罚篇》中指出：“凡比较武艺，务要俱照示学习实敌本事真可对搏打者，不许仍学习花枪等法，徒支虚架，以图人前美观。”〔1〕何良臣也指出：“外如花刀花枪，套棍滚杈之类，诚无济于实用，虽为美看，抑何益于技哉？是以为军中之切忌者，在套子武艺，又所恨者，在强不知而为之。”〔2〕虽然讲究实用的军事武艺是不允许练习套路武艺的，但也表明军事武艺已经受到民间套路武艺的影响。明代武术发展成熟的标志之一，就是武术套路形式较宋代更趋成熟。

（二）武术套路的运动特征

由于武术文献拳法运行路线图已流失，而流传到邻国朝鲜的明代武术文献《武艺图谱通志》中还保留有拳法运行路线图。明代器械已经有势、有图及运行路线图，如程宗猷的《少林棍法阐宗》《单刀法选》《长枪法选》，还有程子颐的《武备要略》中介绍了鞭、狼牙棒、大刀等，朝鲜存留的明代武术文献《武艺图

〔1〕（明）戚继光：《纪效新书》（十八卷本），曹文明、吕颖慧校释，中华书局，2001，第91页。
〔2〕（明）何良臣：《阵纪注释》，陈秉才点注，军事科学出版社，1984，第111页。

谱通志》中还有对练、双刀图谱及运行路线。通过对明代文献中记载的拳法、器械套路运动路线的研究，大体可以看出明代武术套路的运动特征。

套路运行分段，奇数段多数从右向左运行，偶数段从左向右运行，套路运行为清晰的来往趟（段），最后基本还是回到原来位置，以两个来回为主，少则一个来回，不排除个别长兵器也有从左向右运行的，如《武备要略》中的画戟、狼牙棒；套路运行路线由直线、曲线、弧线连接而成，并将进步、退步、转身在路线上说明，使得套路运行的起、承、转、合路线十分清晰；套路运行路线图中可以清晰地展现拳法、器械各个动作的相对位置与方位，便于动作之间的位置及方位的确认。

从记载来看，明代武术套路基本形成，已经与后世武术套路运动特征大体一致。由于明代武术的主体功能价值取向依然是攻防技击、民间私斗，这使得明代武术套路记载以刀、棍、枪、鞭、大刀、狼牙棒、峨眉铲等兵器为多，徒手搏击的拳法记载相对较少。当然，这也许与拳法多流传于民间、武术家文化修养普遍不高、难于记载成文有关系。千百年来，武术长期流传于民间，靠的是口耳相传，有文献记载的多是由文化修养较高的武术家习练而流传，这也是民间武术发展的特点。

三、武术拳种、器械及其流派的形成

明代以前，武术多以刀、枪、剑、棍等器械分类，各家拳法亦鲜有记载。明代中叶以后，武术开始形成不同风格的拳种、器械门派体系，各家流派以不同风格的拳法、器械或称雄一时，或各擅一技而名震一方。

（一）并立争雄、竞相发展的明代拳法

在明代以前的文献中难觅有关武术拳种的记载。明代开始出现有关拳种的记载，且拳种繁多。例如，戚继光在《纪效新书》（十八卷本）卷十四《拳经捷要篇》中列举了当时的拳种：宋太祖三十二势长拳、六步拳、猴拳、囮拳、温家七十二行拳、三十六合锁、二十四弃探马、八闪番、十二短、巴子拳。当时各擅其技的拳种代表人物有：吕红之八下、绵张之短打、山东李半天之腿、鹰爪王之拿、千跌张之跌、张伯敬之打〔1〕。唐顺之在《武编前集》卷五中还提到温家长打七十二行着、二十四寻腿、三十六合锁，赵太祖长拳多用腿，山西刘短打用头、肘，长短打六套，用手、用低腿〔2〕。何良臣在《阵纪》卷二《技用篇》中还记载了曹聋子之腿、唐养活之拿以及当时的拳术名家童炎甫、刘邦协、李良钦、林琰，称他们“各有神授，世称无敌，然皆失其传，而不能竟所奥矣”〔3〕。明代郑若曾称：“中国武艺不可胜计，古始以来，各有专门秘法散之四方。……教师相传，各臻妙际”，并列举了当时流行的拳法十一家：赵家拳（赵太祖神拳三十六势、芜湖下西川拳二十四势、秣陵关打韩童掌拳六路）、南拳（似风、似蔽、似进、似退，凡四路）、北拳（供看拳凡四路）、西家拳（六路）、温家钩挂拳（十二路）、孙家披挂拳（四

〔1〕（明）戚继光：《纪效新书》十八卷本，曹文明、吕颖慧校释，中华书局，2001，第227～229页。

〔2〕《中国兵书集成》编委会编《中国兵书集成》（第13～14册），解放军出版社，辽沈书社，1989，第784页。

〔3〕（明）何良臣：《阵纪注释》，陈秉才点注，军事科学出版社，1984，第100页。

路）、张飞神拳（四路）、霸王拳（七路）、猴拳（三十六路）、童子拜观音神拳（五十三路）、九滚十八跌打拿，又有眠（绵）张短打破法九、内（吕）红八下、破法三十六、拿法三十六、解法七十二、解法一百三十[1]。另外还有少林拳。明末还出现了一种有别于“少林”的内家拳，代表人物有张松溪、单思南、王征南。内家拳的主要套路有六路与十段锦。内家拳在明代至清初有着清晰的传承谱系，为明末著名拳种流派。

众多拳种文献的出现，表明明代民间武术开始形成各具体系的拳种，各有所长，已经形成“并立争雄，竞相发展的新阶段”[2]。并且在这一时期，拳已经逐渐成为武艺之源，正如戚继光所言：“大抵拳、棍、刀、枪、叉、耙、戟、弓矢、钩镰、挨牌之类，莫不先由拳法活动身手。其拳也，为武艺之源。”[3]

（二）蔚为大观、卓有成就的明代刀法

林伯原指出：“刀术是明代有较大发展的武术器械技能之一，自宋以来，朴刀、长刀、双刀等刀法在民间习武活动中已占有相当的地位，宋元话本、杂剧对此多有描写，但是有关诸家刀法的描述则少见，这一现象到明代开始发展变化。”[4]曾长期生活在江南的郑若曾在《江南经略》中记载了当时流行的刀法十五家：偃月刀（三十六刀法）、双刀、钩刀（阴手、阳手）、手刀、锯刀、掉刀、太平刀、定戎刀、朝天刀、开天刀、开阵刀、划阵刀、偏刀、

〔1〕（明）郑若曾：《江南经略》，上海古籍出版社，2003，第 427 ～ 428 页。
〔2〕林伯原：《明代拳法门类的大量出现及其发展》，《体育文史》1991 年第 6 期。
〔3〕（明）戚继光：《纪效新书》（十八卷本），曹文明、吕颖慧校释，中华书局，2001，第 229 ～ 230 页。
〔4〕林伯原：《明代刀术的丰富与发展》，《体育文史》1992 年第 1 期。

车刀、匕首[1]。另有其他文献中记载了其他刀法，如何良臣在《阵纪》卷二《技用篇》中记载的刀法有“凤嘴刀、三尖两刃刀、斩马刀、镰刀、苗刀、麋西刀、狼刀、掉刀、屈刀、戟刀、眉锋刀、雁翎刀、将军刀、长刀、提刀之类”等十五种，并指出“各有妙用，只是要去走跳虚文，花套手法，始得用刀之实。故曰：不在多能，务求精熟。设或不精，反为所累。所以秘技有神授，如无真授，未可强为。授之不精，未可称技。精而不能变，犹为法之所泥。”[2]各样各式的刀形制各异，使用方法也随其形制差异而不同，表明明代民间刀法繁多，可谓蔚为大观、卓有成就。

嘉靖年间倭患不断，且倭寇擅长倭刀法。倭刀的制作及其刀法均受到当时军事家及武术家的青睐，如戚继光将在战争中得到的倭刀及倭刀刀谱记载在晚年修订的《纪效新书》（十四卷本）中；民间武术家也将倭刀法和中华武术刀法进行了融合创新，出现了多位精通刀法的武术家，如安徽休宁的程宗猷、浙江的刘云峰、江苏常熟的石敬岩、安徽亳州的郭五等。正如有学者指出的“倭刀法输入我国之时，正是我国民间刀法门类纷起之时，明人又重实战，因此促使了刀法的研究”[3]，如程宗猷的《单刀法选》、王余佑的《十三刀法》等，均为代表明代刀法技术的理论著作。明代军事武艺中的刀法多为“进退回旋，止可饰观”[4]之花法，故而戚继光在《纪效新书》中收录了当时民间长、短兵器，各家各派的武艺精华，刀法却不在其列。这是因为他对当时

---

〔1〕（明）郑若曾：《江南经略》，上海古籍出版社，2003，第427页。
〔2〕（明）何良臣：《阵纪注释》，陈秉才点注，军事科学出版社，1984，第109页。
〔3〕林伯原：《明代刀术的丰富与发展》，《体育文史》1992年第1期。
〔4〕崔统华：《草庐经略注译》，解放军出版社，1992，第10页。

刀法有清晰的认识："刀法甚多，传其妙者绝寡，尚俟豪杰续之。"[1]就在《纪效新书》（十八卷本）成书后的第二年，即明嘉靖四十年（1561），戚继光在台州大捷中缴获倭刀及习法"倭夷原本"，在万历十五年（1587）调任广东总兵时，他重新将《纪效新书》十八卷本修订为十四卷本，在其中增添了倭刀刀谱及其习法[2]。

明代除了单刀法外，双刀技法也有很大的发展。从史料看，明代双刀不但在技术上更加成熟，而且在理论上也有总结。据记载，民间善用双刀者不乏其人，如元代的王英善用双刀，号称"刀王"，明代的赵普胜号"双刀"，王弼因被称为"双刀王"。明代民间武术家善用双刀者更多，如石敬岩曾跟随该县县令耿橘学习双刀，后来出塞临阵时就用双刀。明嘉靖年间抗倭的壮族巾帼英雄瓦氏夫人也是使用双刀的。瓦氏夫人令倭寇闻风丧胆，而且她还把双刀法留在浙江，传授给号称"天都侠少"的项元池。项元池曾于明崇祯八年（1635）在浙江湖州绕翠堂将双刀法传授给江苏娄江人吴殳。吴殳将其跟随项元池学习双刀的事迹以《双刀歌》的形式记载于其《手臂录》中。民间善用双刀这一"时尚"之风在《水浒传》里也有所体现，梁山英雄中有不少使用双刀的，如扈三娘、朱武、马麟等，假扮头陀后的武松也用双刀[3]。唐顺之在《武编前集》卷五《刀》中对双刀技法理论进行了总结，指出双刀技法主要是"一手监住，一手抹刀"，深刻指明了双刀

---

〔1〕（明）戚继光：《纪效新书》（十八卷本），曹文明、吕颖慧校释，中华书局，2001，第94～95页。
〔2〕（明）戚继光：《纪效新书》（十四卷本），范中义校释，中华书局，2001，第83页。
〔3〕马明达：《说剑丛稿》（增订本），中华书局，2007，第82～83页。

技术风格特点。我国明代有关双刀的刀谱还很罕见，明代流传到朝鲜的记载有《双剑谱》及《马上双剑谱》。

（三）民间隐匿、域外存留的明代剑法

古代兵器研究专家周纬在《中国兵器史稿》中指出：“剑之为物，在中国社会之意识形态中，自古迄今，具有一种不可解说之潜势力，此中虽由古时传统迷信所推演，而古剑艺术之成就，固有其优点：如冶铸淬炼之精，合金技术之巧，外镀之精良，剑上天然花纹之铸造，均为艺术上之超越成就，其为中华民族所崇尚，自有其物质上之原因也。”〔1〕古代的剑带有神秘感，其剑法亦得到不断发展，但剑法逐渐隐匿失传，“古之言兵者必言剑，今不用于阵，以失其传也”〔2〕。从春秋战国时期至秦汉的数百年间，无论在剑的制作上还是剑法技法理论上，都是我国兵器史和武艺史上的鼎盛时期。汉代以后，剑逐渐退出了军旅之列而流入民间。随着城市经济繁荣、市民阶层娱乐的发展，宋代底层民间剑舞表演逐渐发达。“元时蒙古军短兵中剑斧之尖，故使剑道一度复兴。元亡之后，剑在军中鲜用，仍寄身民间发展。”〔3〕

明初，由于朱元璋主张文武兼备之举，很多文人喜书乐剑，文士多“好击剑”，如“郑定，字孟宣。好击剑，为友定记室……洪武末，累官至国子助教”“刘绘，字子素，一字少质，光州人……绘长身修髯，磊落负奇气。好击剑，力挽六石弓。举乡试

〔1〕周纬：《中国兵器史稿》，百花文艺出版社，2006，第67页。
〔2〕（明）茅元仪辑《武备志》，华世出版社，1984，第4136页。
〔3〕林伯原：《明代的击剑活动与古佚剑诀剑法的搜寻》，《体育文史》1993年第5期。

第一，登嘉靖十四年进士，授行人，改户科给事中”[1]。“张家玉，字元子，东莞人。崇祯十六年进士……家玉好击剑，任侠，多与草泽豪士游，故所至归附。”[2]“徐舫，字方舟，桐庐人。幼轻侠，好击剑、走马、蹴鞠。”[3]“刘宇亮，绵竹人。万历四十七年进士……宇亮短小精悍，善击剑。”[4]这些文献记载表明，剑法在明代民间还是相当盛行的，尤其是在文人中。但民间武术家精于剑法者并不多见，而且剑也已经不是军旅主要使用的兵器。故而何良臣提到“军中诸技，惟刀剑法少传，若能滚入，使长兵不及遮拦，便为熟矣”[5]。随后，其对当时的剑法进行了记载：“剑用则有术也，法有剑经，术有剑侠。故不可测，识者数十氏焉。惟卞庄之纷绞法，王聚之起落法，刘先主之顾应法，马明王之闪电法，马超之出手法，其五家之剑，庸或有传，此在学者悉心求之，自得其秘也。”郑若曾在《江南经略》卷八上《杂著·兵器总论》中提到“使剑之家有六”，除何良臣上面提到的五家外，还提到“边掣厚脊短身”一家。虽有文献记载了这些剑法名家，但史料中没有发现有关剑法的记载，仅有剑法名称存世，故推测剑法在民间流传不多，隐匿罕见。

明代记载的剑法剑谱有唐顺之在《武编前集》卷五《剑》中记载的十五句古佚剑诀，还有明晚期毕坤的《浑元剑经》。更为珍贵的古剑谱是茅元仪在《武备志》中收录的一篇剑谱，这篇剑

[1]（清）张廷玉等：《明史》，中华书局，2010，第5507页。
[2]（清）张廷玉等：《明史》，中华书局，2010，第7132～7133页。
[3]（清）张廷玉等：《明史》，中华书局，2010，第7625页。
[4]（清）张廷玉等：《明史》，中华书局，2010，第6536页。
[5]（明）何良臣：《阵纪注释》，陈秉才点注，军事科学出版社，1984，第108页。

谱是茅元仪从“有好事者得之朝鲜，其势法具备”[1]，有谱、有势、有图，十分难得，是了解明代古剑法的珍稀史料。

（四）蔚为大观、各臻妙际的明代诸家棍法

明代民间有关棍法的文献比较多，尤其是少林棍法，有棍法著作《少林棍法阐宗》问世。茅元仪在《武备志》中称赞“诸艺宗于棍，棍宗于少林，少林之说莫详于近世新都程宗猷之阐宗”[2]。从明代有关文献记载看，明代的棍法无论是流派数量，还是棍的种类，在武术发展史上都达到了高峰。

戚继光在《纪效新书》中记载有少林棍、青田棍、巴子拳棍。郑若曾在《江南经略》卷八上《杂著·兵器总论》中更是记载了棍法三十一家，主要为左少林、右少林、大巡海夜叉、小巡海夜叉（少林夜叉有前、中、后三堂：前堂为单手夜叉，中堂为阴手夜叉，后堂为夹枪带棒夜叉）、大火（少）林、小火（少）林、通虚孙张家棍、观音大闹南海神棍、梢子棍、连环棍、双头棍、阴手短棍（十二路）、雪棒、搜山棍、大八棍风磨、小八棍风磨、二郎棍、五郎棍、十八下狼牙棒、赵太祖腾蛇棒、安猴孙家棒、大六棒紧缠身、十八面埋伏紫薇山条子、左手条子、右手条子、边拦条子、雪搽柳条子、跨虎条子、滚手条子、贺屠钩杆、西山牛等硬单头。何良臣在《阵纪》中还提到杌杈棍（长一丈二尺，精者能入枪破刀）、俞大猷之棍、紫薇山棍、张家棍、赵太祖腾蛇棒、牛家棍、孙家棒。郑若曾在《筹海图编》中还提到河南棍、

〔1〕（明）茅元仪辑《武备志》，华世出版社，1984，第 3205 页。
〔2〕（明）茅元仪辑《武备志》，华世出版社，1984，第 3317 页。

安猴孙家棒（卞城、淮庆人多用之）[1]。

明代棍法种类繁多，对棍的称呼也不同，有的称为“棒”，有的称为“条子”。茅元仪在《武备志》中对棍的不同称谓做如下解释：“一名曰棍，南方语也；一名曰白棒，北方语也。”[2]“条子”是西北俗语，当今在甘肃一带仍然流行这种对棍的俗称。

明代棍法流派众多，形成了蔚为大观、各臻妙际的诸家棍法，出发点是认为棍法对学习其他武术器械有着重要作用，正如俞大猷在其棍法著作《剑经》中所指出：“用棍如读《四书》，钩、刀、枪、钯，如各习一经，《四书》既明，《六经》之理亦明矣。若能棍，则各利器之法从此得矣。”[3]正因为对棍法的重视，明代棍法不但流派众多，理论水平也很高。

（五）并世共存、竞相争雄的明代枪法

枪为军事武艺及民间武艺最重要的长兵器。茅元仪在《武备志》卷一百一十三《器械》中对枪的记载有“阵所实用者，莫枪若也”[4]的说法，历代军旅武将善用枪者代不乏人。明代民间更加重视枪法，“世人尊枪为艺中之王，盖亦以长技无逾于此”[5]。民间并世共存、竞相称雄的枪法文献记载的名目甚多，足见习枪之风之盛。郑若曾在《江南经略》中列举的“枪法十七家”为：杨家三十六路花枪（又分大闪干、小闪干、大六合、小

---

〔1〕（明）郑若曾：《筹海图编》，李致忠点校，中华书局，2007，第956页。
〔2〕（明）茅元仪辑《武备志》，华世出版社，1984，第3464页。
〔3〕（明）戚继光：《纪效新书》（十八卷本），曹文明、吕颖慧校释，中华书局，2001，第184页。
〔4〕（明）茅元仪辑《武备志》，华世出版社，1984，第4103页。
〔5〕（明）程宗猷：《少林枪法阐宗》，山西科学技术出版社，2006，第1页。

六合、穿心六合、推红六合、埋伏六合、边拦六合、大封臂、小封臂）、马家枪、金家枪、张飞神枪、五显神枪（花枪七十二式）、拐突枪、拐刃枪、锥枪、梭枪、槌枪、大宁笔枪、拒马枪、捣马突枪、峨眉枪、沙家十八下倒手杆子、紫金镖、地舌枪。何良臣在《阵纪》卷二《技用篇》中还记载有“六合枪法、马家长枪、沙家杆子、李家短枪”[1]，并对杨氏梨花枪极为推崇。杨氏梨花枪是明代著名的枪法，无论在军旅还是民间均有着极为广泛的流传。另外，还有“山东、河南各处教师相传的杨家枪法”[2]、河南少林寺的少林枪法等。明末精于枪法的江苏娄江人吴殳在《手臂录》中详细记述了石家枪（石敬岩传）、杨家枪、沙家枪、马家枪、少林枪、汉口枪（程冲斗）、峨眉枪，并对这些枪法之奥妙进行了详细论述，为明代枪法之大成。

枪法的盛行，也促进了民间枪法的交流，有关枪法的著述也留存后世，如戚继光的《纪效新书》、程真如的《峨眉枪法》、程宗猷的《长枪法选》等，都对明代著名枪法技术及理论进行详细了记载，其中戚继光的《纪效新书》基本上完整地保留了明代六合枪谱，弥足珍贵。明代民间枪法武术家也善于进行交流，如曾为少林僧的刘德长，被称为“枪之近祖”，出寺云游天下交流，方使得枪技特绝。石敬岩曾与少林洪记一同与刘德长交流较技，结果石敬岩败在刘德长手下，而后跟随他学习。曾跟随武术家石敬岩学习枪法的吴殳，也潜心研习击刺三十年之久，并经常与四方枪师交流，屡折四方枪师。程宗猷也曾慕名前往河南跟随李克

---

〔1〕（明）何良臣：《阵纪注释》，陈秉才点校，军事科学出版社，1984，第 102 ～ 103 页。
〔2〕（明）茅元仪辑《武备志》，华世出版社，1984，第 3258 页。

复学习枪法。

因此，明代枪法名目甚多，与民间枪法交流频繁不无关系。明代并世共存、竞相称雄的诸家枪法虽各有特点、自成一家，但枪法称雄的局面正是民间这种双向、良性交流所形成的，而绝非各成畛域、互不交流。

（六）琳琅满目、构造奇特的明代杂器械

明代除了刀、枪、剑、棍等常见、常规器械外，还有琳琅满目、构造奇特的诸多杂器械。这些杂器械在军旅及民间的广泛使用，显示了明代器械发展的繁荣。杂器械从另一个侧面表明，明代民间武术在器械方面向庞杂、多样性发展，这也与民间武术的特点相吻合。杂器械适应民间武术的个性化及多样性特点，且其制作主要体现在构造奇特上，技法使用亦是专门，超出常规，这些都与民间武术及游场较技、个体私斗相吻合。

郑若曾在《江南经略》卷八上《杂著·兵器总论》[1]中列举了杂器械十家：铁鞭、夹棒、单手燥铁链子、蒺藜算（蒜）头、金刚圈、镘掌铁尺、吕公拐子、刚（钢）叉、狼筅、镋。钯也是可以列入杂器械的。该著中记载钯法有五家：雄牛出阵钯、山间七埋伏钯、番王倒角钯、直行虎钯、稍拦跟进钯。另外，马上器械也可归入杂器械之列，有十六家：鞭、链、矿、槌、流星、锁虎口、马叉上带使流星鞭、双舞剑、双刀、马叉、天平铲、天方基、枪、关刀、斩马刀、月枪。茅元仪在《武备志》中还记载了一些杂器械，如铁鞭、连珠双铁鞭、铁简、蒺藜骨朵、蒜头骨朵、

〔1〕（明）郑若曾：《江南经略》，上海古籍出版社，2003，第427页。

铁链夹棒、双飞挝、飞钩、飞锤、镗钯、舄杷、扒、镋、大斧、铲、马叉等。杂器械的发展，展示了明代武术器械技术发展的多样化及逐渐细化。

明代之前，中原武术在与少数民族的战争中进行了交流，彼此影响。一些少数民族的器械被中原武术吸收，并加以创造。另外，随着明代民间武术的兴盛，民间一些工具也发展成为武术器械，如连枷棍、马叉等，因此明代杂器械较之前代丰富得多。在明代一些文献中也记载了一些善用杂器械者，“沈迅，亦莱阳人也。……迅家居，与弟迓设寨自卫，迓短小精悍，马上舞百斤铁锥”〔1〕，“黄得功，号虎山，开原卫人。……伏起出不意，上马举铁鞭，飞矢雨集”〔2〕。当时军中及民间都有使用杂兵器者，而民间尤多，明代杂兵器的发展对后世杂器械进一步向庞杂发展有极大的影响〔3〕，清代民间武术中杂器械的日趋繁荣正与明代杂器械的兴盛一脉相承。

四、武术功法发展

中华武术是一个整体系统，其运动形式除了套路、器械以外，还有功法。明代武术体系形成的标志除套路日趋成熟，拳种、器械及其流派成形外，作为武术一部分的功法在明代武术中也有所发展。明代武术功法主要体现在武术辅助功法和武术硬功方面。

---

〔1〕（清）张廷玉等：《明史》，中华书局，2010，第 6880 ～ 6881 页。
〔2〕（清）张廷玉等：《明史》，中华书局，2010，第 6901 ～ 6902 页。
〔3〕林伯源：《中国武术史》，北京体育大学出版社，1994，第 307 页。

（一）武术中训练拳法及器械的辅助功法

明代武术文献中已经有关于武术训练中拳术的辅助功法的记载。唐顺之在其《武编前集》卷五《拳》中有关于腿法的辅助功法："凡学腿，先虚学，踢开腿后依法练习。钻腿，虚学；踍（踹）腿，悬米袋或蒲团；学鎈腿，虚学，或用柱挂；蹴腿，虚学，或用（柱）挂；柱腿，用柱；学跟腿，虚踢，后用柱式；弹腿，用三尺长凳竖立，或用石墩在平地上学。……习弹腿便捷，用凳，以脚凳竖地上，弹腿踢去，取平行不倒为度。习弹腿力，用磉石，以踢远磉石为度。习踍腿、虚腿，用糠悬梁上，踍腿高踢去复还，以俱腰力为主度。习踍腿、实腿，用柱，以踍腿踢柱上，尽力为度。"[1]这是明代文献中较早的武术功法的记载。唐顺之精通武艺，其对拳、枪、剑、双刀、简、锤均有深入的研究，尤其对拳的研究。唐顺之对腿法练习中的弹腿进行了辅助功法的详细记载，包括运用米袋、蒲团、长凳、磉石、柱挂等辅助器材及手段，进行弹腿力量、速度、柔韧等练习，展示了明代武术辅助功法的多样化、针对性及实效性，表明明代民间武术辅助功法已经趋于成熟。

明代军事武艺中为了提高军士的作战体能、速度、力量及使用器械的准确性，在身体素质、力量及兵器训练中也有一套成熟的辅助功法。如戚继光在《纪效新书》（十八卷本）卷六《比较武艺赏罚篇》[2]中就有关于军士练手之力（凡兵平时使用器械，轻重分量当重交锋所用之器。重者既熟，则临阵用轻者，自然手捷，

---

〔1〕（明）唐顺之：《武编前集》，载《中国兵书集成》（13-14 册），解放军出版社、辽沈书社，1989，第 786 ～ 787 页。

〔2〕（明）戚继光：《纪效新书》（十八卷本），曹文明、吕颖慧校释，中华书局，2001，第 93 页。

不为器所欺矣）、练足之力（凡平时，各兵须学趋跑，一气跑得一里不气喘才好。如古人足裹以沙，渐渐加之，临敌去沙，自然轻便）、练身之力（凡平时习战，人必重甲，荷以重物，勉强加之，庶临敌身轻，进退自速）诸法。戚继光指出士兵练习手足之力对掌握器械的重要性："手足便捷，系于器械轻利。古法云：'器械不利，以卒予敌。'手无搏杀之方，徒驱之以刑，是鱼肉士卒也。"〔1〕戚继光在训练军士枪法中，亦有关于提高枪法准确性的辅助功法："复以二十步内立木把一面，高五尺，阔八寸，上分目、喉、心、腰、足五孔，各安一寸木毬在内。每人持枪二十步外，听擂鼓，擎枪作势，飞身向前，戳去孔内圆木，悬于枪尖上。如此遍五孔，止。"〔2〕训练圆牌时，"习时，二人一排，务要遮得身过为妙。先于界河插棍四枝，粗五分，高可二尺以上者，约与二人阔狭相等，听各人使牌上前，专砍树枝，砍空者以下等行罚，此即马腿也"。训练腰刀时，"预备长短棍二根：一根长七尺，一根长三尺五寸。短棍在前，长根在后，相去二尺。马军各驰马，步军各趋跑向棍来。马军用分鬃箭射长棍三矢，驰上先砍短棍一刀，如马头；次砍长棍顶头一刀，如虏人。步军长刀俱听令。如原习倭刀，进法：向前低头，下砍短棍跟一刀，如马腿；转身上砍长棍一刀，如马头。中式者赏，违式者登薄"。训练刀棍时，"亦照前备二项木棍，听擂鼓，骑马飞驰，向短棍戳一下，即戳马眼、马腹也；次将长棍戳一下，即戳贼喉面也。先将锋炭

〔1〕（明）戚继光：《纪效新书》（十四卷本），范中义校释，中华书局，2001，第 47 页。
〔2〕（明）戚继光：《纪效新书》（十八卷本），曹文明、吕颖慧校释，中华书局，2001，第 94 页。

染黑，或以灰刷白，中者为上”[1]。这种军事武艺中训练军士枪、刀、棍、牌等技法的辅助功法，流入民间后也成为民间武艺辅助功法的一部分。

（二）裂石开碑、卷铁舒钩的硬功

“练习武术，于拳脚器械之外，更须注重软硬功夫。盖拳械为应用之动作，而功夫为拳械之根本，故技击家精拳械外，而善功夫，如说部中某人善铁砂掌，某人精金钟罩者是也。”[2]中华武术中的硬功作为一种功法，在明代武术文献中已经有所记载。

作为武术功法的硬功，以手上的硬功展示出其击打强度最为引人注目，如手上硬功功法外显时，可以裂石开碑。明代内家拳宗师张松溪晚年隐居宁波时，在城外遭遇少年围堵，曾将三块大石叠放一起，举左掌一切而断，展示了内家拳精湛的手上硬功。

武术硬功功法的内涵极为丰富，以手的力量折弯金属器物，就是一种常见的硬功能力，古代术语称为“卷铁舒钩”。明代著名游侠髯参军，就以这种手上硬功称雄于武林。徐瑶的《髯参军传》中曾记载，他与对手角艺，“弄其铁扁拐，屈之成环”[3]，对方拱手认输。髯参军还曾“竖二指，中开一寸，以绳绕一匝，数健儿迸力曳两头，倔强如铁，不能动半分”[4]。李渔的《秦淮健儿传》中记载，明嘉靖年间，有秦淮健儿曾为一方霸主，然而遇到一后生对手，取其刀，“以两手一折，刀曲如钩，复以两

〔1〕（明）戚继光：《练兵实纪》，邱心田校释，中华书局，2001，第 96 ～ 98 页。
〔2〕无谷、姚远编《少林寺资料集续编》，书目文献出版社，1984，第 482 页。
〔3〕（清）张潮：《虞初新志》，文学古籍刊行社，1954，第 232 页。
〔4〕（清）张潮：《虞初新志》，文学古籍刊行社，1954，第 233 页。

手伸之，刀直如故”[1]。此外，防身硬功出现了“铁布衫”，又名“金钟罩”，当然，这仅仅是硬功中的一门流派。据《蚓庵琐语》中记载：“明刘大将军绥门客名铁布衫者，有异术，与人角戏，其身挺立不动，加之矢石拳棍，略无所伤。予友传一法，亦名铁布衫，又名金钟罩，试，果如龙如所述同。时里人徐姓者亦受是术，偕数人饮娼馆，潜与友约佯醉角力，友持斧砍徐，略无所伤。娼惊骇成疾。徐后自恃术作逆，剽劫闾里，为士兵所杀，术竟不灵。……盖铁布衫者，乃法名，非人名也。”防身硬功具有较强的抗击打能力，但绝非刀枪不入之术；尤其是以兵刃加于体肤时，一般要事先运气，意念所到，可以喉顶枪尖，腹按刀刃。如果内气与外力配合不一，必然有所损伤，就是“铁布衫”的妙功，并不能达到完全无失的境界[2]。

第七节　武术典籍文献

一、与武术有关的民间著述

明代武术体系的一个重要特征是民间武术流派的形成，这些流派各有师承，并具有各自的技术特征，涌现出各具代表的武术家，他们或专擅一技，或兼学各家，其技艺已达臻境，出神入化，有的还为后世留有珍贵的武学著作。

---

〔1〕（清）张潮：《虞初新志》，文学古籍刊行社，1954，第71页。
〔2〕王赛时：《裂石开碑，卷铁舒钩——中国古代硬功趣谈》，《中华武术》1992年第7期。

（一）程宗猷与《耕余剩技》

程宗猷（1561—？），字冲斗，明徽州休宁（今安徽休宁）人，明后期武术家。他少时立志习武，四处拜师学艺，曾先后到河南嵩山少林寺跟随少林僧洪纪、洪转、宗相、宗岱学习少林棍法十余年，并随广按云游多年。程宗猷不仅精通少林棍法，还精于长枪、单刀、弩法。其枪法学自河南李克复；刀法学自浙江刘云峰，得倭刀真传；弩法为游寿春时得穴中古铜弩机而创制，所造之弩腰、肘均可携带，使用方便、快捷[1]。

明天启二年（1622），程宗猷受天津巡抚李辟邀请，率本族弟侄八十人赴军门，以自创弩及刀、枪诸法训练士卒。晚年在家乡传授武术，传人甚多，乡里无剽劫之警，四乡百姓得以安居乐业，正如县令侯安国在《耕余剩技》序中言："宗猷所带弟子兵，虽仅八十人，可当数千之用。"[2]程宗猷不仅精通武艺，而且著作颇丰，有《少林棍法阐宗》《单刀法选》《长枪法选》《蹶张心法》，后合编为《耕余剩技》，于天启元年（1621）刊出，崇祯二年（1629）又撰《射史》八卷。

《少林棍法阐宗》是程宗猷最重要的著作，共三卷，为万历四十二年（1614）所著。上卷有纪略、总论、名棍源流、小夜叉一路、小夜叉二路、五路棍谱、阴手棍谱、破棍谱六路、又破棍谱三路及棍图；中卷为棍式一图、枪式三图、五十五幅棍图及五十二首棍势歌诀；下卷为问答篇，论述棍法理论及其练法、用法。

---

〔1〕（明）程宗猷：《耕余剩技》，载《少林棍法阐宗》，吴兴周氏言言斋影印明刻本，1929，前言。

〔2〕（明）程宗猷：《耕余剩技》，吴兴周氏言言斋影印明刻本，1929，序。

《单刀法选》不分卷，所载刀法为程宗猷从刘云峰习得。由于当时跟刘云峰所学刀法“有势有法而无名”，所以程宗猷将刀法“依势取像，拟其名，使习者易于记忆”，并配图加以详注。该谱有单刀势三十五图，绘有刀法运行路线图，为现存最早的图、谱兼备的刀谱。该谱记载的刀法有劈、砍、撩、拦、推、削、格等，尤其强调“唯以身法为要”，刀法必须配合身法。该谱所载的单刀一般，刀把较长，多用双手持握，为“日本刀法”，但经程宗猷加入个人多年的研习习得，已经融入了中国刀法风格[1]。

《长枪法选》所载枪法为杨氏六合枪。戚继光在《纪效新书》中说，“夫长枪之法，始于杨氏，谓之曰‘梨花’，天下咸尚之，其妙在乎熟之而已”[2]，程宗猷师从李克复习得此枪法。该著作主要有：“长枪说”“六合原论并注”“散劄拨萃二十六条”“长枪式说”“长枪式”“长枪图十八势并说”几个部分，亦是图、谱并茂[3]。

《蹶张心法》所载为弩法。弩是一种用机械发射的弓，力强、射程远，其中用脚踏开的弩称为蹶张。程宗猷曾在游安徽寿春时，买下当地人在穴中发现的一具铜机，他经过精心研究，将其改制为可以脚踏、腰引、肘悬之弩，携带方便，并可与枪、刀等配合使用。书中详细记载了各种弩的用材、制作及使用之法，图文并茂[4]。

---

〔1〕（明）程宗猷：《少林刀法阐宗》，山西科学技术出版社，2006，第 3 ～ 4 页。
〔2〕（明）戚继光：《纪效新书》（十八卷本），曹文明、吕颖慧校释，中华书局，2001，第 158 页。
〔3〕（明）程宗猷：《少林枪法阐宗》，山西科学技术出版社，2006，第 1 页。
〔4〕（明）程宗猷：《少林弩法阐宗》，山西科学技术出版社，2006，第 3 页。

（二）程子颐与《武备要略》

程子颐，字涵初，生卒年不详，安徽人，约生活在明晚期，出身安徽休宁当地望族，民间武术家程宗猷的侄子。程宗猷在《少林棍法阐宗》中说："余叔祖武学生云水、侄君信、太学生涵初，昔曾同学少林棍法，……"表明程子颐曾跟随程宗猷一同前往少林寺学习少林武术。太学生是指在明代国子监读书的生员，是明代最高级别的生员。程子颐被程宗猷称为"太学生"，表明程子颐曾为在国子监读书的生员。由于程家是当地望族，在程宗猷之前多致力文科，程子颐能进入国子监读书也是情理之中，可见其文化修养较高。这一点也可以从县令侯安国为其书《武备要略》所作的序中看出："出其《武备要略》示余，余开卷览之，其法玄论卓，较之《耕余剩技》删补更精，武备之绝伦矣！"[1]可见程子颐是一位具有很高文化修养的习武之人，可谓文武全才。可惜当前对其生平知之甚少，尚有待进一步挖掘。

《武备要略》于明崇祯年间成书，从《武备要略》的序可以推测，大约成书于明崇祯五年（1632），该序为"崇祯壬申岁仲冬望日安成李邦华懋明父题"。

《武备要略》共十四卷，其中涉及武术的有卷四、卷八至卷十二。主要内容有：卷四的《步骑射法图说》，卷八的《鞭法图说》《大刀图说》《画戟图说》《峨眉铲图说》《狼牙棍图说》《长柄斧图说》《天蓬铲图说》《狼筅图说》《滚牌图说》《长拳图说》，卷九的《蹶张弩说》，卷十的《单刀说》，卷十一的《长枪说》，卷十二的《少林棍法图说》。程子颐在每卷的开始

〔1〕（明）程子颐：《武备要略》，北京出版社，1997，第 8 页。

对器械的制作、用法先进行论述，后绘势图及做文字说明，卷末将势图绘成套路动作路线图，基本同当今器械动作路线图相近，这为研究明代武术器械套路及其动作路线提供了可靠、详尽的资料。其中，卷十至卷十二的《单刀图说》《长枪图说》《少林棍图说》与程宗猷的《耕余剩技》相近，略有删节，应为抄录了程宗猷的《单刀法选》《长枪法选》《少林棍法阐宗》，在每卷的开始均有"新都程冲斗宗猷撰，侄涵初子颐较（辑）"字样。其中，《蹶张心法》中有"安成李邦华懋明父定，新安程子颐涵初著"，表明此篇为程子颐本人撰写。

程子颐所著《武备要略》共十四卷，其中一些器械用法是其个人习武心得，较为少见，如鞭法、大刀、画戟、峨眉铲、狼牙棍、天蓬叉等。其中一些器械技法是程子颐根据自己多年习练器械将技术移植到其他器械上形成的，如鞭法为"夫鞭之用，莫究其所自，而敬德之鞭，亦不见于史传。予少时甚慕焉，遍访不得其传，一日习单刀于冲斗公，得其法，则知刀与鞭大同小异也"[1]。狼牙棍法为"夫狼牙棍，只传其名，而未见有用者。余昔曾制此器，头长二尺四寸，靶长四尺，共有六尺四寸。用法类大刀阴手棍"[2]。画戟法为"夫画戟，海内罕见其用，间有用者，法未尽善。余思之，不若以少林棍法参用之为妙。盖画戟之器，有旁枝，便于勾推，与钩镰枪同类，短枪似不及矣。其用法以单手扎，有拿，有捉，有四平、跨剑、骑马、披身、悬脚梁戟、通袖、穿袖、韩信磨旗、吕布倒拖戟、定膝诸势，一如棍法用，乃能尽善。以与

〔1〕（明）程子颐：《武备要略》，北京出版社，1997，第 260 页。
〔2〕（明）程子颐：《武备要略》，北京出版社，1997，第 278 页。

他艺试，与棍法上大同小异耳”[1]。从文献分析，程子颐不仅熟练掌握了刀、枪、剑、棍等器械，还在器械研制上下了不少功夫，应该说对某些器械制作及技法进行了创新。其书中所载的鞭、狼牙棍、大刀、画戟诸技法为明代其他文献所罕见。

（三）《易筋经》

关于《易筋经》的作者有两种说法：一为少林僧达摩，一为明代天启年间天台紫凝道人宗衡。对于达摩为《易筋经》的作者，著名武术史学者唐豪及徐哲东已分别进行过论证，唐豪在《少林武当考》中有“达摩与《易筋经》”[2]及《行健斋随笔》中的“易筋洗髓经牛李二序之伪”[3]、徐哲东在《国技论略》中“辨伪第三”之“易筋经洗髓经不出于达摩”[4]等专篇中，已就达摩为《易筋经》作者之伪进行了论证。另外，《易筋经》作者为明代天启四年（1624）天台紫凝道人宗衡，是唐豪在《旧中国体育史上附会的达摩》一文中提出的[5]。

《易筋经》自明代问世后是以抄本形式出现的[6][7]，至清嘉庆十年（1805），开始有祝文澜刊本；道光年间又先后有傅金铨、来章氏、宋光柞等人的辑本问世；清咸丰八年（1858），

---

〔1〕（明）程子颐：《武备要略》，北京出版社，1997，第 271 页。
〔2〕唐豪：《少林武当考》，山西科学技术出版社，2008，第 35 ～ 54 页。
〔3〕唐豪：《行健斋随笔》，山西科学技术出版社，2008，第 36 ～ 38 页。
〔4〕徐哲东：《国技论略》，山西科学技术出版社，2003，第 13 ～ 17 页。
〔5〕中华人民共和国体育运动委员会运动技术委员会编《中国体育史参考资料》（第四辑），人民体育出版社，1958，第 23 ～ 31 页。
〔6〕周伟良、张全海主编，刘康毅副主编《清代易筋经珍本汇辑》(一)，逸文武术文化有限公司，2016，第 19 ～ 23 页。
〔7〕有学者研究认为，至今尚未发现有清代之前的《易筋经》文本，据推断，《易筋经》成书时间上限为明中晚期，下限为顺治辛丑和康熙己酉。

潘霨编辑《卫生要术》，收录了来章氏辑本中的《易筋经》十二势图；光绪八年（1882），王祖源出版《内功图说》；自《卫生要术》《内功图说》二书出版后，《易筋经》流传渐广。光绪二十一年（1895），周述官编辑《增演易筋洗髓内功图说》，将《易筋经》《洗髓经》《内功图说》汇集成一册。

《易筋经》还有《易筋经义》等其他名称，其中内容亦有所变化。目前经学者[1]考证所知较好的版本有：西谛本《易筋经义》[2]、述古堂本《易筋经》、浙图本《易筋经》、来章氏本《易筋经》。

《易筋经》不同版本内容略有不同，有的分上、下卷，有的不分卷。以西谛本《易筋经义》为例，包括以下内容。上卷：易筋总论，膜论，内壮论，揉法，日精月华，服药法，内壮丸药方，烫洗药水方，初月行功法，二月行功法，三月行功法，四月行功法，行功轻重，用功浅深，两肋分内外功夫。下卷：木杵、木槌式，石袋式，五、六、七、八月行功法，九、十、十一、十二月行功法，阴阳配合论，下部行功法，行功禁忌，下部洗药功，内壮神勇，炼手余功，外壮神勇八段锦，神勇余功。

从《易筋经》中所记载的内容看，与武术有关的书籍主要涉及以下方面：①武术内功修炼方法，如易筋总论、膜论、内壮论、日精月华等篇，主要论述通过配合呼吸、调理内外，达到修内壮外之功效；②排打功，如揉法、初月行功法，二月行功法，木杵、

---

〔1〕周伟良：《〈易筋经〉四珍本校释》，人民体育出版社，2011，第13页。

〔2〕国家图书馆古籍部藏，郑振铎捐献，据周伟良教授研究推断该抄本年代至少是明末，并认为是目前所见《易筋经》文本中最早的本子，但最新研究是：至今尚未发现有清代之前的《易筋经》文本。

木槌式等篇，主要通过按摩，运用木杵、木槌进行全身排打，以使筋膜逐渐坚壮；③锻炼掌、臂、指等硬功，如内壮神勇、炼手余功等篇，主要通过石袋排打掌、臂，运用手指插豆等方法，以增加掌、臂、指的硬度。

二、与武术有关的军事著作

明代涌现出了多位精通武术的军事家，并为后世留下了多部具有重要史料价值的军事著作，如戚继光的《纪效新书》、俞大猷的《续武经总要》、唐顺之的《武编》等，这些军事著作中记录了许多珍贵的武术资料。兵家言武术，即军事家谈武术，是明代武术史一大特色。

通过对明代武术古籍文献的梳理及对武术流派的考析辨流，窥探武术在明代的大体概貌，尤其是武术在成熟时期的拳种、器械、功法等完备体系，对认识武术从明代至今的演进有重要的学术价值与现实意义。

（一）郑若曾与《江南经略》

郑若曾（1503—1570），字伯鲁，号开阳，江苏昆山人，少师从魏校，后从学于明代哲学家王守仁，经常与归有光、唐顺之、茅坤等学者切磋。明嘉靖十五年（1536），以贡生入京进国子监。东南倭患时，应聘充任胡宗宪的幕僚。著作有《江南经略》《筹海图编》。《江南经略》在清乾隆时被收录入《四库全书》。

《江南经略》共八卷，每卷又分上、下二子卷，是专为防御倭寇侵入长江而作，为首部海防研究专著。《江南经略》初刻于明隆庆二年（1568），明万历四十二年（1614）据隆庆本重刻。有关武术的内容主要记录在《江南经略》卷八上《杂著·兵器总论》中，记述了当时使枪之家十七、使刀之家十五、使剑之家凡六、使弓弩之家十四、使棍之家三十一、使杂器械十家、使钯之家凡五、使马上器械十六家、使拳之家凡十一。郑若曾长期生活在江南，故而《江南经略》中所记载的拳械多为南方武术流派所使用的。

（二）俞大猷与《续武经总要》

《续武经总要》为俞大猷与其师赵本学合著，共八卷，其中前七卷为赵本学撰写，卷八为俞大猷撰写。初刻于明嘉靖三十六年（1557），重刻于万历四十二年，流传不广。该著作分三部分：一为《韬钤内篇》（卷一至卷四），辑录并考证、解说古代“圣王贤将”之阵法；二为《韬钤外篇》（卷五至卷七），辑录了“汉唐以后文士俗儒所演”的阵法，并进行了详细辩驳；三为《韬钤续篇》（卷八），主要记载了俞大猷的《剑经》《射法》，其中《剑经》备受后世武学者珍视，具有深远的影响。

《剑经》是一本专论棍法的专著，从理论高度对明代棍法进行了总结与阐述。《剑经》被全文收录在《纪效新书》中的《长兵短用说篇》，戚继光称其为“千古奇秘，非欺人也”〔1〕。《剑经》在明代有单行本，俞大猷个人文集《正气堂集》卷四亦有收录，《明史·艺文志》中也记载了《剑经》〔2〕。

---

〔1〕（明）戚继光：《纪效新书》，马明达点校，人民体育出版社，1988，第295页。
〔2〕（清）张廷玉等：《明史》，中华书局，2010，第2437页。

《剑经》以棍的技法论述，一技一节，一法一论，条文各自独立，首先指出，如能使好棍，其他如钩、刀、钯、枪等器械都可以从棍法中领悟。《剑经》主要论述棍法，除钯法十二条外，其余皆是棍法[1]，假设棍对棍、棍对刀、棍对枪、棍对钩、钯对刀等各种兵器相互破解之法，以及棍的基本理论、基本技法、步法、进攻、防守等。戚继光还为《剑经》增加了十四势图：偏身中拦势、大当势、大剪势、仙人捧盘势、大吊势、齐眉杀势、滴水势、直符送书势、走马回头势、上剃势、倒头势、下穿势、闪腰剪势、下接势。

（三）唐顺之与《武编》

唐顺之（1507—1560），字应德，号荆川，人称荆川先生，江苏常州人，明嘉靖八年（1529）会试第一。唐顺之学识渊博、无所不窥，“自天文、乐律、地理、兵法、弧矢、勾股、壬奇、禽乙，莫不究极原委”[2]。他曾以郎中身份督兵浙江，与胡宗宪共同抗倭，率兵泛海屡破倭寇，因功官至右佥都御使，代凤阳巡抚，去世后追谥襄文。唐顺之精通武艺，曾向抗倭名将戚继光讲解枪法，其技当场令人叹服，“巡抚荆川唐公于西兴江楼自持枪教余，……余又问曰：‘如此一圈，其工何如？’荆翁曰：‘工夫十年矣。’……皆叹服”[3]。著作有《武编》《荆川稗编》《荆川集》，其中《武编》《荆川集》被收入《四库全书》。

---

〔1〕唐豪：《中国武艺图籍考》，山西科学技术出版社，2008，第119页。
〔2〕（清）张廷玉等：《明史》，中华书局，2010，第5424页。
〔3〕（明）戚继光：《纪效新书》（十八卷本），曹文明、吕颖慧校释，中华书局，2001，第165～166页。

《武编》分为前集、后集，各六卷，共十二卷，分一百八十七门。前集六卷，分五十四门，主要阐述将、士、制、练、令等五十四个有关军事理论及战略战术的问题，并引征古代兵法及前人的理论论述；后集六卷，分一百三十三门，将明代以前的战争事例分成料敌、抚士、信、勇、严、赏等九十七个问题。

《武编》中有关武术内容在前集卷五，分别记述牌、火器、射、弓、弩、甲、拳、枪、剑、刀、简、锤、扒等器械，其中所记载拳、枪、剑、刀尤为珍贵，并记载明代温家拳拳谱，“温家拳则钺所专习，家有谱”〔1〕。《武编》成书要早于《纪效新书》，出版却比较晚。

（四）戚继光与《纪效新书》

戚继光在明嘉靖二十三年（1544）袭祖职任登州卫指挥佥事〔2〕，嘉靖三十二年（1553）进署都指挥佥事，负责山东备倭，嘉靖三十四年（1555）调任浙江都司佥书。嘉靖三十八年（1559）到义乌募兵，并对募集到的四千多名矿工及农民进行训练，发明“狼牙筅”，创制“鸳鸯阵”，将训练士兵的条款汇集成册，于嘉靖三十九年（1560）著成《纪效新书》。戚继光从嘉靖三十四年（1555）至嘉靖四十五年（1566）在东南沿海抗倭10余年，战线从浙江到福建、从福建至广东，为平息东南倭患立下不朽功

〔1〕马力：《中国古典武学秘籍录》（上卷），人民体育出版社，2006，第3页。

〔2〕明代军官的袭职要经过各级的武艺考核，合格后方可承袭，首先卫所对承袭军官培训，以使其“素习弓马”，并进行袭职前弓马是否娴熟的考试后才开具文书。袭职人持文书进京到都督府验明文件并进行武艺比试，主要比试骑马越墙、射箭及骑马使枪两人对刺。比试合格后，兵部武选清吏司发给袭职证明方可回卫所报到任职。戚继光袭职时不满16周岁。

勋，同时建立了攻无不克、战无不胜、令倭寇望风即溃的“戚家军”。隆庆元年（1567）调往北京，镇守蓟镇，并着手练兵，将练兵制定的具体条款汇集为《练兵实纪》一书，其中正文九卷成书于隆庆五年（1571），杂集六卷成于万历初年[1]。戚继光在北方镇守蓟镇16年间，“边备修饬，蓟门宴然。继之者踵其成法，数十年得无事”[2]，明代朝廷无虏犯京师之忧，蒙古骑兵未曾踏入长城以内一步。万历十一年（1583），戚继光因受内阁首辅、大学士张居正逝世牵连，被谪调广东。在广东期间，戚继光一边整饬兵备一边整理著作，万历十二年（1584），在十八卷本《纪效新书》与《练兵实纪》的基础上，整理出十四卷本《纪效新书》。万历十五年（1587），戚继光在山东蓬莱逝世，终年60岁。清乾隆年间编纂的《四库全书》仅收录兵书二十部，其中戚继光就占了两部——《纪效新书》（十八卷本）与《练兵实纪》，由此可见戚继光在中国古代军事领域举足轻重的地位。

《纪效新书》是戚继光撰写的一部兵书，其中收录有不少古代武术内容，为后世保留了明代许多珍贵的武术资料。关于《纪效新书》书名的来历，戚继光在《纪效新书》自序中有所交代：“客为题曰《纪效新书》。夫曰‘纪效’，明非口耳空言；曰‘新书’，所以明其出于法而不泥于法，合时措之宜也。”[3]《纪效新书》有十八卷本与十四卷本两种，其中十八卷本中有《拳经捷要篇》，而十四卷本却删除了此篇，增加了十八卷本中所无的《辛酉刀

[1] 王兆春：《中国历代兵书》，中国国际广播出版社，2010，第121页。
[2]（清）张廷玉等：《明史》，中华书局，2010，第5616页。
[3]（明）戚继光：《纪效新书》（十八卷本），曹文明、吕颖慧校释，中华书局，2001，第2页。

法》。因此，两种卷本各有千秋。

《纪效新书》最初成书于明嘉靖三十九年（1560），原为十八卷，后又删减为十四卷，这可以在十八卷本中卷十四的《拳经捷要篇》题解中看到，“此艺不甚预于兵，……于是以此为诸篇之末第十四”[1]。十八卷本中的武艺内容主要集中在卷十《长兵短用说篇》、卷十一《藤牌总说篇》、卷十二《短兵长用说篇》、卷十三《射法篇》及卷十四《拳经捷要篇》，尤以《拳经捷要篇》中“择其拳之善者三十二势”，图文并茂，是研究明代武术的珍贵史料，历来受到武术家们的推崇，对后世武术影响深远。有学者指出，明末清初河南温县陈王廷即吸收了戚继光“择其善者”所创编三十二势长拳中的二十九势，创造了陈式太极拳。十四卷本中的武艺内容主要集中在卷三至卷五的《手足篇》，其中有卷三的《长兵短用解》，卷四的《短兵长用解》《藤牌解》《腰刀解》《长刀解》《镋钯解》《狼筅解》《长枪解》，卷五的《大棒解》，主要论述了刀、枪、牌、钯、射的训练之法。《纪效新书》对刀、枪、棍棒及狼筅等冷兵器的制作及使用方法均有详细论述，并提出“长兵短用”“短兵长用”之法以及各种冷兵器的搭配使用，使得各种冷兵器长可护短、短以卫长，充分发挥长、短兵器配合的威力。戚继光创造的“鸳鸯阵”，就是各种冷兵器配合使用并可以因敌变化的御倭奇阵。

---

〔1〕（明）戚继光：《纪效新书》（十八卷本），曹文明、吕颖慧校释，中华书局，2001，第227页。

（五）何良臣与《阵纪》

何良臣，字际明，号惟圣，浙江余姚人，生卒年不详。据《阵纪》中的“序”“跋”及所述内容推测，何良臣大约生活在明代正德至万历年间。何良臣早年“擅辞赋，以其余谈将略，壮诗人气”〔1〕，以诗文著称，明嘉靖年间投笔从戎，作为幕僚参与训饬府兵，立过战功，官至蓟镇游击将军。《四库全书总目》中这样评价何良臣及其《阵纪》：“明之中叶，武备废弛，疆圉有警，大抵鸠乌合以赴敌，十出九败。故良臣所述，切切以选练为先，其所列机要，亦多中原野战之说。”何良臣除著有《阵纪》外，另有《军权》及《利器图考》〔2〕。

《阵纪》主要有明万历十九年（1591）刻本、清嘉庆二十二年（1817）《墨海金壶》丛书本、清道光《珠丛别录》丛书本、清道光二十六年（1846）《惜阴轩》丛书本〔3〕等，其中以《惜阴轩》本较好。

《阵纪》共四卷，分二十二类，共六十六篇，近五万字。卷一有募选二篇、束伍四篇、教练三篇、致用二篇、赏罚四篇、节制三篇，共十八篇；卷二有齐正虚实四篇、众寡三篇、率然二篇、技用十五篇，共二十四篇；卷三有阵宜三篇、战令五篇、战机三篇，共十一篇；卷四有摧陷一篇、因势二篇、车战一篇、骑战一篇、步战一篇、水战三篇、火战一篇、夜战一篇、山林泽谷之战一篇、风雨雪雾之战一篇，共十三篇。

---

〔1〕（明）何良臣：《阵纪注释》，陈秉才点注，军事科学出版社，1984，第246页。
〔2〕《利器图考》一书仅在何良臣著《阵纪》卷二《技用篇》中提及：“以下器具矩式制法用法，别载《利器图考》。”《利器图考》未见有传世之本，故而无法得见该书所载详细内容。
〔3〕（明）何良臣：《阵纪注释》，陈秉才点注，军事科学出版社，1984，第13页。

《阵纪》中有关武艺内容的有“束伍”“教练”“技用”篇，其中以“技用”篇中涉及武术内容最为集中。“技用”中记载有明代流行的拳术及名家，如宋太祖之三十六势长拳、六步拳、猴拳、囮拳、温家之七十二行拳、三十六合锁、二十四弃探马、八闪番、十二短，当时拳术名家有吕红之八下、绵张之短打、李半天及曹聋子之腿、王鹰爪及唐养活之拿、张伯敬之肘、千跌张之跌以及童炎甫、刘邦协、李良钦、林琰等。记载的武术器械：棍有朳杈棍、少林棍、紫薇山棍、张家棍、青田棍、赵太祖腾蛇棍、贺屠钩杆、西山牛家棍等；枪有六合枪、马家长枪、沙家杆子、李家短枪、杨氏梨花枪等及枪的制作、习练方法；另外还记载了狼筅、藤牌、刀以及杂兵器。《阵纪》中涉及的拳种及当时武术名家之技，可与《纪效新书》等明代其他文献相互印证，为人们了解明代的武术发展及体系提供了宝贵的文献史料。

（六）茅元仪与《武备志》

茅元仪（1594—1640），字止生，号石民，又号东海书生、东海波臣，明代湖州府归安县（今浙江湖州）人。茅元仪出身于书香门第，其祖父茅坤为文学家，其父茅国缙官至工部郎中。茅元仪自幼勤奋好学，喜好谈兵，通古今用兵方略，文武全才，时人称:“年少出西吴，名成北阙闻，下帷称学者，上马即将军。”[1]茅元仪汇集历代兵书两千多本，耗时十五年辑成中国大型军事类书《武备志》。《武备志》是中国古代卷帙最多、门类最齐全的军事百科全书，于明天启元年（1621）刻印。崇祯二年（1629）

〔1〕王兆春：《中国历代兵书》，中国国际广播出版社，2010，第140页。

冬，后金骑兵直逼北京，茅元仪击退后金军解了北京之围，因功升任副总兵。

《武备志》由兵诀评、战略考、阵练制、军资乘、占度载五部分组成，共二百四十卷，二百多万字，附图七百三十八幅。其中兵诀评十八卷，战略考三十三卷，阵练制四十一卷，军资乘五十五卷，占度载九十三卷[1]。阵练制教艺部分，从卷八十四至卷九十二共九卷涉及武术内容，有弓、弩、剑、刀、枪、镋钯、牌、狼筅、棍、拳、比较诸艺。茅元仪认为应该习练的武艺包括：长兵有弓和弩两种，短兵有剑、刀、枪、镋钯、牌、狼筅六种，棍作为习练手足的短兵器之本，拳虽战阵不可用但习身手，并可以作为比较之法。《武备志》中所涉及武术内容多辑录自其他文献，如弓辑自《武经总要》《虎钤经》《事林广记》《步射总法》《马射总法》《射疏》《黑鞑事略》《纪效新书》《筹海图编》等；弩录自《太白阴经》《武经总要》《教弩诀法》《蹶张心法》等；枪、狼筅、拳、比较武艺、镋钯皆出自《纪效新书》，茅元仪为镋钯增加了七势并配上了图；剑法辑自《剑诀歌》《朝鲜势法》；刀法辑自日本隐流刀法六势、戚继光改进倭刀法十六势；棍法取自《少林棍法阐宗》[2]。

《武备志》的价值主要在于辑录了许多明代及之前的与武术有关的珍贵文献资料，如中国流往朝鲜的剑法，图文并茂，具有较高参考价值。同时，《武备志》中还提供了许多寻觅明代武术珍贵资料的线索。

---

〔1〕（明）茅元仪：《武备志》，华世出版社，1984。

〔2〕唐豪：《中国武艺图籍考》，山西科学技术出版社，2008，第 27 页。

第八节　中、日、朝武技交流

中、日、朝三国文化自古以来素有交流，且文化交流广泛。明代时，我国与东亚邻国日、朝文化交流中的刀剑、拳法等武艺尤其值得当今武术文化交流史关注。我国与日本为一衣带水之邻邦，中、日武术交流在明代达到了一个高峰。这一时期日本刀及其刀法传入我国，并为我国武术家所借鉴、改良；我国拳法传入日本，并对柔道等日本武艺产生了重要影响。朝鲜则在中、日武术交流中起着重要的桥梁作用，朝鲜文献《武艺图谱通志》也为我国明代武术保存下了一些珍贵的古典文献资料。

一、中、日武术交流

（一）日本刀与日本刀法

明代军队中配备的短兵器有腰刀（图 3–2），早在明洪武年间已经出现。戚继光在《纪效新书》（十八卷本）中将腰刀作为军阵必备武器。他特别指出，作战时，腰刀须与藤牌配合使用。戚继光还在书中绘有藤牌式“懒扎衣势”“斜行势”等八势。这时期的腰刀刀柄较短，一般为单手持握使用。

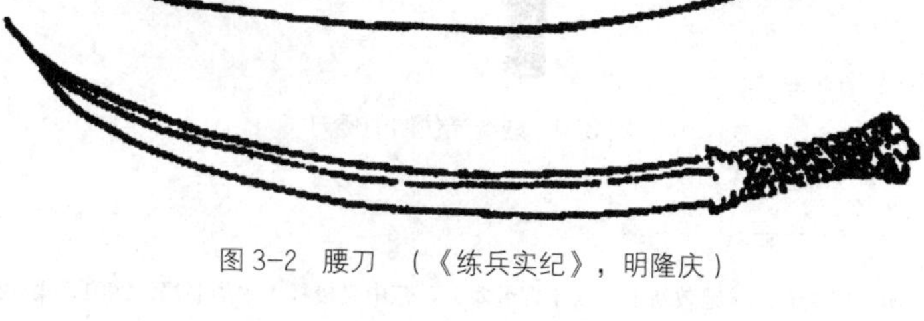

图 3–2　腰刀　（《练兵实纪》，明隆庆）

嘉靖倭乱时，日本刀及其刀法流入我国，文献对日本刀及其刀法多有记载。戚继光认为："长刀（图 3–3），此自倭犯中国始有之。彼以此跳舞，光闪而前，我兵已夺气矣。倭善跃，一迸足则丈余，刀长五尺，则丈五尺矣。我兵短器难接长器，不捷，遭之者身多两断，缘器利而双手使，用力重故也。"[1] 戚继光在嘉靖四十年（1561）台州大捷中缴获了日本刀法原本，并仿制了倭刀（图 3–4）。

图 3–3 改良的长刀（《武备志》卷二百三，明天启）

图 3–4 戚继光仿制的倭刀

〔1〕（明）戚继光：《纪效新书》（十四卷本），范中义校释，中华书局，2001，第 82 页。

除戚继光外，明代其他抗倭名将、军事家及武术家均对日本刀及刀法相当关注。例如，程宗猷对此有过深入研究，其《单刀法选》中记载的日本刀为双手握，“炼锻精坚，制度轻利，靶鞘等物，各各如法，非他方之刀可比，且善磨整光耀，令人见之射目寒心”〔1〕。何良臣称：“日本刀，不过三两下，往往人不能御，则用刀之巧可知。”〔2〕郑若曾对倭刀有较为详细的记载，他在《筹海图编》卷二下中专门记载：“倭刀有高下之分，技有工拙之别。一般每人配备大、小、长三种刀：长刀称为佩刀；长刀上插一小刀以便杂用；另外有刺刀，长尺的谓解首刀，长尺余的谓急拔；上等刀为上库刀，为日本各岛名匠制作，并封锁库中，世代相传；次等为备用刀。”〔3〕屈大均在《广东新语》卷十六《器语》中对日本刀的记述，是明清关于日本刀的所有记述中最详细、最具体的〔4〕。正如兵器史家周纬所言：“以刀而论，明代长刀、腰刀，均仿日本刀式，与宋元之刀大异，即其短刀，亦完全日本刀式也。”〔5〕对日本刀的仿制与使用，是明代武术器械的一个重要特点，同时也是明代中、日武术交流史的一个重要特征。

明代，日本刀制作精良，是在继承了我国汉刀及环手刀的优点，并对刀的制作材料、尺寸、分量等方面进行改进后形成的。日本刀更加强调实战与攻击格杀的有效性。日本刀被引入我国后，曾被改造成为新式刀制，用以装备在明代军旅器械中，如长刀、腰刀，“均为先代所无，系仿日本大刀式，长其刃而短其杆，用

---

〔1〕（明）程宗猷：《少林刀法阐宗》，山西科学技术出版社，2006，第 1 页。
〔2〕（明）何良臣：《阵纪注释》，陈秉才点注，军事科学出版社，1984，第 108 页。
〔3〕（明）郑若曾：《筹海图编》，李致忠点校，中华书局，2007，第 203 页。
〔4〕（清）屈大均：《广东新语》，中华书局，1985，第 439 ～ 441 页。
〔5〕周纬：《中国兵器史稿》，百花文艺出版社，2006，第 168 页。

两手握柄以砍劈敌人身体或其兵器者，与旧式长杆短刃之长刀大刀制恰恰相反。此种刀之效能较大，可用猛力砍劈，折断敌人长兵之柄或削短砍损敌兵之刃，进而砍断敌人之身，非单手所执之刀剑，尤其是钢质不佳及体质较轻之刀剑之所能抵御也”[1]。除了这种经过日本刀改制的刀外，还有直接从日本输入的日制长刀，这些刀均为明代御林军配置。

明代，日本刀无论在制作精良、外观精美方面，还是在穿坚断韧之效能方面，都享有盛誉，故而日本刀剑曾作为贡献方物、使臣自进物及国王附搭品等贸易形式经过多重途径输入我国。有关研究表明，明代日本刀剑主要通过以下几种公开或私下途径输入[2]。

一是日本王室和商家对明朝廷的贡品或进献。从明初的海禁政策到日本不断来明奉物通好，日本向明朝进献的刀的品种及数量逐年增加，明永乐元年（1403），进献刀的数量为一百把；明宣德九年（1434），进献刀的数量增加到二百零二把，刀的品种增加为撒金鞘太刀二把、黑漆鞘太刀一百把、长刀一百柄[3]。据估计，日本足利王室各朝进献给明朝英宗及以前各位皇帝的刀，有一千二百余把。日本使臣自进物[4]中刀剑的数量也很多，而且自进物的主要物品是刀剑，如第八次遣明使的自进物是刀剑九百八十把；第十次的自进物有一号船大刀二百九十把，二号船大刀一百六十把，三号船大刀二百六十把。另外，国王附搭品

〔1〕周纬：《中国兵器史稿》，百花文艺出版社，2006，第 166 页。
〔2〕马明达：《说剑丛稿》（增订本），中华书局，2007，第 198 ～ 199 页。
〔3〕［日］木宫泰彦：《日中文化交流史》，胡锡年译，商务印书馆，1980，第 566 页。
〔4〕所谓“自进物”是指自正使、副使以至从僧、通事等进献明朝的物品。

中刀剑数量也很可观，如第三次船上有大刀九千五百把、长刀四百一十七把；足利义教永享五年（1433），第二次幕府船上的国王附搭品中有大刀八百五十把；足利义政宽正五年（1464），第四次幕府船上的国王附搭品中有大刀五百把；第十次三艘船上的国王附搭品中大刀一号船有一万二千九百五十四把、二号船有五千八百七十五把、三号船有五千三百二十三把〔1〕。

二是勘合贸易。由于日本刀剑自宋代就为国人所珍视，其锻造之精妙又无法模仿，如日本刀有一种软倭刀，《东西洋考》中记载："倭刀其利，中国人多鬻之，其精者能卷之使圆，盖百炼绕指也。"另外，明徐渤的《笔精》中也记载："嘉靖中期胡总制宗宪，有软倭刀，长七尺，出鞘地上卷之，诘曲如盘蛇，舒之则劲自若。"〔2〕所以，日本每次派遣的勘合船上都带有大量刀剑，据日本学者研究〔3〕：第一、第二次勘合船所输入的刀剑还不到三千把，第三次已达九千九百六十八把，第四次达三万余把，第五次七千余把，第六次竟达到三万七千余把之多，第七、第八次各达七千把，到第十次时就达到两万四千一百五十二把。这仅是所谓国王附搭品中的刀剑数量，如加上贡献方物、使臣自进物中的刀剑，数量还要大，前后十一次勘合船所输入的刀剑总额，预计不下二十万把。

三是私下输入，即走私。按照大明的规定，刀剑一律不准私自交易，统由明朝政府收买。明朝收买日本输入的刀的价格

〔1〕［日］木宫泰彦：《日中文化交流史》，胡锡年译，商务印书馆，1980，第 573 ～ 574 页。
〔2〕［日］木宫泰彦：《日中文化交流史》，胡锡年译，商务印书馆，1980，第 574 ～ 575 页。
〔3〕［日］木宫泰彦：《日中文化交流史》，胡锡年译，商务印书馆，1980，第 575 页。

为[1]：第一、第二次时，每把给一万文；第三次每把给五千文；第四、第五、第六次每把给三千文；第七次原定每把给一千八百文，但因使团一行在济宁闹出杀死明朝人的事件，在国王附搭品的七千把大刀中，只有五千把每把给价一千八百文，其余两千把每把只给三百文；第八次时，明朝对国王附搭品中的大刀七千把只接受三千把，对其余四千把及使臣自进大刀九百八十把拒不接受，而且每把给价不过三百文，后经日本使者几次交涉，每把给价一千八百文。随着日本输出明朝刀剑数量的增多，其刀剑的质量在下降，每把的价格不断下滑，但刀剑输出所得利润是很高的，如一把刀在日本的价格是八百至一千文，明朝几次收买价分别是一万文、五千文、三千文、一千八百文不等。随着明朝收买刀剑数量的缩减，日本刀剑开始通过走私输入中国。由于明代一直实行海禁，禁止与日本人进行私下贸易，因此沿海的走私活动是一直存在的。明代时，日本刀剑制作精良，不但深受习武者喜爱，而且因其外观花纹精美，也是民间收藏者喜好的收藏品。虽然明代禁止民间私藏兵器，但从文献中有关日本刀剑的诗文可以窥见，明朝民间收藏日本刀剑者不乏其人，如明代唐顺之就在其《荆川集》中记载有一篇《日本刀歌》[2]。

有学者[3]认为，明清文献中对日本刀记述最为详细、最为具体者当推屈大均，他在《广东新语》卷十六《器语》中有关于“日本刀”的记载[4]。这段文字从刀的制作过程、外形、制作材料、

[1] [日] 木宫泰彦：《日中文化交流史》，胡锡年译，商务印书馆，1980，第 575 ～ 576 页。
[2] （明）唐顺之：《荆川集》，吉林出版集团有限责任公司，2005，第 225 页。
[3] 马明达：《说剑丛稿》（增订本），中华书局，2007，第 204 页。
[4] （清）屈大均：《广东新语》，早稻田馆藏本，第 6 ～ 8 页。

用法、功效等方面对“日本刀”进行了详细的记述。

唐顺之及屈大均等人对日本刀的记载，表明明代日本刀在民间有所收藏，至少在明末，日本刀依然通过澳门等地向内地输出。这时期输入我国的刀剑品相有好有坏，私人收藏的日本刀大多具有很好的品相。日本刀用钢及外观设计都很精致，广为习武之人及文人收藏。

日本刀法也引起了我国军事家及武术家的高度关注，他们深入学习改良，将日本刀法积极融入我国武术体系之中。茅元仪在《武备志》卷八十六中记载：“长刀则倭奴所习，世宗时进犯东南，故始得之。戚少保于辛酉阵上得其习法，从而演之。”〔1〕并在其后收录了日本刀原谱。文献记载，对日本刀法有精深研究的武术家有：程宗猷、刘云峰、石敬岩、吴殳等。程宗猷曾师从刘云峰，在学习了日本刀法后，又专程拜访了当时以刀法闻名南北的亳州郭五，并发现郭五的刀法较刘云峰稍逊色。石敬岩为吴殳的武术启蒙老师。据清初理学家陆桴亭记述，石敬岩曾与刘云峰一起同学倭刀，亦得“倭刀真传”。吴殳在其枪法名著《手臂录》卷三中有《单刀图说》中言及日本刀法，“今倭国单刀，中华间有得其法者，而终不及倭人之精。”〔2〕吴殳对倭刀法评价很高。毫无疑问，武术家在学习、吸收倭刀法的基础上，加入了我国传统技法，将日本刀法精华融入我国武术体系之中。这一点，从程宗猷的《单刀法选》及吴殳的《单刀图说》中不难看出。

---

〔1〕（明）茅元仪辑《武备志》，华世出版社，1984，第3233页。
〔2〕（清）吴殳：《手臂录》许金印点校，逸文武术文化，2013，第137页。

（二）陈元赟与柔道渊源

陈元赟[1]（1587—1671），原名珦，字义都，号芝山，别署羲都甫、士升、既白山人、升庵，因居住在名古屋九十四町，又署谐音菊秀轩，今浙江余杭人。陈元赟参加科举考试落第后，于明万历四十七年（1619）随商人到日本的长崎，因“患痢日久，腰钞皆尽，卒不得还”[2]。当时，陈元赟三十三岁，自此辗转活动于日本各地一直未回，流寓日本五十二年，先后寄居长崎、江户、名古屋等地。陈元赟、朱舜水与日本著名学者藤原惺窝、伊藤仁斋、荻生徂徕、林罗山等并列为日本的“先哲”[3]。陈元赟为中、日文化交流做出卓越贡献。他在日本积极传播我国传统文化，主要涵盖文学、艺术与武术领域，在散文、书法、茶道、制陶、武术等方面均有很深的造诣。

据说，陈元赟于明万历四十一年（1613）曾出外游学，到河南登封嵩山少林寺，在少林寺学习少林拳法一年多。陈元赟寄居日本后，辗转于日本各地。明天启五年（1625）四月，陈元赟到了江户（今东京），寄寓江户僧饭仓圭佐的草庵。次年，寄居江户西久保虎岳山国昌寺，传授拳法于僧圭佐、久圆以及流寓该寺的浪人福野七郎右卫门、矶贝次郎左卫门、三浦屿次右卫门。陈元赟传授给他们的拳法为“大明捕人术”，后来福野七郎右卫门、矶贝次郎左卫门、三浦屿次右卫门三人各自精研陈元赟所授拳法，苦心研究，遂通蕴奥，遍传各地，并结合日本原有武技，逐渐改

---

〔1〕对于陈元赟的研究，近年有学者亦指出诸多疑点，如陈元赟出生地浙江杭州余杭境内，并无既白山。有关陈元赟在日本的活动，尤其是武术活动，多为日本文献，且为二手文献，故而对于陈元赟尚待深入研究。

〔2〕（明）陈元赟：《陈元赟集》，衷尔钜辑注，辽宁人民出版社，1994，第 2 ～ 4 页。

〔3〕衷尔钜：《陈元赟的事迹及其著作在日本的流传》，《文献》1988 年第 1 期。

进，形成后世的柔道。该三人一直被公认为柔道祖师，而陈元赟则应是柔道的鼻祖。柔道取柔以克刚之意，以锻炼身体、修养精神为目的，以虚静调息为术，能不战而仆敌，其思想根源出自道家。陈元赟传习其道，所谓“当身”“杀活”之术，确为陈元赟所传入，其技法主要以拳肘或足尖锐击敌人要害，如“天倒（前顶）”“乌兔（眉间）”“人中（鼻下）”“秘中（喉）”“水月（鸠尾）”等十余处，能使人一时气绝，略近于点穴〔1〕。

关于陈元赟与柔道的渊源，主要为日本文献记载。例如，信夫恕轩的《依田学诲》中有：“我邦昔时未有拳法，归化人陈元赟善此伎，传之邦人，故此技以元赟为鼻祖。”日本《国史大辞典》：“明归化人陈元赟于正保年间来江户授徒，有福野、三浦、矶贝从其学，尽穷其技。”丸山三造《日本柔道史》：“日本之有拳法，是近世陈元赟来我国定居后传三人（福野、矶贝、三浦）。”陈元赟传授福野七郎右卫门、矶贝次郎左卫门、三浦屿次右卫门三人拳法的地点，即江户西久保虎岳山国昌寺因遭遇火灾，使得一些文稿手迹被焚，现存的一幅国昌寺文书旧记录，记载了陈元赟传授拳法的事实。原文大意为：大明国僧陈元赟于宽永二年（乙丑）四月上旬来居国昌寺，同月十六日向逗留于此的长州道浪人三浦屿次右卫门、矶贝次郎左卫门、福野七郎右卫门三人传授柔术〔2〕。

在陈元赟到日本前，日本已有本国拳法，故陈元赟传授福野等三人的拳法大概是一种改良过的拳法。陈元赟将“大明捕人术”

〔1〕梁容若：《中日文化交流史论》，商务印书馆，1985，第 242 ～ 243 页。
〔2〕（明）陈元赟：《陈元赟集》，辽宁人民出版社，1993，第 444 页。

结合自己所学的中华武术加以改进后，传授于福野等三人。三人又不断糅合拳技加以完善，并传播至日本全国。可以看出，柔道的创立是中、日武术交流的结晶，且陈元赟功不可没，他应无愧于“柔道鼻祖”之称。但也正如有学者指出，“有关陈元赟的习武传武之纵深研究，亟待今后中、日两国新史料的发现”[1]。

二、中、朝武术交流

“由于地理、历史、交通关系，中、朝的剑术交流是直接的，中、日的剑术交流有时是间接的，有时是直接的。中日剑术的直接交流，以中、朝的直接交流为其前提。”[2]唐豪研究指出：朝鲜在中、日、朝的武艺交流中，尤其是以刀剑武艺为代表的武术交流中起着重要的桥梁作用。我国明代文献《武备志》曾辑录了一套“朝鲜势法”的古代双手剑谱，可以作为明代中、朝武术交流的见证。这套剑谱在我国已经失传，是茅元仪经“好事者”从朝鲜所得辑录的，“古之剑可施于战斗，故唐太宗有剑士千人，今其法不传。断简残编中有诀歌，不详其说。有好事者得之朝鲜，其势法具备”[3]。该谱共有二十四势图势，包括击、洗、刺、格四种剑法，其中击法五种（豹头击、跨左击、跨右击、翼左击、翼右击），刺法五种（逆鳞刺、坦腹刺、双明刺、左夹刺、右夹刺），格法三种（举鼎格、旋风格、御车格），洗法三种（凤头洗、虎穴洗、腾蛟洗）。唐豪通过研究该谱，认为这部势法俱备的剑

---

〔1〕周伟良：《古代武术的历史分期及其基本特征研究》，《中华武术（研究）》2012 年第 7 期。

〔2〕中华人民共和国体育运动委员会运动技术委员会编《中国体育史参考资料》（第六辑），人民体育出版社，1958，第 61 页。

〔3〕（明）茅元仪辑《武备志》，华世出版社，1984，第 3205 页。

术书，图像是我国的古装，文字说明是我国的汉文，无疑是从我国传去的。而其中五个剑“势”和日本五个剑“构”基本相同，所谓“构”就是我国所称的“势”。唐豪从相同的“势”和“构”考察，推定日本的“击剑”是以朝鲜为桥梁由我国传去的[1]。

除了我国《武备志》保存了这份中、朝武术交流的珍贵见证外，朝鲜也有文献记载明代中、朝武术尤其是刀剑的交流。成书于乾隆年间的朝鲜《武艺图谱通志》收集了明代戚继光《纪效新书》中枪、剑、狼筅等抗倭武艺，并增加朝鲜竹长枪等十二技，从而形成所谓“朝鲜十八技”，并撰写成书[2][3]。《武艺图谱通志》中所载武技主要收录了我国明代晚期兵家文献记载的武艺，有些明代武技文献在我国已难以寻觅，故应庆幸朝鲜保存下了明代这些珍贵的武术文献。该著中主要收录了长短兵武艺：长兵武艺如长枪、竹长枪、旗枪、镗钯、骑枪、狼筅、棍棒武艺；短兵武艺如双手刀、锐刀、倭剑、提督剑、双剑、月刀、马上双剑、月刀、鞭棍，以及杂器械的藤牌标枪、拳法武艺等。多数为我国明代武艺，其中所收录的双手刀、双手剑谱尤为珍贵，在我国明代文献已难以寻觅。据马明达研究，谱中所绘图谱人物服饰为我国明代小说绣像人物常见服饰，绘画风格与明代徽刻小说绣像插图相近[4]。该著不但有图、谱，还绘有器械的运行路线图。《武艺图谱通志》使得我国明代一些珍贵武术文献保存下来，亦

---

〔1〕中华人民共和国体育运动委员会运动技术委员会编《中国体育史参考资料》（第六辑），人民体育出版社，1958，第 56 页。

〔2〕［韩］李德懋、朴齐家：《武艺图谱通志 · 御制序》，东文选，1998。

〔3〕该书历经朝鲜“宣庙”“孝庙”两庙时期完成，现藏于韩国国家图书馆。参考本为上海体育学院 2009 级博士生韩国人朴一哲所赠。

〔4〕马明达：《说剑丛稿》（增订本），中华书局，2007，第 212 页。

见证了明代中、朝武术的交流历史。

明代，中、朝两国在武术上的交流，尤其是古代军事武艺的交流，源于古代朝鲜对明代制度的引进，包括对明代武举制度的仿制，如仿效明代建立军制，一些军事武艺的训练方法也随之引入，其中就伴随着明代一些古典武艺流入古代朝鲜。如古代朝鲜实行的武科举考试，就直接取自明代。武科举考试的内容包括箭术、骑术、枪法等军事武艺，“武科考试同样分三段进行，有二十八人通过三年一次的考试，叫作‘先达’。武科考试成为朝鲜科举制度的一部分，不仅开辟了定期招募武官的途径，也为贱民提供了升迁的门路”〔1〕。

明代，中、朝两国军事武艺的交流促进了两国的武术交流，主要表现在古代朝鲜从明代引进了诸如《纪效新书》等明代军事文献，其中一些军事武艺被朝鲜吸收到本国武艺中。朝鲜吸收了明代《纪效新书》中的一些经典军事武艺，并结合朝鲜本国的武技逐渐形成了“二十四般武艺”的记载。明代赴朝助战的一些武将在帮助朝鲜训练军士时，将一些经典武艺传入朝鲜。如据《武艺图谱通志》中记载，“提督剑”就是经明代武将李如松流传至朝鲜的剑法，“神宗朝提督以东事来者，有如松、麻贵、董一元、李承勋、陈璘诸人，而刘以大刀名天下，……骆尚志（余姚人，以左参将出来，能举千斤，号骆千斤）访余卧次，因言朝鲜微弱而贼犹在境，乘天兵未回，习练兵法可以守国。余即驰启使禁军韩士立招募七十余人，往骆公请教，骆公拨帐下张六三等十人为教师，练习枪、剑、狼筅等技，云骆是李提督票下，提督剑之出

〔1〕王开文：《朝鲜半岛的武技史话》，《成都体育学院学报》，1999 年第 2 期。

于此欤”[1]。由此可见，赴朝援战使得明代一些军事武艺如枪、剑、刀、棍、狼筅等流传至朝鲜，促进了朝鲜武艺的发展，提高了朝鲜军士的作战能力。同时，朝鲜在吸收明代军事经典武艺的同时，也在不断发展本国的刀、剑技艺，如《武艺图谱通志》就记载有朝鲜“本国剑”，俗称“新剑”，相传为黄倡郎所传，“则是朝鲜自创本国之谱也……其剑其传，今距茅氏之世为百数十季”。

明代中、日、朝的武术交往主要是武艺刀、剑及拳法交流，且活动较为丰富。由于本书资料仅限于中文文献，论述难免偏隘，尚有待进一步搜寻域外文献，吸收最新研究成果。

---

〔1〕［韩］李德懋、朴齐家撰：《提督剑》，载《武艺图谱通志》（卷三），东文选，1998。

第四章

枝繁叶茂的清代武术

清代与元代相似，都是少数民族政权统治的朝代，禁止民间习武一直是清政府的国策。在这种情况下，一方面，为维护政权稳定，清政府倍加重视军事武艺，通过武举制广纳人才；另一方面，清政府对民间习武严令禁止，致使民间武术主要在秘密结社中以非公开的形式传承。在这种社会环境下，军事武艺与民间武术的交流日益减少，如明代俞大猷、戚继光等军旅战将与民间武术经常交流互通的局面基本不复存在，军事武艺与民间武术的分途日趋明显。

因为民间武术的发展既没有公开的擂台交流机制检验，也没有军阵格杀的检验，而且还只能在秘密状态下以非公开的方式传承，所以一方面，武术的玄虚成分越来越多，特别是不少武术流派与民间宗教结合之后，各种“神功绝技”充斥武林，从而为中华武术蒙上了一层神秘的面纱，致使本来“知行合一”“学以致用”的中华武术开始呈现出畸形发展的状态；另一方面，不同习武者只能对自身在技击实践过程中获得的某方面体验在极其狭小的圈子里反复钻研，将其向纵深发展，从而形成了诸多偏重某一方面的技艺。由此，武术的拳种流派越来越多，“拳种众多、流派纷呈”成为清代武术的一大特点。

随着传统文化与武术结合的进一步深入，中华武术的文化特色日趋浓烈，特别是清初盛极一时的内家拳，清代后期显现于武林的太极拳、形意拳、八卦掌等拳种流派，更成为其中的代表。随着武术文化的日趋丰富，武术理论也得到进一步发展，如《手臂录》《内家拳法》《拳经拳法备要》《苌氏武技书》《心意六合拳谱》《太极拳论》等一些经典武术拳械理论的产生，使武术理论日渐完善。

第一节 服务“国之大事”的军事武术

在漫长的封建社会中，历代帝王为“防民或有暴动”，屡屡颁布禁武令，特别是自宋代以来，“重文轻武”之风日盛，形成了“万般皆下品，唯有读书高”的社会风气。虽然屡遭禁止或被弱化，武术非但没有灭绝，反而得到了较好的传承和延续，其原因在于武术既能满足人们防身自卫的需要，也能服务作为“国之大事”的军事战争〔1〕。《孙子兵法》云：“兵者，国之大事，死生之地，存亡之道，不可不察也。”〔2〕军事对于国家安全具有无可比拟的重要性。作为“国之大事”的军事，受到历朝历代统治者的高度重视。统治者们几乎都把发展军事力量作为维护国家安全的首要任务。

〔1〕杨建营：《对接“国之大事”的武术发展战略调整》，《上海体育学院学报》2018年第6期。
〔2〕（春秋战国）孙武：《孙子》卷上，续古逸丛书景宋刻武经七书本，第1页。

正因为军事是国之大事，所以军事武术[1]才成为古代武术发展的主线索。在冷兵器时代，军队中士卒的军事技能训练水平的高低和兵器的精良程度都对战斗的胜负起着重要的作用。武术作为军事武艺的一个组成部分，因其最直接、最核心的价值是近距离攻防技击，可以直接应用于军阵格杀，故成为古代军事训练必不可少的内容。其价值主要有三：第一，提供最直接的攻防格斗技术；第二，训练士兵在军阵格杀中的体能；第三，培育勇往直前的大无畏精神。其中，提高技能、体能是其最直接的价值，培育精神则是其内隐价值。由于武术在军事中具有特殊价值，才在军队中受到重视。著名武术学者温力曾言，“古代军事技术的武术对于武术发展起决定性作用”，在以冷兵器为主的时代，早就形成了一个“以满足军事需要为目的的国家行为所驱动、促使武术技术不断发展的良性循环过程”[2]。所以，服务于军事武术对整个武术发展具有至关重要的推动作用。

然而，因为清代屡屡颁布禁武令，所以又在很大程度上斩断了军事武艺与民间武术的联系，从而使军事对整个武术发展的推动相比前朝有所减弱，只能推进部分民间武术的发展。虽然如此，但作为整个武术组成部分的军事武术也是值得关注的对象。本节主要从清代军队、武举制度两方面展开论述。

清政府实行“耕战结合”“兵民合一”的八旗兵制，兼有政治、经济和军事三种职能，其中最重要的是军事功能。清代以“武

〔1〕军事武术隶属于军事武艺。军事武艺的重点首先是弓马骑射，然后是近距离格杀。现在一般意义上的武术不包括弓马骑射，所以该部分中的军事武术主要指两军对战过程中用于近距离格杀的技术，是军事武艺的一个组成部分。

〔2〕温力：《中国古代军事对武术发展的作用》，《武汉体育学院学报》1999 年第 4 期。

功定天下”，非常重视武举制和军事训练制度。清政府通过设置选拔勇武之才的武举制而将民间的豪杰之士聚于军队，通过设置严格的训练制度来提高军队的武艺水平，进而提升士兵的作战能力。清代军队武艺首先是骑马、射箭，其次是近距离的搏杀技艺，且近距离搏杀技艺讲究团队作战，以长枪、大刀等器械为主，使用劈、砍、击、刺等必杀技法。

一、清代军事武艺中的武术训练概况

（一）八旗军事武艺中的武术训练

“兵可百年不用，不可一日不备。是以帝王之治天下，未有不以明武备为先务者。而兵丁之演习武艺，亦未有不勤加训练而能有成者”〔1〕〔2〕，作为“武备”之主体的清军，主要分为八旗和绿营。八旗军队作为清王朝的嫡系部队和国运所寄，历来备受重视，是国家军队的重要组成部分。清朝前期，自上而下形成了一套完整的军事训练制度，军事力量得到强化。清朝制定的八旗军队士兵军事武艺训练制度对训练的时间和内容都有规定。

清朝以“弓马立国”，八旗士兵训练极其推崇骑射。乾隆曾提出“骑射系满洲本业”〔3〕。作为日常军事武艺训练的重心，射箭在八旗军的日常军事武艺训练中占据首要位置，除此之外才是刀、枪、棍、摔跤等武术方面的训练内容。京师禁旅八旗各部队，皆习练骑射技艺；步兵营习练步射；健锐营则主要操练云梯、摔

〔1〕（清）允禄：《世宗宪皇帝上谕八旗》卷十，清文渊阁四库全书本，第 211 页。
〔2〕（清）胤禛：《雍正上谕内阁》卷一百十四，清文渊阁四库全书本，第 1016 页。
〔3〕《清文献通考》卷六十二选举，清文渊阁四库全书本，第 992 页。

跤、骑射、舞鞭[1]。《大清实录》中记载："每月逢四九日操演云梯，逢三七日演相扑。"驻防八旗军操练的军事武艺项目是藤牌、长枪、砍刀、斧、大刀、摔跤等项[2][3][4]。有材料显示，乾隆时有武进士马金从侍卫做官至苏松镇总兵，"其在官时，署储飞枪手五十人，饮食居处，悉与己等，号曰小岳军。工飞剑袭击，善矛槊，尝率之出东郭，演技于大校场，而自乘肥马，舞长矛，独立高冈。小岳军俱衣黑衣，披红缨，左持盾，右手或枪或剑，呼啸成群。众槊并进，或飞舞云雾中，摩盘于上；或跳跃马前后，冲击于下"[5]。由此可见，在军队中常常举行比武演武活动，在校场中，兵士们可以练习自己擅长的拳术或器械，也有士兵的群体武术套路表演。武术套路练习，配合马术训练，成为士兵锻炼身体的基本手段。"军笛一声，截然各止"，说明这类武术练习活动在军队中已成定制，且纪律严明。

重视摔跤训练，以此提高士兵的身体素质，是八旗军队训练的一个显著特点。《清史稿》中记载："（康熙）八年五月，上久悉鳌拜专横乱政，特虑其多力难制，乃选侍卫，拜唐阿年少有力者为扑击之戏。于是有善扑营之制。"[6]由于受到皇帝推崇，摔跤运动在军队中迅速发展起来，且形成了一套较为完善的选拔、管理和培训制度。善扑营选拔对人员出身有明确要求，《啸亭杂录》中记载："清初宫廷侍卫中，尚处、鹰鹞房、鹊房、

〔1〕赫治清：《中国军事制度史·军事教育训练卷》，大象出版社，1997，第 220 页。
〔2〕（清）刘启瑞：《大清会典·图二百七十卷》卷一百二武备十二，昆冈修，第 3398 页。
〔3〕（清）刘启瑞：《大清会典·图二百七十卷》卷一百二武备十二，昆冈修，第 3442 页。
〔4〕（清）刘启瑞：《大清会典事例·1228 卷》卷一千一百六十六神机营，昆冈修，第 53849 页。
〔5〕徐珂：《清稗类钞》，中华书局，1986，第 2903 页。
〔6〕赵尔巽：《清史稿》卷六，中华书局，1977，第 117 页。

十五善射、善骑射、善射鹄、善强弓、善扑等处侍卫，各有专司，统于三旗额内，俱无定员。”[1]因此，“三旗”旗人身份是善扑营侍卫选择的基本要求[2]。善扑营长期维持300人定员名额，营中有教习一职数人，在冀长指点和督促扑户们练习摔跤技术。除了相扑基本训练，还需要进行刀、鞭、枪、弓、箭等军事武艺训练。《大清会典》中记载：“逢三七日，演相扑舞鞭舞刀射箭。”[3]

在我国古代封建社会条件下，体育往往与国家意识紧密联系，既要服从政治，还要服务政治。在八旗郎卫制度之中，善扑营建制担负着从八旗勇士中选拔英才的重任。《清会典》中规定：善扑营侍卫必须参与武进士选录。《养吉斋丛录》中载：“武进士殿试，上阅马步射于紫光阁，坐大幄次西阶下……领侍卫内大臣二人得赐坐左右，以此侍立最久故，有善扑营十人立于起居注官之后，备搬移刀石之事。”[4]善扑营摔跤吸收众长，将摔跤的手、脚、腰、胯技术融会贯通，创造出更加丰富的攻防技法。这种技艺运用勾、别、坎、顿、压等方式，利用人体的各个部位配合来实施攻防，以破坏对手平衡，达到“摔倒对方，制胜对手”的目的。清朝重视摔跤，目的是提高士兵的力量和搏斗能力。

（二）绿营兵军事武艺中的武术训练

绿营兵主要是清兵入关后收编的明朝降军和各省改编的队

---

〔1〕昭梿：《啸亭杂录》卷四，中华书局，1980，第471页。
〔2〕王晓东：《清代国家摔跤组织“善扑营”考略》，《体育学刊》2015年第2期。
〔3〕（清）刘启瑞：《大清会典》卷一千一百六十八，健锐营，昆冈修，第2页。
〔4〕吴振棫：《养吉斋丛录》，浙江古籍出版社，1985，第156页。

伍。因用绿色军旗，故称为绿营兵。绿营兵的兵种有马兵、步兵和水师，其训练沿用明代的训练方法，以阵法为训练重点，是一种注重队形变换的营阵式训练[1]。本着“随时训练，因地制宜”的原则[2]，还“教习长枪、刀、连枷棒、盾牌”[3][4][5][6]等器械内容。按照兵种、地方、任务的不同，训练内容与要求也不同，“然火刀、长枪、挑刀等技术是通识训练内容”[7]。军士环甲操练的兵器有长枪、藤牌、短刀等各种冷兵器[8]。绿营军根据地形进行变换练习，目的在于充分发挥手中刀、矛、射箭、盾牌的作用，不断提高战术训练水平。康、雍、乾三朝绿营兴盛时期，绿营士兵的军事武艺训练都是从实战中获得，与“花法”训练不相干。乾隆中叶以后，由于无事征战，故绿营士兵军事武艺训练废弛，遂积弱不振。他们在阵法训练时过于追求检阅时好看，所练方式流于“花法”，与临阵有很大距离，最终导致军事武艺训练变成了一些好看的“花法”，完全不实用。

（三）湘军、淮军军事武艺中的武术训练

晚清八旗、绿营腐败，加之太平天国运动，使得清政府统治摇摇欲坠，地主阶级编练的湘军、淮军武装全面代替绿营作为对抗农民起义、维护统治的新工具。湘军的军事武艺训练将“训”

---

〔1〕刘向东：《中国古代军事典章制度》，白山出版社，2012，第 245 页。
〔2〕赵尔巽：《清史稿·兵·训练》卷一三九，第 4119 页。
〔3〕（清）刘启瑞：《大清会典图三·武备十一》卷一百一，昆冈修，第 13 页。
〔4〕（清）刘启瑞：《大清会典图三·武备十三》卷一百三，昆冈修，第 14 页。
〔5〕（清）刘启瑞：《大清会典图三·武备十三》卷一百三，昆冈修，第 16 页。
〔6〕《雍正朝满文朱批奏折全译·江宁将军来文奏请驻防满洲兵丁学习步兵技艺折》，雍正七年四月初二日，第 1712 页。
〔7〕邱心田、孔德骐：《中国军事通史》第十六卷，军事科学出版社，1998，第 346 页。
〔8〕邱心田、孔德骐：《中国军事通史》第十六卷，军事科学出版社，1998，第 346 页。

与“练”结合起来，推崇“熟”，讲究“用”。《曾文正公杂著》中记载：练习技艺者，刀、矛能保身，能刺人，枪、炮能命中，能及远。练阵法者，进则同进，站则同站，登山不乱，越水不杂。总不外“熟”字：技艺极熟，则一人可敌数十人；阵法极熟，则千万人可使如一人[1]。

湘军军事武艺的训练内容也是以阵法为主，主要包括鸳鸯阵、三才阵、四面相应阵、一字阵、二字阵和方城阵。阵法训练的目的是要求队伍行动一致，即如上所述的“进则同进，站则同站，登山不乱，越水不杂”。其他武艺除了兵弩、骑马、射箭外，主要是刀、枪，也包括拳棒等。《大清实录》中记载：“如骑射长枪之类，必令纯熟精强。”[2]湘军武艺训练以技击为主要内容，讲究团队作战，以长枪、大刀等器械为主，使用劈、砍、击、刺等必杀技法，其主要形式是用于搏杀的“真艺”，排斥“好看上阵无用”的“花法”。湘军对于军事武艺训练有详细的课程安排：“每逢三、六、九日午前，本部堂下教场，看试技艺、演阵法；每日午后即在本营练习拳、棒、刀、矛、钯、叉，一日不可间断。”[3]曾国藩在《晓谕新募乡勇》中提道：“学习棍棒，是操练你们的筋力；学习枪法，是为了锻炼手脚”[4]。

淮军的训练与湘军相似，但其阵法完全西化，其长处在于整齐静肃和应敌运用，跟绿营训练徒炫观瞻不同，即使与采自戚继光旧制的湘军训练相比，其水平也高得多。

---

〔1〕李翰章：《曾国藩全集》第十六卷，中国致公出版社，2001，第5954页。
〔2〕《清实录·大清世宗宪皇帝实录》，雍正十年正月，第3页。
〔3〕罗尔纲：《湘军兵志》，中华书局，1984，第152页。
〔4〕李翰章：《曾国藩全集》第十六卷，中国致公出版社，2001，第5954页。

二、清代武举制度对武术发展的影响

武举制是自唐代以来国家选拔武备人才的重要制度。清代沿袭了武举制度，自顺治三年（1646）开始武举第一科。通过武举制度，把全国最优秀的武备人才选拔出来，补充到绿营和侍卫系统中去，其最终目的就是维护其统治的稳定与长久。另外，由于武举制度本身有内场程文的考试，故促使武将集团的整体素质有所提高。

（一）清代武举人才的来源

清代是一个严格禁武的时代。在这种背景下，一般平民百姓连习武资格都被取缔，就更不用谈考取武举了。为解决“一方面严禁民间习武，一面还要保证武举考试的生源”这“二律背反”的问题，清朝自初期就建立了包括武艺教育在内的官学教育体系。追溯源头，这种官学教育在宋、明时期就已实行[1][2]，清承明制，顺治元年（1644）经汉臣胡贡明提议[3]，李若琳上书[4]，设立八旗官学，教学对象为亲贵之外的八旗子弟，规定“顺治初年，武生童依文童例督学，三年一岁考，取进无定额，附文学教

〔1〕据《武昌县志》记载：“旧在县城内西隅，宋崇宁中迁于县治南里许，建讲道堂二，进学好问兴艺武士就傅，斋五，凡二百二十七间，今称射圃山。”参见邵遐龄纂修《武昌县志·卷七·学校志》，成文出版社，1975，第384页。

〔2〕据《明史》载：“建文四年，始置京卫武学，设教授一人、启忠等十斋、各训导二人。永乐中罢，正统六年复设，后渐置各卫，武学设官如儒学之制。”参见张廷玉等：《明史》，卷七十四志第五十，清乾隆武英殿刻本，第783页。

〔3〕罗振玉：《天聪朝臣工奏议·卷上·胡贡明陈言图报书》，载《史料丛刊初编》，东方学会，1924。

〔4〕（清）鄂尔泰等：《八旗通志·卷之四十七·学校志二》，东北师范大学出版社，1985，第913页。

官管理其事宜，照文童例行无科考”[1]。在这种仿照明制的“文武同庠”的教育模式中，武艺以骑射、步射和技勇为主要课程，每日演习一次。康熙三十年（1691），清廷在此基础上又设立盛京八旗官学，分左右两翼各二所，选取各旗俊秀幼童，教读满汉两种语言，同时修习骑射弓马。

然而，仅仅靠满蒙八旗根本无法满足偌大国家对武术人才的需要。为此，以汉军八旗为吸纳对象的义学逐渐成为武举人才的主要来源。康熙四十一年（1702）设立义学，广泛吸收汉人。康熙时，武举制经历了四次大改革，其中最重要的是鼓励部队中的普通士兵参加武举，以免埋没那些长于谋略而无实际战功的人才[2]。康熙五十二年（1713）以后，义学的吸纳范围已不仅限于汉军八旗，而是拓展到了所有有志于进入武术官学体系的汉人。如《学政全书》中所记：“康熙五十二年，议准令各省府州县多立义学，延请名师，聚集孤寒生童，励志读书。”[3]虽然如此，但在大部分时期内，民间的普通汉人能够参与武举考试的很少。据统计，盛清三朝共录八旗武举1618人，均为京师八旗，其中汉军、满军、蒙古军分别为1495人、116人、7人，各占92.4%、7.17%和0.43%[4]，其中，汉军占绝大多数，但没有不在军籍的民间汉族人。也就是说，武举吸纳对象绝非一般的平民百姓。整体而言，这种官学教育可大致上分为宗学、觉罗学、咸

---

〔1〕黄许桂主修，曾泮水纂辑《平和县志》，平和县地方志编纂委员会点校，厦门大学出版社，2008，第108页。

〔2〕赵富学、周童、李攀飞：《康熙时期武举科考制度的四次改革及其历史影响》，《成都体育学院学报》2020年第5期。

〔3〕（清）素尔讷：《学政全书》卷七十三，清乾隆三十九年武英殿刻本，第299页。

〔4〕李林：《清代武科乡试中额及武举人群体结构试探》，《史林》2016年第6期。

安宫官学、左右翼世职官学、汉军义学五类，根据其教学对象的身份特征，大致划分为以宗人为主的宗学，以满、蒙八旗为主的官学，以汉八旗为主的义学三大类，这三类人在身份等级上是有很大差别的。

乾隆七年（1742）曾实行“汉军出旗”政策，以此为依据，民间的一些习武者才有进入“体制内”的机会。至嘉庆时期，随着满族人的全面汉化和汉族人出旗，官办武学进一步下探到府州县，形成了与明朝相似的三级武学教育体系。虽然政策的松动使民间习武人士获得了参加武举的机会，但受“穷文富武”的规律所限，只有家境殷实者才有以武入仕的可能，从而出现了得中武举者的“家族化”特征，甚至举业世代相传[1]，譬如甘州韩家、河间哈家、宁夏马家、宣化袁家、泰州刘家等[2]。某些武举世家因武功赫赫，深得朝廷信任，形成若干个侍卫家族。目前，学术界详细考辨其家世身份的六位清朝武状元（曹维城、李威光、汪道诚、马鸿图、张鸿翥、武国栋）中，除张鸿翥外，其余五人皆出自武科或武学世家。

综上所述，清代虽然实行禁武政策，但其武举制度吸纳人才的范围还是比较广泛的，覆盖了皇亲贵族、八旗军、服务八旗的汉军以及听命于朝廷的武举世家等诸多方面。

（二）清代武举考试流程

清代武举从下到上分为童试、乡试、会试、殿试四个级别，

---

〔1〕王学深：《清代“宁夏府”进士群体初探》，《宁夏社会科学》2016 年第 3 期。
〔2〕陈章：《试论清代的“汉侍卫”家族》，《史林》2018 年第 2 期。

较明代增加“武童试”这一环节，且明代殿试并未形成稳定的制度，清代则将其制度化。

1. 入门之阶：武童试

武童试是清代进士进身的第一道考试，与文科童试一样，分县试、府试、院试三级。第一级为州县试，由各知州或知县主持考试，时间一般定在农历二月。文科童试结束后，进行武科童试。试后，由县属造花名册，呈送本府或直隶州、厅，进行第二场考试——府试。府试通过后，应考者便取得“武童生”的资格，可以参加院试。

武科童试的考试内容包括外场和内场两项。先进行外场考试，考试分两场：第一场是马射，骑马射三箭，全不中者，则取消考试资格；第二场考试步射，连续射五箭，全不中的或射中一箭者不允许再参加考试。马射、步射测试合格者，先试硬弓，再试刀、石等技勇。外场考试合格后，才进行内场考试，内场考试内容原来要求测试策论。到乾隆二十五年（1760），将要求降低为先默写三百字左右的“武经七书一章或数段”和“作论孟论一首”；到嘉庆十二年（1807），要求进一步降低，与武乡试内场要求同步，改为默写百余字“武经七书”。

《济南府志》的记载反映了当时济南武童试的情况：

伏查钦定科场条例，康熙十年准直省考试，武童大中小学名数照文童额进取，大学十五名，中学十二名，小学八名，府学二十名，于岁考年由提学官较阅弓马，试以一策一论，取为武生，三年一岁考，取一二等名，即为录科，送巡抚乡试。其余诸色人等不许滥入场。[1]

2. 升堂之途：武乡试

清代武乡试始于顺治元年，“顺治元年夏四月辛巳，初行武乡试”[2]。三年举行一次考试，“顺治元年十月各省武乡试定于子午卯酉年”[3]进行正科考试。如果遇到皇帝登基、大寿等庆典，还要举行恩科考试。考试时间定在文科考试之后的十月进行，顺天、奉天和各卫武生在顺天考试，各省武生在本省城乡试。清代武科乡试的应试人员主要有三类：通过武童试的武生、通过祖辈官位赏得的荫监、向朝廷缴纳一定银两的捐监。

武乡试的考试内容与武童试类似，也是分为外场和内场两项考试。外场考试又分两场，头一场是马箭，靶树用芦苇裹芦席，靶树外包红布装饰，高约五尺，圆径如筒状，为一人合抱之度，在马道旁边设的三个靶子纵马三次，共射九箭，中二为合式。第二场试步箭，一开始以八十步作为试射距离，后来改为五十步，射九箭中三箭为合式，然后再开硬弓、舞刀、掇石，比试技勇。顺治十七年（1660），曾停止比试技勇。乾隆二十五年（1760），改定马步射箭各射六箭，马射增加射球一项，球形如斗，圆径约二尺，用皮或毡为之，置于马道旁边高于平面约三尺的土墩上，射中者球落墩下。内场考试策论。乡试内场策论用“武经七书”。到康熙年间，嫌其文义驳杂，增《论语》《孟子》。此后论题改为二种：首题选用《论语》《孟子》，次题选用《孙子》《吴子》《司

〔1〕（清）成瓘：《（道光）济南府志》卷四十四，清道光二十年刻本，第 1587 页。
〔2〕张友渔、高潮：《中华律令集成》，吉林人民出版社，1991，第 599 页。
〔3〕铁玉钦：《清实录：教育科学文化史料辑要》，辽沈书社，1991，第 198 页。

马法》。外场考试不合格者取消内场资格。康熙二十六年（1687），确定武乡试的录取名额约为文科乡试的一半，乾隆、嘉庆、道光以后名额有所增加。除三年一试的正科武乡试外，还有遇到庆典时候举行的“恩科武乡试”。恩科武乡试在各省正科武乡试额数的基础上，按大中小省份分别增加取中武举的额数〔1〕。

3. 脱颖之路：武会试

武会试与文会试一样，是全国性考试。由于考选的是武备人才，故也称之为“武闱”。武会试是武科举中最后一级有淘汰的选拔性考试。一般来说，武乡试后的第二年便是武会试，这一点从明代就确定了下来。清沿明制，顺治初年下诏：“武科，自世祖初元下诏举行，子午卯酉年乡试，辰戌丑未年会试，如文科制。”〔2〕清代定于“次年九月会试于京师”，在咸丰九年（1859），兵部尚书全庆曾提出将武会试放在文会试结束的四月举行，但由于“恐远省士子未能赶到”而没有被批准，只是改在了八月举行〔3〕。

武会试的考试程序与乡试一样也很严格，对于参加应试的武举人必须有官方出具的印结，并且根据武举的出身不同，印结的规定也有所区别。如八旗出身武举“由各旗出具文结并造履历清册”送交顺天府，在文结内还要分别填注“满洲蒙古汉军字样”；各直省驻防出身武举人“由各京旗造具年貌三代科分名次清册”和“到京日期”；各直省武举人“由原籍地方官具结申送布政司”，再由布政司转各省督抚“给咨并造具履历清册”；在京的各省武举人应当“取具同乡京官印结”。除按武举人出身不同分别制定

〔1〕李世愉、胡平：《中国科举制度通史》清代卷上，上海人民出版社，2017，第 567 页。
〔2〕李春龙：《新纂云南通志二》，云南人民出版社，2007，第 326 页。
〔3〕李世愉、胡平：《中国科举制度通史》清代卷下，上海人民出版社，2017，第 571 页。

印结条规外，对所有应考的武举人到京投递文批的时间，也有明确的规定。康熙三十六年（1697）下令“各省武举来京如过九月初五日，投文者不准会试”。雍正十一年（1733）规定，武举将批文投交后，还要在考前到兵部过堂，来自同省参加同次考试的五人还要连名互结，没有互结者则取消考试资格〔1〕。

4. 定鼎之战：武殿试

武科殿试是武科举最高级别的考试，在唐武则天时期就已经出现，宋代仁宗“亲视武举十二人”，武殿试逐渐形成定制。清代武殿试较之前历代，举办的次数最多。从顺治三年（1646）丙戌科到光绪二十四年（1898）戊戌科共开设的109科武科举中，都举行了武殿试。武殿试一般于会试后的十月举行，十月初一先考内场，初三由皇帝在紫光阁试马步射，初四在御箭亭阅试弓、刀、石等技勇，如果恰逢皇帝出巡，则由兵部选定回銮后的某个日期请旨钦定。武殿试的考官由内阁六部、都察院、通政使司、詹事府堂官中选取四人作为读卷官，都察院御史充任监试官，受卷、弥封、收掌等官在内阁、翰林院、詹事府堂官中选取，提调官为兵部堂官。武殿试参加的人员包括两类：一是通过了当年会试复试的新试武举人；二是前科会试复试不过补行殿试的武举人。由于殿试不黜落士子，因此所有参加殿试的武举人，都能够取得进士资格〔2〕。

---

〔1〕李世愉、胡平：《中国科举制度通史》清代卷下，上海人民出版社，2017，第572页。
〔2〕周俊：《清代武举制度考论》，《兰台世界》，2013年第1期。

（三）武举制的终结

武举制度属于一类考试制度，其主要价值体现在为国家选拔将才，因为这种考试制度为民间上层的习武之人提供了步入仕途、获取功名、提高地位的机会，所以自唐代武则天创设以来，一直间接推动着武术发展。但鸦片战争后，随着西方的坚船利炮撬开中国国门，冷兵器在军事中的地位日益衰微，通过武举制这种考试制度选拔的人才也逐渐成为一种摆设。光绪二十一年（1895），荣禄首先提出废除武举制度，认为“自火器盛行，弓矢已失其利，习非所用，与八比试帖之弊略同，积弱之端，未始不由”[1]。在举国上下莫不知其无用的呼声中，光绪二十七年（1901），清廷宣布废除武举制。随着武举制的废除，军事武艺一落千丈，武术在军事中的显赫地位也因此一落千丈，由此斩断了那些希冀凭借武功升迁的习武者的仕途，致使历史上延续了数千年的“以满足军事需要为目的的国家行为所驱动的、促使武术技术不断发展的良性循环过程”[2]被打破。武术发展因失去了与“国之大事”的内在联系而陷入前所未有的衰微状态。

第二节　暗流涌动的秘密结社武术

清朝为巩固自身的统治地位，一方面通过武举制选拔军事人才，加强军事力量；另一方面禁止民间习武，以防有人造反。如

---

〔1〕朱寿朋：《光绪朝东华录》，中华书局，1984，第4015页。
〔2〕温力：《中国古代军事对武术发展的作用》，《武汉体育学院学报》1999年第4期。

果换成其他体育运动项目，在这样的社会环境下，早就被历史淘汰了，而武术之所以能够顽强地生存下来，是因为其具有防身自卫的特殊价值。如果说国家层面的防卫力量是军事，那么个体层面的防卫手段则是武术。军事对一个国家的重要性不言而喻，武术对于个人的重要性也不言自明。正因此，武术才屡禁不止，绵延至今。在清代严格禁武的社会环境下，武术除了通过普通民众以个体为单位私下传承之外，另一个主要途径是通过秘密结社以群体为单位进行传播。本节主要阐释清代禁武的大环境，以及由此而导致武术在秘密结社中的传播。

一、清代的禁武

清初，为打击“反清复明”势力，清廷实施了极为严酷的禁武令。顺治五年（1648）七月，摄政王多尔衮以顺治帝的名义给兵部下发如下谕旨：

今各处土贼，偷制器械，私买马匹，毒害良民，作为叛乱。朕思土贼之起，不过凶愚数人，迫胁村民，遂致遗祸不小。今特为禁约，除任事文武官员及战士外，若闲散官富民之家，不许畜养马匹，亦不许收藏铳炮、甲胄、枪刀弓矢器械。各该地方官察出，估值给价。马匹与军士骑操甲胄、枪刀弓矢器械，可用者收贮，不可用者尽行销毁。邻右十家长，俱具甘结于该管官，汇造清册，送该督抚衙门，转送兵部。有不遵禁谕，隐匿兵器者，是怀叛逆作贼之心，若经搜获或被首告，本人处斩，家产妻孥入官。邻右十家，长杖流出，首告者，赏给犯人家产三分之一，赏例止限百两，如挟仇诬陷，即以前罪反坐。[1]

顺治六年（1649）一月，多尔衮又颁布上谕：

丙寅谕，兵部投充满洲新人，所有马匹兵器，令各主察收如投充汉人中，有铁匠、弓箭匠，不许私造兵器，卖与汉人，违者治罪。[2]

这是清政府颁布的涉及范围最广的一次禁武令，除了文武官员及战士外，都在禁止范畴，特别是汉族人基本都在禁止之列。

为吸纳更多的民间武装力量投向清政府，即所谓“引天下英雄尽入彀中”，在禁止民间习武的同时，清廷鼓励官办习武。例如，顺治六年七月颁布上谕：

若习武生童，及武乡试，止许马一骑，弓一张，披子箭九枝，勿用梅针箭。若马匹、弓矢私借与人，事发者，其罪维均。地方官详察姓名及马毛齿、弓箭数目造册，送该督抚衙门存案。凡各地方督抚道府州县等官，严限查收，着兵部量各直省道里远近，限定日期，速行传知。[3]

由此可知，虽然鼓励官办习武，但监管非常严格，习武者的

---

〔1〕（清）王先谦：《东华录》，顺治十一年，清光绪十年长沙王氏刻本，第 408 页。
〔2〕（清）王先谦：《东华录》，顺治十一年，清光绪十年长沙王氏刻本，第 410 页。
〔3〕（清）王先谦：《东华录》，顺治十一年，清光绪十年长沙王氏刻本，第 408 ～ 409 页。

必须登记造册，接受监察，严禁武器外借。

禁武之后，百姓因无兵器不能御贼，因此后来的政策有所松动。禁武半年之后，多尔衮再以顺治皇帝名义给兵部下谕旨：

> 曩因民间有火炮、甲胄、弓箭、刀枪、马匹，虑为贼资，戕害小民，故行禁止。近闻民无兵器，不能御侮，贼反得利，良民受其荼毒。今思炮与甲胄两者原非民间宜有，仍照旧严禁。其三眼枪、鸟枪、弓箭、刀枪、马匹等项，悉听民间存留，不得禁止。其先已交官者，给还原主。[1]

由此可知，禁武的范围有所减小，仅禁止军中才能拥有的炮、甲胄。

康熙年间，因战事不断，禁武有所松动，仅颁布一条与禁武有关的法令。康熙十二年（1673）给兵部有如下谕旨：

> 近见以佐领争讼者甚多，但知希图荣贵，而爱养所属之道全然不知。又或佐领下另户之主，不令披甲，听徇情面，令家人披甲者甚多，俱宜严行禁止。或二三佐领，或四五佐领，酌量归并。[2]

这里禁止的对象主要是从属满族的八旗，且私自拥有甲胄等与武事相关物品的下级军人。

康熙晚期，教会与秘密结社的活动开始频繁，拥有武术技艺

〔1〕（清）王先谦：《东华录》，顺治十一年，清光绪十年长沙王氏刻本，第418页。
〔2〕（清）王先谦：《东华录》，顺治十一年，清光绪十年长沙王氏刻本，第847页。

的流民也加入其中充当武术教师（各种拳师、剑师等），向教民传授拳棒之术。宗教与武术融合是对政权最大的威胁，因此，作为清代民间武术之代称的拳棒成为最主要的禁止内容。雍正时期的禁武对象主要是江湖医生、武术教师和瑜伽功教师，这类人群都或多或少具有宗教背景，甚至是某个教会会堂的首领。他们通过貌似漫无目的的漫游，以教授拳术的名义与秘密社团暗中勾结，打着“反清复明”的旗号共行叛乱之事。例如，雍正在执政后不久便颁布谕旨：

向来常有演习拳棒之人，自号教师，召诱徒众，鼓惑愚民，此等多系游手好闲、不务本业之流，而强悍少年从之学习，废弛营生之道，群居终日，尚气角胜，以致赌博酗酒打降之类，往往由此而起。甚且有以行教为名，勾劫盗窃贼扰累地方者，若言民间学习拳棒可以防身御侮，不知人果谨遵国法。为善良，尚廉耻，则盗贼之风尽息，而斗讼之累自消，又何须拳棒以防身乎？若使实有膂力勇健过人，何不学习弓马，或就武科考试，或投营伍食粮，为国家效力，以图荣身上进，岂可私行教习诱惑小民耶？着各省督抚转饬地方官，将拳棒一事严行禁止，如有仍前自号教师及投师学习者，即行拿究，庶游手浮荡之徒，知所儆惧，好勇斗狠之习，不至渐染，而民俗可归于谨厚矣。[1]

《大清律》中也有如下记载：

---

〔1〕（清）王先谦：《东华录》，顺治十一年，清光绪十年长沙王氏刻本，第 2382 页。

雍正五年十一月内奉上谕，向来外间常有演习拳棒武艺之人，自号教师，召诱徒众，甚有害于民生风俗，此等多系游手好闲不务本业之流，诱惑愚民，而强悍少年投之学习……[1]

由此，严厉打击民间的拳棒活动成为雍正时期禁武的重点，尤其是武术教师这一行业被明令禁止从事。

清代黄六鸿撰写的《福惠全书》中就记载：

近日吴越州邑，有等无赖少年，并斜[2]合绅衿不肖子弟，焚香歃血，公请教师学习拳棒……似此不即严拿，嚣风何底？捕共作孽渠魁，当与舆情共弃，或毙之于杖下，或申赧于上台，断从三尺之诛，莫宥一成之法，则习俗还淳，而良善获安矣。[3]

从中也不难看出，清廷对民间教师教授拳棒打击之严厉。

乾隆时期基本沿用了雍正时期的禁武政策。乾隆帝在上谕中特别指出：

雍正五年十一月内，钦奉世宗宪皇帝特谕，严禁学习拳棒。应如所奏，行令河南抚臣，转饬各该地方官，密行稽查。傥有前项邪术匪徒，诱骗无赖入伙，严拏究治。被诱之人，分别照例治罪，其游方僧道，除验明照票，踪迹谲者，虽无煽诱情事，

---

〔1〕（清）朱轼：《大清律集解附例》，大清律集解附例卷二十五刑律，清雍正内府刻本，第 304 ～ 305 页。

〔2〕斜：同“纠”。

〔3〕（清）黄六鸿：《福惠全书》卷十一，清康熙三十八年金陵濂溪书屋刊本，第 111 页。

递籍收管。倘邪教有据，严拿究办，务尽根株，至少林寺僧徒，向习拳棒，恐少壮无赖，学习滋事，亦应严禁。违者究治其深山邃谷，饬文武官会遣兵役搜查。[1]

每有游棍僧道，假挟治病符咒诸邪术，以行医为名，或指烧香礼斗，拜忏念经，求福免灾为词，哄动乡民，归依其教，展转纠集多人，奸宄百出，且大河以南，山谷深邃，奸徒便于藏匿，山居百姓，本有防身刀械，少壮又习悍俗。如少林寺僧徒，素以教习拳棒为名，聚集无赖，邪教之人，专意煽惑此等人入伙。与其发觉后四处擒拿，尽置诸法。[2]

由以上可知，对宗教与武术结合产生的潜在后果的忧虑一度使得乾隆时期禁武令范围波及少林寺。正因为这个拥有“禅宗祖庭”称号的宗教集聚地一直以武扬名，为免其与秘密结社扯上关系，乾隆直接把“游棍僧道”的江湖活动等同于邪教。由此可以看出，乾隆对少林寺僧人是持否定态度的。虽然并没有证据表明久负盛名的少林武僧成为民间秘密教门利用的对象，但毋庸置疑，自乾隆起，像天理教、天地会、白莲教等拥有习武内容的秘密社会势力已经不容小觑，也为嘉庆朝乃至之后的全面爆发埋下了伏笔。

清末，外有列强侵略，内有农民军起义。同时，八旗军队自身腐败，没有战斗力。在这样的情况下，清政府只能依靠绿营军苦苦支撑，虽然仍实行禁武政策，但已明显不如之前严格。统治

〔1〕《清实录·高宗纯皇帝实录》卷一百零七，中华书局，1985，第 604 ～ 605 页。
〔2〕《清实录·高宗纯皇帝实录》卷一百零七，中华书局，1986，第 604 页。

者不得不释放军事权给汉族大臣，其中包括招募乡勇成为正规军的权力。其中，曾国藩、李鸿章等在督办地方军的过程中，就吸纳了民间大量有武术基础的人员。咸丰年间曾颁布如下禁武令：

据讷尔经额奏，遵查天竺教即系天主教。直隶民人讽经习教者，不独安肃一县。已谕令该督严行查办。兹又有人奏，安肃安家庄地方传习天主教者，不下数百户，男妇成群，学习拳棒武艺。前七八年间，曾经该县营查拿，该匪竟敢拒捕，将武弁捆缚，见今党徒愈众，且有屯聚米石，收买铁器火药等语。如果属实，是畿辅重地，竟令奸宄潜藏，不法已极，着讷尔经额，密派干员，侦探确踪，设法搜捕，协力缉拏，讯明按律治罪。[1]

《清实录》中还有记载：

朕（咸丰）闻各该处向多猎户，平日练习马上枪箭，专以打牲为业，其胆气素壮，若招募随征，必当可用……如果技艺娴熟，情愿充当兵丁，即着择其乘骑便捷、枪箭有准者，挑募若干，作为余丁，随时训练，既可以备本地边防，兼可以资他省调拨之用。[2]

由此可知，清政府当时更惧怕宗教与武术结合，所以宁可放开骑马射箭，也要禁止民间拳棒，特别是对与宗教结合的聚众练武，严行禁止，且从重处罚。虽然禁武令仍然存在，但从总体而

〔1〕（清）王先谦：《东华续录（咸丰朝）》，咸丰二十一年，清光绪刻本，第614页。
〔2〕《清实录·文宗显皇帝实录》卷之二六五，中华书局，1987，第1110页。

言还是松了一些，如即使不是官学体制内出来的习武之人，只要技艺高超且与宗教势力没有任何勾连，就可以为朝廷所接受，并在战场上建功立业。

根据以上记述，虽然在不同时期禁武的程度不同，但禁止民间习武却基本贯穿清朝近300年的历史。受这种社会大环境影响，民间武术除了少数进入官学教育的内容之外，更多是通过秘密结社传播。秘密结社成为清代民间武术传播的主要途径。

二、清代的秘密结社

秘密结社是指社会下层民众为了求得精神上的慰藉、生活上的互济互助、身体上的自卫抗暴而自发结成社会组织。这种秘密组织以结盟、传教或习武等活动为凝聚方式，具有秘密的组织、宗旨、活动方式与联络的隐语暗号，还有神秘而奇异的入会礼仪、严格的规约。因其不被朝廷官府允许，所以只能在秘密状态下发展。秘密结社具有社会底层、宗法传承、秘密活动、反体制、非法性等特征。由于它们所宣扬的某些教义和口号具有反抗时政的特点，与主流社会相背离或对立，特别是在阶级矛盾激化时，往往发动下层群众起来造反，因此被历代统治阶级视为“邪教”而弹压禁止[1]。在秘密结社的活动中，“素以教习拳棒为名”[2]，所以武术成为其联结武装贫苦民众的普遍方式。学界关于秘密结社组织的类型划分存有多种标准，意见不同，但一般包括“秘密教门”和“秘密会党”两大民间团体[3]。依据地理分布，大致

〔1〕秦宝琦、孟超：《秘密结社与清代社会》，天津古籍出版社，2008，第1页。
〔2〕（清）庆桂、董诰：《高宗纯皇帝实录》，清嘉庆间内府抄本，第3136页。
〔3〕谭松林：《中国秘密社会》第一卷，福建人民出版社，2002，第2页。

呈“北教门，南会党”的分布态势，即南方以天地会为首，北方以八卦教、义和拳为代表。为了便于分析秘密结社中的武术活动，首先对教门、会党两类组织类型进行介绍。

（一）秘密教门组织

秘密教门即以迷信观念为纽带，劝诱群众组成秘密团体，进行政治、经济活动的民间团体。这种结社组织大多采用“夜聚晓散”的活动方式。有清一代，它的活动范围几乎遍及全国，在以河南、河北、山东为中心的广大北方地区尤为活跃。由于这些民间教门的组织行动观念与统治阶级相抵触，往往被视为“邪教”而受到镇压，如大清律规定：“一应左道异端之术，或隐藏图像，烧香集众，夜聚晓散，佯修善事，煽惑人民为首者，绞监侯，为从者，各杖一百流三千里。”〔1〕教门组织发展非常复杂，宗枝繁衍，教派林立，其中以白莲教为主体的教门分布最广泛。白莲教组织谱系芜杂，其衍生教派有收元、清水、八卦教等。总体来说，这些教派的教旨、信仰、教仪、经卷、组织基础、活动方式等和白莲教大致相同，导致清代官方档案中很多材料将教门结社统称为“白莲教”。

拳会组织则是指在清政府统治难以触及的偏远农村以传习武术为基本方式而组织起来的武术团体。清代华北农村中青壮年喜欢习武练拳，各地设有拳场武社，教徒利用结社设立“坛口”〔2〕。拳会组织的名称纷繁多样，主要有义和拳、神拳、八卦金丹教、

---

〔1〕（清）托津等：《钦定大清会典事例》，清嘉庆二十五年，武英殿刻本，第 5389 页。
〔2〕郭守靖：《齐鲁武术文化研究》，博士学位论文，上海体育学院，2008，第 118 页。

顺刀会等[1]。拳会没有统一的组织领导，较为松散。乾嘉时期，拳会与教门相互影响，统治者将其称为拳教。其中具有代表性的拳会组织是义和拳。

（二）秘密会党组织

秘密会党也称“帮会”，主要以异姓结拜形式出现，即用“歃血为盟”“焚表结义”的形式聚合，靠江湖义气、帮规会律维持内部团结，以神秘“信条”和仪式引人入会的团体[2]。他们通过特殊的语言和符记区别于简单的及其他的、立有名目的结拜组织，以“歃血盟誓”将大家联结成为一个整体[3][4]。秘密会党虽然是一种下层群众的结社组织，但在清代是一股不容忽视的重要社会力量。这股社会力量主要包括天地会、哥老会、青帮等。其中，天地会的影响最大。

从武术史学角度来讲，天地会内部是否形成自身拳派的功夫，是重点关注的内容。史料中有一些关于天地会弟子习武的记载：“嘉道年间，已经有一些武术家在天地会内活动。”[5]例如，嘉庆十九年（1814），江西崇义县钟体刚等结拜天地会，有拳棒符书一本，会员便互相试学，还准备到广东请师傅教授。嘉庆二十年（1815），广东龙川县人张华斗、张华光在江西加入天地会，以后一面传会，一面教拳。到了近代，习练武术仍然是天地

〔1〕路遥：《义和团运动起源研究》，山东大学出版社，2018，第 15 页。

〔2〕刘才赋：《秘密社会史话》，社会科学文献出版社，2012，第 2 页。

〔3〕谭松林、欧阳恩良、潮龙起：《中国秘密社会》，第 4 卷，福建人民出版社，2002，第 1 页。

〔4〕蔡少卿：《中国近代会党史研究》，中华书局，1987，第 4 页。

〔5〕李恭忠：《他者的眼光：19 世纪西方人的天地会研究发微》，《江苏社会科学》2015 年第 6 期。

会弟子的基本教育内容。

清代具有习武特点的秘密结社组织除了上文所列之外，还有很多，但以这两类为主，且习武是他们共同的特征。

三、清代秘密结社中的武术活动

清朝时期，武术主要通过教门和会党两种不同的秘密结社组织进行传播。下面对其武术活动分别进行介绍。

（一）秘密教门中的武术活动

在北方广袤的农村乡镇，武艺主要靠秘密教门和拳会传播和发展。两者往往交织在一起，使得“习拳练棒”“喝符念咒”成为其鲜明特征。许多教主本身是武术教师，通过开场授徒、访友比武来传授武艺。例如，山东城武县“红砖会”教首张景文“实则八卦教分支离卦教首”[1]，他在离卦教内传授“八字真言”，同时“并令学习拳棒”，“同教中有仅止念咒运气、学习拳棒者，有兼用阴阳针为人治病驱邪，乘机诱人入教者”[2]。秘密教门中关于符咒治病、习拳练棒的宣传能够有效吸引贫苦无助的下层民众。乾隆三十九年（1774）清水教起义是一个将传教与习武密切结合起来的突出案例。清水教教首王伦平日“抄撮方书，为人治痈殇”，又“传授咒语拳棒”[3]。八卦教与拳棒的结合在史料中也有记载。天理教武卦教头目冯克善对自己的拳法有如下叙述：“嘉庆二年有山东济宁州人王祥教我拳棒，又有滑县朱召村

〔1〕（清）托津：《钦定平定教匪纪略》卷二十三，嘉庆十八年十二月甲午至已亥，第1715页。
〔2〕中国第一历史档案馆编辑部编《义和团档案史料续编》下册，中华书局，1990，第2012页。
〔3〕（清）俞蛟：《梦厂杂著》，清道光八年刻本，第213页。

人唐乐恒教我枪法；十五年二月，我连襟滑县书办牛亮臣见我拳法内有八方步，他说你脚步是个八卦，……他说我习的是坎卦，我们是离坎交宫。”[1]清朝时期，拳会组织的典型代表是义和拳和梅花拳。义和拳原来“是一种拳术的名称，后来则用以指称练习这种拳术的人所组成的武术团体组织”[2]。据考证，义和拳主干应是离卦六趟拳、红拳、梅花拳，离卦传人李翠将这种组织形式融合梅花拳在内的当地拳派形成了义和拳。19世纪末，义和拳发展成为义和团。1899年，以山东冠县、直隶威县为发源地，兴起了以“扶清灭洋”为旗号的轰轰烈烈的义和团运动，该运动到1900年呈燎原之势，但迅速被镇压。义和团在习武过程中将“降神附体”“喝符念咒”等宗教神灵观念贯穿始终，将武术“神秘主义”发展到极致，这也是他们面对洋枪洋炮而一败涂地的原因之一。

秘密教门组织武术活动中还出现了“文武分场”。“文武分场”最早出现于清水教。王伦在清水教内设“文场”和“武场”。“文场练气，武场习拳。”“武场”的教徒称为“武弟子”或“门外弟子”，在入场手续、场规戒律等方面低于清水教的“文弟子”或“门内弟子”[3]。文场控制武场并为后者掩盖传教的面目和活动。乾隆三十九年（1774），王伦借助文武两场在临清组织暴动。清廷上谕记载：王伦起事，俱由白莲邪教而起，煽惑乡愚；

〔1〕[日]佐藤公彦：《义和团起源及其运动——中国民众民族主义的诞生》，宋军、彭曦、何慈毅译，中国社会科学出版社，2007，第156页。
〔2〕李世瑜：《义和团源流试探》，《历史教学》1979年第2期。
〔3〕路遥、程歗：《义和团运动史研究》，齐鲁书社，1988，第141页。

传授“咒语拳棒”，引人入教，传播甚广[1]。这一事件导致清政府在追查王伦起义相关人员时，重点关注是否“入教从贼和学习义和拳”。山东离卦教教首张景文自祖父辈以来就习红拳，“素会运气”[2]。

以梅花拳为例，其文场、武场“亦叫内功、外功”。文场包括“文理”和“练气”两部分内容，武场主张习练“拳棒”[3]。梅花拳的文场与武场密不可分，入梅花拳教者首先学习拳理，接受传统“武场”教育，使武功达到“气化”“懂艺”之后，才可拜师入门学“文理”。“文理”将儒教“存心养性”、佛教“明心见性”、道教“修心炼性”三者融为一体，归于“太极”。“文理”的特殊之处在于“观香、测算、处事随机际变化”。“文理”学成才可算为“文场”师父[4]。文场师父大多是德艺双馨的老前辈，依靠其个人感召力来构成梅花拳会组织的凝聚力，依靠其塑造的超凡气质和威望，受到梅花拳会组织成员的敬重和崇拜。“文场”是该拳派的组织核心。文场的人指挥武场的人，文场的人管理吸收的道徒，还负责组织梅花拳派的其他各项活动[5]。承前所述，“文理统驭武功”这种理念规范了拳会组织中的武术活动行为。

---

〔1〕（清）庆桂、董诰：《高宗纯皇帝实录》，清嘉庆间内府抄本，第 26785 页。

〔2〕（清）俞蛟：《梦厂杂著》，清道光八年刻本，第 213 页。

〔3〕路遥：《“义和拳教”钩沉》，《山东社会科学》1990 年第 6 期。

〔4〕赵景磊、郭玉成：《身份认同视域下梅花拳传承特征与机制研究》，《成都体育学院学报》2018 年第 6 期。

〔5〕柳琅声修、韦麟书：《民国重修南川县志》，民国二十年铅印本，第 247 页。

（二）秘密会党中的武术活动

起初，会党结社的目的在于自保，之后天地会及其支派的宗旨逐渐演变为“反清复明”，且自保或者反抗政府都以武力作为支持。由此，武术活动成为实现目标的重要手段和方式。秘密会党中的武术活动具有鲜明特征，主要有以下几点。

1. 武术是武装、联系群众的纽带

秘密会党通常有先传拳再发展入会、入会后再传拳两种模式。例如，康熙四十年（1701）台湾刘却起事，刘却“以拳自负”，并“日与无赖恶少往来，歃血为盟”[1]。乾隆时期的马朝柱在结盟入会之后，“在他家常见方舞刀打拳之人”[2]。典型的是台湾天地会的林爽文起义，为了增强战斗实力，特地训练出了一支武技骨干队伍。依据当地官吏奏称：“近因官兵枪炮利害，不能抵御，竟敢练出一伙亡命奸徒，伏在匪队里，抵死直犯我兵。”[3]光绪二十七年（1901）湖南湘阴人何兰桂、湘乡人彭月霖来莆田以传拳谋生，各乡从学拳棒者甚众。当时莆田哥老会分南河与北河两派，南河以武秀才许鸿升为首，北河以武秀才林三川为头，此二人在地方素有号召力。由此，在许、林二人的带动下，有更多的群众参与进何、彭二人的学拳队伍之中[4]。由此可见，武术在秘密会党组织活动中的重要作用及结盟习武的特征。

2. 创立者多习练武艺

如乾隆三十二年（1767），天地会倡立者万提喜策动其弟子

〔1〕唐豪：《神州武艺》，吉林文史出版社，1986，第 163 页。
〔2〕屈春海：《清宫档案解读》，华文出版社，2007，第 158 页。
〔3〕（清）《钦定平定台湾纪略》卷三十三，清乾隆五十三年内府刻本，第 1896 页。
〔4〕张银行：《闽台武术文化研究》，博士学位论文，上海体育学院，2012，第 213 页。

卢茂起义。卢茂纠约何哲、林咸等三百多人拜神结盟、同饮香灰酒以齐心。其中，何哲与林咸曾“同习拳棒”，攻掠县城时会众亦各持刀棍等器械[1]。天地会多吸收精通武艺者入会，如咸丰三年（1853）四月六日爆发的以祖籍认同为纽带的归国华侨领导的厦门小刀会起义，甚至出告示公开招募精于技击者，“受领义旗，招集壮勇，共同大事者，务须拣选壮勇，年少精壮，学习武艺，方可行用”[2]。天地会通过歃血为盟、祖籍认同等“类宗族”的形式吸收习武者入会，并动员宗族武力开展活动。

3. 假借武林“圣地”灌输习武意识，传播少林武术

以天地会为谱系的秘密会党组织，喜欢把少林寺作为其武术活动中的“圣地”并加以推崇，主要反映在以下两个方面：一是在一些流传的联络暗语中，有关于这方面的记录，如“武从何处学习？在少林寺学习。何艺为先？洪拳为先。有何为证？有诗为证：‘猛勇洪拳四海闻，出在少林寺内僧。普天之下归洪姓，相扶明主定乾坤。’”二是杜撰渲染了一个少林僧征西鲁的故事，在组织内广泛流传，最后形成了文化学意义上的南少林[3]。

四、清代秘密结社对武术活动的影响

清代以来的秘密结社，以广袤的乡村为依托，广泛开展武术活动。不同类型的秘密结社组织，尽管性质、特点、形式各异，但在武术活动上表现出共同的特征。教门组织和会党组织的入场习拳都有一定的手续和仪式，或提倡“喝符念咒”“习拳练棒”，

---

〔1〕郑振满：《清代闽南乡族械斗的演变》，《中国社会经济史研究》1998 年第 1 期。
〔2〕秦宝琦：《洪门真史》，福建人民出版社，2000，第 247 页。
〔3〕萧一山：《近代秘密社会史料》，岳麓书社，1986，第 126 页。

或要求“歃血为盟”“焚表结拜”，体现出鲜明的“宗教神灵”观念，具有浓厚的迷信色彩。清代秘密结社中武术活动蕴含的迷信神灵思想是中华武术史上的一个奇特现象，深刻地反映了下层劳动人民的文化心态。秘密结社对于社会和武术本身都产生了重要影响，这些影响既有积极的，也有消极的。

（一）推动了传统武术的传播与发展

清代以来，因为处于被统治地位的汉族占人口绝大多数，所以，为防止有人反抗，朝廷长期采用禁武政策。在这种情况下，民间习武只能在秘密状态下进行。秘密结社中的武术活动在民间呈现繁荣发展的景象，凸显了“组织”特点。例如，义和拳、天地会、白莲教、拜上帝会、梅花拳等，吸引了大量下层民众结成组织[1]。“结社习武”一定程度上满足了下层人民“保卫身家”“守望相助”的需求。应该说，雍乾以来，秘密结社在民间不断发展的过程也是武术活动在民间得到相应普及的过程。19 世纪末的义和团运动使传统武术在民间得到广泛传播。义和团歌谣中有：“村村有蒲团，镇镇有拳场，遍地是团民，各个会刀枪。”[2]“拳场林立，人人引相学拳”成为当时习拳练武的社会真实写照。尽管义和团失败以后，清政府禁止民间习武，但是活跃在民间的秘密结社确实促进了武术的发展传播。

〔1〕陈强：《清代秘密结社对武术发展影响的研究》，硕士学位论文，山东师范大学，2019，第 34 页。
〔2〕程英：《中国近代反帝反封建历史歌谣选》，中华书局，1962，第 18 页。

（二）促进了新拳种的出现，丰富了武术的内容

许多新武术拳种的涌现与秘密结社有密切关系。洪拳是我国南部地区的主要拳种之一。它就出于洪门组织，具体来说，应该是洪门习武活动的产物。武术史研究专家唐豪曾得出结论："洪拳出于洪门。"[1]与天地会活动有关的五祖拳，则是依托五祖故事而形成的。福建还有些其他拳种在原有的拳名前冠以"五祖"二字，如"五祖鹤阳拳""五祖白鹤拳""五祖梅花拳"等，这些拳种从一个侧面反映了"五祖传说"对当地传统武术拳种所产生的深远影响。此外，乾嘉年间，秘密教门中的武术活动包括七星红拳、义合拳、八卦拳等拳种。义和团研究专家路遥较明确地提出义和拳与八卦教有重要关系，义合拳应源于八卦教"武场"。有学者钩稽出"白莲教→八卦教→义和拳""神拳→红砖会→义和团"两条义和拳历史发展脉络[2]。综上所述，秘密结社的习武活动对拳种的发展有着不可低估的作用。

（三）"喝符念咒""宗教神灵"观念一定程度上阻碍了武术发展

"喝符念咒""宗教神灵"的意识渗透在秘密结社武术活动中。例如，大刀会"喝符念咒""排枪排刀"，其浑身功夫都用到"刀枪不入"。习武过程中注重使用道教的符咒，"其习法时，贫者不收贽仪，有力者以京钱六千为贽。夜半跽而受业。燃灯焚香，取新汲井水供之……另授以咒，诵咒焚符，冲水令其跪饮……

〔1〕周伟良：《也谈天地会少林故事的形成原因及对传统武术所产生的影响》，《北京体育大学学报》，1991年第3期。
〔2〕程歗：《义和团起源研究的回顾与随想》，《清史研究》，2000年第2期。

诵咒三夜即能御刀”[1]。“符咒”“降神附体”都充满了封建迷信色彩，因其在经济贫困和文化闭塞的集镇农村里有滋生和蔓延的深厚土壤，是封建社会生产力长期停滞和思想文化蒙昧落后的象征。“喝符念咒”“宗教神灵”这种封建落后的蒙昧思想对武术学习有误导作用，一定程度上阻碍了武术的发展。

第三节 技法纷呈的武术拳种

传统的中华武术以拳种为单位，且流传至今的绝大部分拳种都是在清代形成的。虽然早在明代就有了拳种的雏形，但那时的拳种还不成规模，仅有零星的拳种技艺而已。放眼历史长河，中华武术已形成以器械技艺为主、徒手技艺为辅的局面。明代的诸多武术著作以及与武术有关的兵书基本上都以记述器械技艺为主，徒手拳术占的比例非常小。这实际上是人类武技的常态。在欧洲，击剑的地位远高于拳击；在日本，刀法的地位远高于徒手技艺，甚至现在剑道的地位也远高于已进入奥运会的柔道。在中国，从清代开始，这种局面发生反转，逐渐形成以徒手拳术为主体、器械为辅助的局面。

这种以拳术为主体的局面的形成与中华民族发展的历史大背景有直接的关系。早在宋代，武术界就形成了具有完备的运动员选拔、裁判、奖励机制的武术赛事活动，如《梦粱录》中记述，“若论护国寺南高峰露台争交，须择诸道州郡膂力高强、天下无

---

〔1〕陈振江、程歗：《义和团文献辑注与研究》，天津人民出版社，1985，第139页。

对者，方可夺其赏。如头赏者，旗帐、银盆、彩段、锦袄、官会马匹而已”[1]，这与现代意义上的体育竞技没有太大区别。然而，元代是少数民族政权，为了防止造反，统治者实行了严禁民间习武的高压政策；明代虽非少数民族统治，但再也没有形成类似宋代的擂台交流机制；清代也是少数民族政权，又形成了禁武的社会大环境，特别是严禁民间私藏兵器。正因为自元代以来缺乏公开的擂台竞争交流机制，而且很多时候，习武者只能在秘密状态下练习，所以他们只能根据个人理解，将武技向纵深发展，从而形成了风格各异的拳种流派。

整体而言，历史大环境所致，中华武术在清代发展处于畸形状态。但是，换一个角度看这也未必完全是坏事。严禁民间习武、私藏兵器的社会环境致使习武者之间无法公开交流技艺，故形成了“化枪为拳”的形意拳、“化刀为掌”的八卦掌，以及拳派林立、套路纷呈、价值多元的中华武术技术体系，特别是不同习武者根据个人理解将自身掌握的武技向纵深层面发展，从而形成了在技击的某一方面非常独到、极其精深的拳种技艺。例如，太极拳在粘手发放方面非常精深；八极拳在近距离断手发力方面非常有震撼力；苌氏武技在技击和养生方面都很独到……中华武术的博大精深，正得益于在清代的这种畸形发展。

需要说明的是，中华武术的这类拳种技艺根本不是为了擂台格斗而设计的，而是在禁止武艺交流的社会大环境中形成的、仅仅偏重于某一方面技击的技术。因此，仅以某个拳种的技艺进行擂台格斗，存在先天不足。虽然如此，但用这些拳种技艺实现一

---

〔1〕（宋）吴自牧：《梦粱录》卷二十，清学津讨原本，第 127 页。

般性的防身自卫，还是绰绰有余的。一方面，在防身自卫过程中，只要掌握一点武技，哪怕是偏门的技术，也可能奏效。因为防身自卫的对象一般是盗贼或发生冲突的邻里，这些人可能完全不会武术，与擂台上势均力敌的习武者是完全不同的。在这种情况下，只要掌握一点武术技艺就具有优势，甚至还可能出现以弱胜强、以小搏大的结果。另一方面，习武者为了更好地实现防身自卫的目的，会设计在不同场景、不同条件下用于防卫的大量预设性攻防技法。例如，对方从正面出拳时如何躲闪，对方从侧面出拳时如何化解，对方抓胸时如何擒拿，对方抓腕时如何反制，对方抱腰时如何解脱等。又如，“高怕抱腰矮怕薅”道出了高个、矮个的缺陷以及对付这类人应采取的技击方法，“短见，长脚下忙”道出了拿短器械的人与拿长器械的人对抗时应注意的问题。传统武术拳家根据各种场景、各种条件、各种人群、各种器械，设计了不同的技击方法。这种对技击的全方位设计，充分体现了中国人特有的“具体问题具体分析”的思维方式。武术技击不仅有双方实力相当的擂台竞技这一个固定模式，还包含多种多样的情境。

本节从众多武术拳种中筛选几个有代表性的进行详细介绍，其中有些形成于明代，但其技术及理论在清代趋于成熟，有些则完全是在清代形成发展起来的。在传统武术中，少林武术的影响力无疑是巨大的，但由于其辉煌期在明代，到清代开始衰落，故本章不再赘述，仅将其于清代形成的理论在后面章节涉及。内家拳在中华武术中独树一帜，正如周伟良所言：“明代中期‘主于博人’的少林拳和‘以静制动’的内家拳出现，可谓是古代武术发展的两个代表性里程碑……相比较下，继而崛起的‘内家拳’则标志着古代武术一种新的历史走向”[1][2][3]。内家拳虽然形成于明代，但被武术界熟知，却源于清初黄宗羲的《王征南墓志铭》及黄百家的《王征南先生传》，故开篇先介绍这种具有“新的历史走向”的独特拳种。在清末才显现于世的太极拳是当今最有影响的一个拳种，故本节对其进行重点介绍。苌氏武技是技击与养生并重的一个独特拳种，由于其养生理论独到精深，故也将其作为一个代表拳种进行重点介绍。螳螂拳是象形拳的典型代表，向来以勇往直前、刚猛无畏著称，在此，也将其作为一个代表性拳种进行介绍。很多学者将通背拳视为一个拳种，但笔者经深入调研发现，通背拳名下包含几个源流不同的拳种，只是同名而已，故此，也将其作为一个拳类进行介绍。对于流传于南方的拳种，精选了具有巨大影响力和突出代表性的洪拳[4]。

---

〔1〕 周伟良：《历史与现代交汇中的中华武术》，逸文武术文化有限公司，2012，第 133 页。
〔2〕 周伟良：《武当武术的历史梳理——道教影响下的一个文化案例》，《学术界》2013 年第 10 期。
〔3〕 周伟良：《试论明清浙东内家拳的拳理技法及文化价值》，《北京体育大学学报》2009 年第 12 期。
〔4〕 初稿曾对形意拳、太极拳、八卦掌、八极拳、番子拳、蔡李佛拳、咏春拳、客家拳等诸多拳种一一介绍，而因篇幅所限，终稿删除了诸多优秀拳种。形意拳、太极拳、八卦掌分别代表了三种技击思想：形意拳突出“打对方劲之始”，即在对方的劲力还未发出来时，就将其堵住，把它憋回去，所以形意拳突出脚踏中门，直推直进；太极拳突出“打对方劲之尾”，即让对方的劲力发出来，通过引化的方法，使其发到极限，并改变其方向，进而进行反击；如果说形意、太极都是正面迎敌，只是采取的方略不同，那么，八卦掌则突出“避正就斜”，即通过灵活的步法、身法闪到侧面，避其锋芒，打其虚点。由此可见，三大拳种代表了三种技击思维，构成了一个更大的技术体系。八极拳是侧重于近距离实战的拳种，其缺点是步法方面，优点是只要近身，就能够发出十分震撼的爆发力，技法以掌法外加肘法为主，主要以对方的胸腹为进击目标。番子拳是中近距离发力的拳种，整体而言，类似于西方的拳击运动，但其缺点是步法方面不如拳击运动灵活，优点是拳法具有“连打带撞”的特点，而且上下翻飞，速度极快，有“脆快一挂鞭”之说。蔡李佛拳、咏春拳、客家拳则是南拳中很典型的拳种。因书中删去了这些拳种，所以在此略加说明。

一、内家拳

（一）内家拳的源流

内家拳是明代形成的独具特色的武术拳种，但作为有史可考的文字记载，“内家”一词最早出现于清初黄宗羲为其好友王征南所撰的《王征南墓志铭》[1]，其首句即以少林拳为参照抛出“内家”的概念，然后记述了内家拳的传承脉络及其传人王征南的生平事迹。

少林以拳勇名天下，然主于搏人，人亦得以乘之，有所谓内家者，以静制动，犯者应手即仆，故别少林为外家。盖起于宋之张三峰。三峰为武当丹士，徽宗召之，道梗不得进，夜梦玄帝授之拳法，厥明以单丁杀贼百余。三峰之术百年以后流传于陕西，而王宗为最着。温州陈州同从王宗受之，以此教其乡人，由是流传于温州。嘉靖间张松溪为最着。松溪之徒三四人，而四明叶继美近泉为之魁，由是流传于四明。四明得近泉之传者为吴昆山、周云泉、单思南、陈贞石、孙继槎，皆各有授受。昆山传李天目、徐岱岳，天目传余波仲、吴七郎、陈茂弘；云泉传卢绍岐；贞石传董扶舆、夏枝溪；继槎传柴玄明、姚石门、僧耳、僧尾；而思南[2]之传则为王征南。

---

〔1〕（清）黄宗羲：《南雷文定前后三四集》，南雷文定卷八，清康熙刊本，第 84 页。

〔2〕单思南是王征南的老师。黄宗羲的《王征南墓志铭》中有“思南从征关白，归老于家，以其术教授”之句，这里的“从征关白”指的是参加明朝万历年间援助朝鲜抗击日本侵略者的战争。“关白”是日本平安时代的官名，是掌握实权的首相，相当于中国的丞相，此处的“关白”指丰臣秀吉。参考张如安：《析单思南“从征关白”》，《体育文史》，1996 年第 6 期。

此外，明代沈一贯的《搏者张松溪传》中说，“我乡弘正时有边诚，以善搏闻。嘉靖末又有张松溪，名出边上。张衣工也，其师曰孙十三老，大梁街人”[1]。清代万斯同修的《明史·方技传》中说“弘正间十山客温州，受其术以归，由是四明始有内家拳法”[2]。由此可知，张松溪师从孙十三老。孙十三老客居温州时从陈州同那里学得这种拳术。

从以上引述可以基本勾画出内家拳自产生到清初的大体传承脉络，其中，除了“宋之张三峰”与“王宗”之间隔代久远，缺乏史料支撑外，其他传承脉络都很清晰。查阅宋元文献，没有发现相关记载，在明代文献中有上百条言及“张三峰（丰）”，但没有一条提及其武功，更没有提及内家拳。至于当年黄宗羲对内家拳“盖起于宋之张三峰”之说是经过了严格的历史考证，还是根据王征南所述而人云亦云，由于缺乏资料，不得而知。但根据唐豪[3]、周伟良[4]、杨建营[5]的研究可以推断：内家拳与张三丰、武当山发生关系，皆因明成祖拔高了张三丰、武当山的地位之后，后起的内家拳的传人为提高自身地位而附会所致。但这只是逻辑推断，由于缺乏史料，所以尚难定论。

除了《王征南墓志铭》和《明史·方技传》都有内家拳是由陕西传至温州的说法之外，清代俞樾的《仿张船山宝鸡题壁诗十八首》中的第一首可以佐证内家拳曾在陕西宝鸡一代流传。原诗文如下：“横流初起只涓涓，谁料崇朝便蔓延。妇女能为

---

〔1〕（明）沈一贯：《喙鸣诗文集》文集卷十九，明刻本，第 301 页。
〔2〕（清）万斯同：《明史》卷三百九十七，清钞本，第 4916 ～ 4917 页。
〔3〕唐豪：《内家拳》，《国术统一月刊》1936 年第 3 ～ 4 期。
〔4〕周伟良：《浙东内家拳历史源流考》，《杭州师范大学学报（社会科学版）》2010 年第 6 期。
〔5〕杨建营：《内家拳传承脉络及当代发展》，《体育学刊》2017 年第 3 期。

祆庙火，儿童竞习内家拳。岂真梵咒传红教，更甚奸民聚白莲。吃菜事魔从古有，最奇笃信有诸贤”〔1〕。

宁波市鄞州区东郊街道（即古之大墩）保存的《大墩徐氏宗谱》中曾有内家拳的相关论述，“宋张三峰以内家名天下，及明而流传至于鄞。国初王征南其最着也。征南教授乡里，至乾隆间而公〔2〕与瑞伯得其传。术以静制动，人以其穴，指挥如风，虽数百人无不披靡者”〔3〕。从中可得知“王瑞伯、徐遇金”是学得王征南之内家拳精华的后世传人。但王瑞伯的内家拳技艺得自王征南的哪个传人，其后继传习者有谁，由于材料缺失，已难以考证。此外，内家拳的当代传人夏宝峰在其祖屋里发现的《源流》中记载了由夏枝溪一脉流传下来的内家拳的传承情况。根据各种史料及调研过程中获得的资料，内家拳在明末至清代的传承脉络如图 4-1〔4〕。

（二）内家拳的技术特点

根据黄宗羲的描述：内家拳不同于“主于搏人”的少林拳，而具有“以静制动，犯者应手即仆”的特点。明代首辅沈一贯《搏

---

〔1〕（清）俞樾：《春在堂诗编》，清光绪二十五年刻春在堂全书本，第 281 页。

〔2〕此处“公”指徐遇金。

〔3〕张如安：《四明内家拳名师王瑞伯之谜初揭》，《精武》2009 年第 2 期。

〔4〕有的古籍将其中的“柴玄明”写作“柴元明”，如钱维乔《（乾隆）鄞县志》“方技传上”、清俞樾《茶香室三钞》“内家拳传受源流”等，而有的古籍却是“柴玄明”，如黄宗羲《南雷文定前后三四集》“王征南墓志铭”。究其原因，前者应是避讳康熙帝“玄烨”之“玄”而改，故其本名是“柴玄明”。这正如清俞樾《茶香室三钞》“内家拳传受源流”将“玄帝”写为“元帝”、万斯同《明史》“方技传上”将其写为“真武”一样，都是为了避讳康熙之“玄”。黄宗羲《南雷文定前后三四集》“王征南墓志铭”则直接写为“玄帝”。实际上“玄帝”就是“玄武（真武）大帝”，是道教所奉之神。民国时期唐豪的《内家拳》中也将“柴玄明”写作“柴元明”，另外，唐豪还将余波仲、陈茂弘、卢绍岐分别误写为余时仲、陈茂宏、卢绍歧。

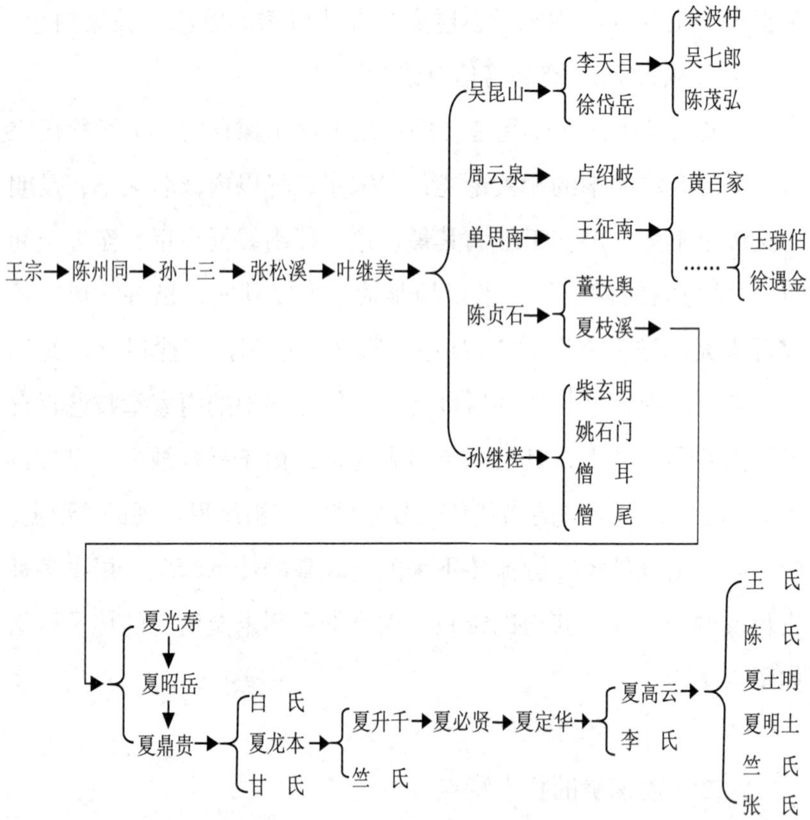

图 4-1　内家拳在明末至清代的传承谱系

者张松溪传》中对张松溪的记载也可佐证这一点，其中说："倭乱时少林僧七十辈至海上求张，张匿不见，好事少年怂慂[1]之，僧寓迎凤桥酒楼……张衣屦如故袖手坐，一僧跳跃来蹴，张稍侧身举手而送之，如飞丸度窗中堕重楼下，几死。"[2]由此可大概了解内家拳"以静制动，犯者应手即仆"的技术特点。明代少林拳因其僧兵勇赴抗倭战场多次大捷而名扬天下，从而形成中华

〔1〕慂：同"恿"。
〔2〕（明）沈一贯：《喙鸣诗文集》文集卷十九，明刻本，第 301 页。

武术发展的一个里程碑，而内家拳正是在少林拳如日中天之时将其“复从而翻之”而来。这种“复从而翻之”的改进即由“主于搏人”的“主动进攻”转变为“以静制动”的“防守反击”，其拳理显然汲取了道家“反者道之动”思想，因而其技术特色非常鲜明，文化内涵十分独特。武术史专家周伟良称其为“继‘主于搏人’的少林拳之后，中华武术的又一次里程碑式的发展”〔1〕，毫不为过。

王征南之徒、黄宗羲之子黄百家在《王征南先生传》〔2〕〔3〕中详细介绍了内家拳包含的应敌打法、可击打的穴位、禁犯病法、手法、步法等内容，还介绍了六路、十段锦的套路歌诀。对此可查阅中国基本古籍库中的《内家拳法》，不再赘述。但从书中内家拳的技法名称和禁犯病法可以看出，内家拳与后起的太极拳完全是两个不同的拳种，只是都具有“以静制动，犯者应手即仆”的特点而已。

二、太极拳〔4〕

（一）太极拳的源流

关于太极拳的产生，目前武术界有多种说法。但至今都难以

---

〔1〕周伟良：《试论明清浙东内家拳的拳理技法及文化价值》，《北京体育大学学报》2009年第12期。

〔2〕（清）黄百家：《内家拳法》，清昭代丛书本，第1～4页。

〔3〕（清）黄百家并没有撰写《内家拳法》，而是撰写了《王征南先生传》，“内家拳法”是其中的一部分内容。据永瑢在《四库全书》中介绍，受明代书贾“改头换面”之积习影响，《王征南先生传》被后人“芟其首尾”，改名《内家拳法》而行于世。其中如是说：“是编，凡甲乙丙三集，每集各五十卷，每卷为书一种，皆国初人杂着。或从文集中摘录一篇，或从全书中割取数页，亦有偶书数纸，并非著述而亦强以书名者。中亦时有篡改：如徐怀祖之海赋，去其赋而存其自注，改名台湾随笔；黄百家之征南先生传，芟其首尾，改名内家拳法。犹是明季书贾改头换面之积习，不足采也。”参见永瑢：《四库全书总目》，清乾隆武英殿刻本，第2219页。

〔4〕该部分内容主要参考了杨建营主持的国家社科基金项目“中华优秀传统武术拳种的传承发展体系研究”的部分成果。

提供令人信服的史料。尽管太极拳产生的具体时间尚难以定论，但“太极拳”名称公之于世，却是在武禹襄（1812—1880）从河南舞阳盐店其兄武澄清处得王宗岳《太极拳论》之后。在此之前，河南温县陈家沟流传的拳法有炮捶、陈家拳之名，并无“太极拳”之名。杨露禅称当时在陈长兴那里所学的内容为软拳、绵拳、粘拳、长拳、十三势，既不提炮捶、陈家拳之名，也无“太极拳”之名。因此，“太极拳”一词在武术界流传开来，是19世纪后期的事。具体而言，应该在1853年到1881年这段时间，因为根据郝和珍藏本《王宗岳太极拳论（后附小序并五字诀）》中收录的李亦畬的《太极拳小序》记载：他是从咸丰癸丑年（1853）开始，随其舅舅武禹襄学习太极拳二十余年，于光绪辛巳年（1881）中秋写《太极拳小序》（图4–2）[1]。

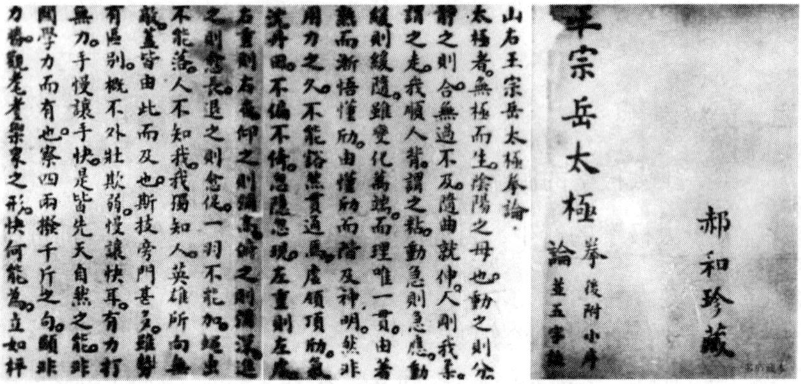
王宗岳太極拳論
後附小序並五字訣
郝和珍藏

山右王宗岳太極拳論
太極者。無極而生。陰陽之母也。動之則分
靜之則合。無過不及。隨曲就伸。人剛我柔
謂之走。我順人背。謂之粘。動急則急應。動
緩則緩隨。雖變化萬端。而理唯一貫。由著
熟而漸悟懂勁。由懂勁而階及神明。然非
用力之久。不能豁然貫通焉。虛領頂勁。氣
沈丹田。不偏不倚。忽隱忽現。左重則左虛
右重則右杳。仰之則彌高。俯之則彌深。進
之則愈長。退之則愈促。一羽不能加。蠅虫
不能落。人不知我。我獨知人。英雄所向無
敵。蓋皆由此而及也。斯技旁門甚多。雖勢
有區別。概不外壯欺弱。慢讓快耳。有力打
無力。手慢讓手快。是皆先天自然之能。非
關學力而有也。察四兩撥千斤之句。顯非
力勝。觀耄耋禦衆之形。快何能為。立如枰

图4–2 李亦畬的《太极拳小序》

随着太极拳以京城为核心向外传播而声名远扬之后，一些人才开始寻根。后来有人发现，杨露禅的太极拳是从陈家沟学来的，

〔1〕（清）王宗岳：《太极拳论》，郝和珍藏本，22-23页。

故确定陈家沟的拳就是太极拳的源头。然而，进行技术对比会发现陈家沟祖传的炮捶或陈家拳等内容与杨露禅所练的内容有非常大的差异，所以后来被称为陈式太极拳。20世纪20年代，陈照丕、陈发科先后在北京传拳，后来陈照丕又被中央国术馆聘任到南京教拳，由此，才逐渐改变了“谁知豫北陈家技，却赖冀南杨式传”的局面，从而使陈家拳走出了陈家沟，走向了全国。由此而言，虽然陈式太极拳形成得比较早，但其名称的出现却非常迟。其后，因20世纪30年代唐豪去陈家沟考证而得出“陈王庭是太极拳的创始人”的结论之后，“陈式太极拳是其他太极拳之根”的说法才流传开来。也因此，在1933年的《温县志稿》卷九“人物志”中才开始增加关于陈王庭寥寥数语的介绍，言其为“县学武生”，“近今所谓太极拳，即由其发扬光大，历代相传，成为独得之秘”。这是在历代县志中首次出现“太极拳”三个字〔1〕。不过，杨露禅虽然曾几次到陈家沟向陈长兴学拳，但学习内容是陈氏祖传的炮捶，还是其他，目前尚存在争议。

武禹襄与杨露禅同是直隶广府人，武禹襄因向杨露禅请教却没有获得真谛，才循着杨露禅的路线远赴河南。从学于河南温县赵堡镇的陈清平之后，武禹襄结合偶得的王宗岳《太极拳论》〔2〕，以气论拳，才自成一派，形成了后来的武式太极拳。赵堡镇本土流传下来的太极拳则被称为赵堡太极拳。满族人吴全佑曾向杨露禅、杨班侯（曾得武禹襄及其父杨露禅的真传）学太极拳，吴全佑之子吴鉴泉子承父业，后来自成一派，称吴式太极拳（1912）。

〔1〕周伟良：《河南唐村武术史料考略》，《中华武术（研究）》2014年第12期。
〔2〕是偶得，还是由武禹襄撰写而伪托王宗岳之名，目前武术界存有疑问。

形意、八卦名家孙禄堂曾向武式太极拳传人郝为真学习太极拳，将太极、形意、八卦三拳种融合，后来创立了孙式太极拳（1918）。

综上，在目前史料不足的情况下只能得出以下结论：太极拳这种武术技艺曾在河南温县赵堡镇及陈家沟一带流传。河南温县陈家沟、赵堡镇是目前发现的太极拳最早的流传区域，以此为基础逐渐分化，才形成了新的分支，包括在河南本土流传的陈式太极拳、赵堡太极拳，在河北、北京流传的杨式太极拳、武式太极拳，以及直到20世纪初才形成的吴式太极拳、孙式太极拳等。需要特别说明的是，最初在河南温县流传的这种技艺并无“太极拳”一名，直到武襄禹从河南舞阳盐店得王宗岳《太极拳论》之后，太极拳的名称才公之于众。当杨家将其所传技艺也称为太极拳，并在京城创出名声之后，“太极拳”这一称谓才逐渐产生巨大影响。正因此，后来河南才有了陈式太极拳、赵堡太极拳的称谓，1933年，《温县志稿》中首次出现“太极拳”三个字，正是很好的例证。

据可考资料，太极拳在清末的大致传承脉络[1]见图4-3。

（二）太极拳的主要内容及技术特点

就太极拳的具体技术内容而言，郝和珍藏本《王宗岳太极拳论（后附小序并五字诀）》中记述的“十三势架”[2]的动作名称如下：懒扎衣、单鞭、提手上势、白鹅亮翅、搂膝拗步、手挥琵琶势、搂膝拗步、手挥琵琶势、上步搬揽垂、如封似闭、抱虎

〔1〕此处参考李慎明：《世界太极拳发展报告（2019）》，社会科学文献出版社，2020，第65～148页、第160页。另外，由于孙氏太极拳1918年才形成，不在本书的研究范围，所以在此图中没有列出。

〔2〕此处呈现史料原貌。其中，“揽”同“拦”，“垂”同“捶”，“纭”同“云”。

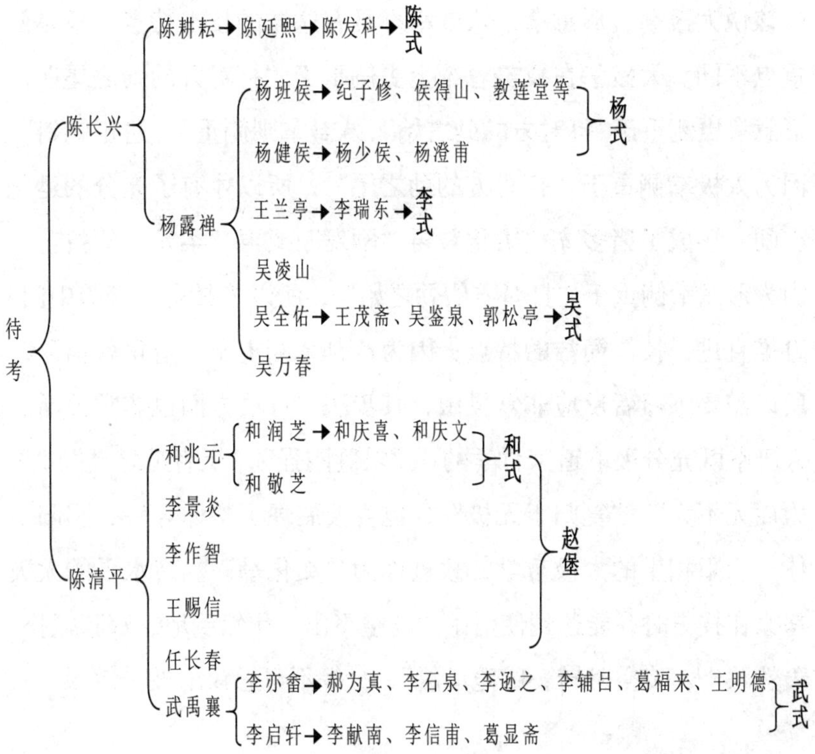

图 4-3　太极拳在清末的大致传承脉络

推山、单鞭、肘底看垂、倒辇猴、白鹅亮翅、搂膝拗步、三甬背、单鞭、纭手、高探马、左右起脚、转身蹬一脚、践步打垂、翻身二起、披身、踢一脚、蹬一脚、上步搬揽垂、如封似闭、抱虎推山、斜单鞭、野马分鬃、单鞭、玉女穿梭、单鞭、纭手下势、更鸡独立、倒辇猴、白鹅亮翅、搂膝拗步、三甬背、单鞭、纭手、高探马、十字摆连、上步指裆垂、单鞭、上步七星、下步跨虎、转脚摆连、弯弓射虎、双抱垂、手挥琵琶势。

太极拳之所以被后人称为内家拳，是因为与前文所列的内家拳都具有“以巧斗力”的特点，都将“技击之道”作为主要追求。

应该说太极拳、形意拳、八卦掌都具有这样的技击特点，只是侧重点不同。太极拳在技击思维上更侧重于“打对方的劲之尾”，形意拳更侧重于“打对方的劲之始”，八卦掌则侧重于“避正就斜”。因为太极拳侧重于“打对方的劲之尾”，所以才有了充分的运化空间，形成了诸多先“柔化”再“刚发”或再“柔发”的技艺；因为形意拳侧重于“打对方的劲之始”，所以才具有了脚踏中门、直推直进、技法简洁的特点；因为八卦掌侧重于“避正就斜”，所以需要练习者反应非常灵敏，其步法、身法方面也非常灵活。太极拳既充分汲取道家哲学的“柔弱胜刚强”“反者道之动”“无为而无不为”“复归于无极”，也直接展现了整体合一、阴阳一体、阴阳相生的太极哲学，故被称为“文化拳”。高水平的太极拳家在技击时，能达到使对手“腾空飞出、颓然倒地、双膝跪扑、轰然跌坐、凌空翻转、踉跄颠跳”〔1〕等不可思议的技击效果。

三、苌家拳

（一）苌家拳的起源

苌家拳，又称苌门拳、苌氏武技，发祥于河南荥阳〔2〕，由清乾隆年间苌乃周创编，共有拳学理论体系、拳法套路体系、养生功法体系和内功散战体系四个体系，在河南与少林拳、陈氏太极拳并称为三大著名拳种，是技击与养生并重、技术与文化相融的一个典型拳种。

---

〔1〕田金龙：《太极拳空灵境界的证悟》，《上海体育学院学报》2012 年第 5 期。

〔2〕荥阳，汉朝时期称之为成皋县，至隋朝后改为汜水。汜水地形险要，山河雄伟，又兼有“一夫当关，万夫莫开”的虎牢关。因其地理位置的特殊性，中原若有战事，必及于此，可谓是历代的兵家必争之地。

苌乃周出身于书香门第。其曾祖父苌印昌是一个以经史为宗，长于《春秋》《左传》手抄成帖，兼通老庄佛书的饱学之士[1]。其祖父苌楚霖，庠生，赠文林郎、山东蓬莱县（今为蓬莱市）知县。其父苌仙湄，字学渊，号临川，庠生，敕授文林郎、山东蓬莱县知县[2]。其长兄苌仕周23岁中举人，27岁中进士，历任山东蓬莱县、文登县（今为威海市文登区），陕西宜君县知县，著有《易经讲义》《治家格言》传于后世，其中《易经讲义》被收入《四库全书总目》。其次兄苌兴周，太学生，应赠蓬莱县知县。其弟苌屏周，行四，监生，应赠蓬莱县知县。苌乃周，岁贡生，候选蓬莱县知县。正是在这样的家庭背景下，苌乃周结合从禹让那里学习的二十四大势拳、猴拳、二十一名枪，从阎圣道那里学的罗汉拳，从冉道那里学习的猿猴棒等技术而创立了一个以气统拳、自成体系的"苌家拳"。苌家拳的传承主要有家族传承和师徒传承两种方式，其在清代的传承状况见表4–1、表4–2。

表4–1 苌家拳的家族传承人员情况

代序	每代家族传承人的姓名
第一代	苌乃周
第二代	苌其实、苌其天、苌其渊、苌玉成、苌玉堂
第三代	苌廷濛、苌廷照、苌经武、苌福瑞、苌廷扬、苌克广、苌克俭、苌克俊
第四代	苌汉文、苌甲彦、苌国彦、苌文、苌连登
第五代	苌德普、苌德俊、苌群英、苌转、苌德基、苌海申、苌德昭、苌河波
第六代	苌文蔚、苌合盛、苌炳蔚、苌合掌

〔1〕葛廷贵：《苌氏武技初探》，《河南体育史料》1983年第3辑。
〔2〕陈万卿：《苌家拳》，中州古籍出版社，2009，第8页。

表 4-2　苌家拳的师徒传承人员情况

代序	每代师徒传承人的姓名
第一代	苌乃周
第二代	柴如桂、高六庚、崔丙午、李法文、韩八、赵金川、傅小得、潘越嵩、陶老九、唐清廉、陈天眷、王国祥、张玉林、李根图、秦成宗
第三代	雷长林、荆方中、刘朝凤、席太山
第四代	黄勋、黄百庆、刘九恭
第五代	黄元绪、陈文党、曹毓松
第六代	黄炎章、张会同、胡复生、袁宇华、席礼训、赵传义

（二）苌家拳的拳械套路内容

苌家拳是一个自成体系的新型拳种，其拳械套路内容十分丰富。除此之外，还有用于养生与基础训练的功法、徒手散战技法。根据苌家拳第八代继承人刘义明的口述：苌家拳的养生功法有四桩一功，也称静桩、文修。四桩是推手桩、云手桩、斜形桩、乾坤桩，一功是双凤旋舞功。此养生功法主在练气、纳气、行气、聚气，以养心求意、心意相合，以意催气、以气催形，而形气合一。长久练习，可以修身养性、延年益寿，是苌家拳不外传的养生秘术。

苌家拳的基础训练功法也称动桩、武炼，即十字推手功、单鞭功、斜行功、闪手功、推手功、铁牛耕地功、乌鸦蹬枝、倒栽杨柳功、马步冲拳功、双踏掌、双凤旋舞功、四式连环拳等基础功法。文修和武炼是苌家拳练养中气的重要形式。苌家拳《中气论》中说“文炼之则为内丹，武炼之则为外丹，然，内丹未有不借外丹而成者专也，盖动静互根，温养合法，自有结胎还元之妙”。

因此，这既是专习内气的养生功法，也是初学者必学的基本功法。

苌家拳散战技法有上千个招式，但目前流传的仅有一百零八单势和八组连环技击。这些招式虽是组合，但绝不是表演形式的套路，而是具有实战效果的实用型技术。

（三）苌家拳的风格特点

苌家拳是苌乃周在继承前人武功的基础上，集内、外功夫于一体，融会贯通，汇聚精华而创编出的新型武学。苌乃周将气功运用于武术中，且拳谱的每式用古典诗文来描述。

其总的风格特点如下：

头如蜻蜓点水，一沾既起；
拳似山羊抵头，刚发瞬间；
腰如鸡鸣卷尾，蓄气待发；
脚似紫燕穿林，避实击虚。[1]

其身体各部位的形态运动特点如下：

头

女像天兮卦属干，侧正俯仰自天然。
少阴少阳皆从此，阴阳入附非等闲。

胯

一胯擎起一胯落，起落高低使用多。
下体枢纽全在此，莫把此地空蹉跎。

---

〔1〕刘义明：《苌氏武技全书》上册，山西科学技术出版社，2009，第 74 ～ 76 页。

手

两肩垂兮十指连，生克制化五行全。

敌吃横推看三至，当面直入是三传。

足

足履地兮势如山，点颠平踏自天然。

唯有随跳与乱点，擎气多着在脚尖。

肘

两手垂兮两肘弯，三请诸葛人难防。

屈可伸兮伸又屈，看来用短胜用长。

膝

肘有尖兮膝有盖，膝盖更比肘厉害。

左右勾连一跪倒，金鸡独立法无奈。

平肩

两肩擎起似运担，擎气全在肩骨尖。

前开后合天然妙，双峰对峙自尊严。

仄肩

一肩高兮一肩低，高高低低不等齐。

低昂递换多变化，七搒十势亦出奇。[1]

在总的风格特点之下，苌家拳每个套路又有各自的风格特点，但其拳法整体都遵循“阴阳相扶，刚柔相济，俯仰开合，虚实相间，粘随滑脱，缓急相应。动之，以意领气，以气摧形，而形气合一”的原则。

〔1〕刘义明：《苌氏武技全书》上册，山西科学技术出版社，2009，第 74 ～ 76 页。

四、蝗螂拳

（一）螳螂拳的源流

关于螳螂拳的起源，流传最广的当属王郎创拳说。这一说法最早见于清道光年间梁学香所著拳谱《可使有勇》，其中说道："昔此王螂（应为郎）老师，作为分身八肘、乱接、秘手，但论虚实刚柔，其妙无敌。"之后，在历代螳螂拳的传人的许多拳谱中都有叙及。但对此已无法考证。螳螂拳的第一位有据可考的传承人是清乾隆年间的李秉霄。1935 年的《莱阳县志》中记载：

习螳螂术先是小赤山李秉霄，乾隆时随父官游南中，有大盗某甲，于狱得危疾，已昏不知人，典狱以告官，命出之。秉霄通医理，过试脉，买药饮之。盗汗出而苏，夜半伺隙潜遁。越数月，秉霄深夜独坐，盗突至叩谢，秉霄与语，欢甚。盗以艺授之，秉霄亦英敏，艺与而盗不复至。

李秉霄得传拳术后，博采众家武术拳法之长，创立螳螂拳，之后将其传于赵珠，赵珠传于梁学香、魏德林，梁学香传于姜化龙，至此传承清晰有载。

据考，在李秉霄创立螳螂拳一百多年后，七星螳螂拳的创始人王永春编纂了《七星螳螂拳总谱》。王氏收录的《少林衣钵真传》作者署名为升霄道人，成书于乾隆二十七年（1762）。七星螳螂拳以升霄道人为第二代传承者，有别于其他支脉尊李秉霄为第二代传承者。

螳螂拳自清初传承至今，已经发展演变成一个自成体系、流派众多的著名拳种，形成了梅花、太极、七星、六合三大支脉（梅花与太极同为一脉）四大流派。从有史可查的第二代传承者李秉霄到赵珠，再到梁学香，在这一百余年的传承中，此一支一直一脉相传。后来至梁学香、姜化龙、李之箭等分散开来。20 世纪初，姜化龙与宋子德互传拳艺。宋子德对姜化龙的螳螂拳加以充实、改造，其传承的一脉被称为太极螳螂拳，姜化龙所传的一脉被称为梅花螳螂拳。六合螳螂拳创始人为魏德林，魏德林学拳于赵珠。其在 20 世纪之前的大体传承脉络见图 4–4。

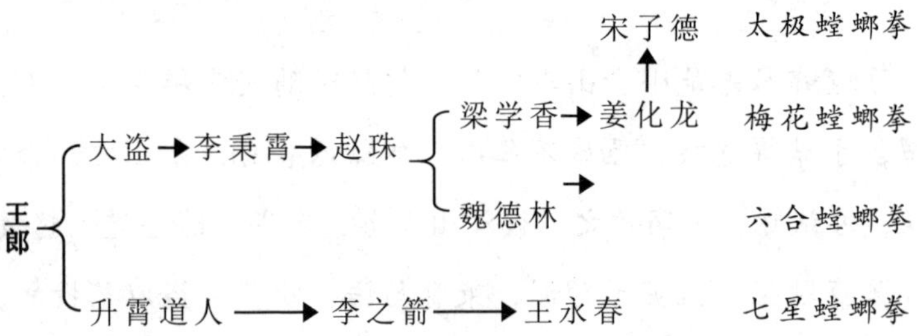

图 4–4　螳螂拳在 20 世纪之前的大体传承脉络及流派分支

（二）螳螂拳各流派的技术特点

梅花螳螂拳属于短打类型的拳术，技击性很强。在打法上讲究出手成撮，手无单行，招招相连，恰似朵朵梅花。其步法灵活多变，有梅花步和鱼鳞步，故称梅花螳螂拳。其风格以刚见长，攻势迅猛凌厉，因此，也被称为“硬螳螂”。

七星螳螂拳在原螳螂拳的基础上借鉴七星拳，充分发挥头、肩、肘、拳、膝、胯、脚七个部位的作用，引入“七星步”（也称“七星势”），因而取名为七星螳螂拳。其技击特点是虚虚实实，随机应变，一招多变，招招相连；劲力以刚脆、快速、横裹、直撞为特色，讲究囫囵劲；劲法总体偏刚，但亦有柔劲，刚柔相济。

六合螳螂拳的特点概括起来说就是四个字：静、柔、圆、活。劲力主柔，与七星螳螂拳、梅花螳螂拳等“硬螳螂”大异其趣，因此，也被称为“软螳螂”。从姿势上看，上盘以车轮、磨盘及螺旋形运动方式为主导，以锥子锤、瓦垄掌及螳螂手为主要手形。手法有勾挂锯挫、缠封刁踩、黏贴推贴、压点撑刺、挑划刀砍、扫搂展劈等，丰富多彩。发拳时，用拧、转、钻、翻、缠丝法，手、眼、身法、步紧密结合，两肘不离肋，两手不离心。下盘以坐山步形和提拖步法为主，以腰为轴，发力集中。脚踏实地，步步为营，进退自如，转化自然。腿法以踢对手下部、高不过膝为要。

五、通背拳

通背拳（也称通臂拳）是一个大范畴，历史上以通背命名的拳种亦不在少数，典型的有白猿通背拳、洪洞通背拳、独流通臂拳，还有相关的通背劈挂拳等，然而，这些拳种均有着各自的历史渊源和技术系统，并非出自一家。从字面上讲，通背拳有象形拳的意味。例如，明代吴承恩的《西游记》第一回、第三回中都出现过“通背猿猴”的称谓[1]。马明达认为：通臂拳的技击要点是充分发挥两臂的长度和力度，以此作为克敌制胜的主要方法[2]，因此被称为“通臂”。据澳门中华民族传统体育协会理事会张建军的比较研究，白猿通背拳、通背劈挂拳、两翼通背拳都符合“通臂”这一技术理念，应都是在明末通臂拳的基础上衍

〔1〕（明）吴承恩：《西游记》，明书林杨闽斋刊本，第 4、16、20 页。
〔2〕马明达：《武学探真》，逸文武术文化有限公司，2017，第 273 页。

生的拳种；而独流通背拳和洪洞通背拳则是另一套技术系统，与最初的“通臂”理念并无太大关联。

（一）白猿通背拳[1]

1. 白猿通背拳的传承脉络

整理老拳谱[2]中《通背猿拳法原门源流》的相关内容，可大致勾勒出通背猿拳从五代末到清初的大致脉络：“陈抟→云五龙、飞空先生、司徒玄空→……→白玉峰→吉志通→张洞峰→鲁云清。”但由于年代久远，传承断续，缺乏进一步的史料佐证，因此，对此尚难以定论。但之后由鲁云清将其传到北京后的脉络，还是比较清晰的。

清朝道光年间，潍坊皮货商鲁云清将通背猿拳传给北京玉顺诚皮货店的专聘教师石鸿胜（1794—1892）（拳谱中有的地方也写作“石洪胜”，原先练三皇炮捶），石鸿胜又将其传授给皮货店店主张文成（1815—1904）及张文成的姨表兄弟韩洞一、刘子英。张文成将其传于刘宝明（1878—1938），刘宝明将其传于马德山（1877—1954）[3]、杨锡成、王嘉和、李长志、贾卯生、刘志成。

白猿通背拳传入北京后，石鸿胜曾以通背散手换祁太昌（齐太昌）的老十二杆，后来祁太昌在练法上做了改动，将通背猿拳变成了放长击远、大劈大打的技术，其主要内容是一百零八单操

[1] 该部分内容是根据白猿通臂拳传人仇必松提供的资料整理而成的。“白猿通背拳”原称“通背猿拳”。

[2] 该拳谱由仇必松提供，是其师父杨起顺（1925—2007）留下来的。从其中的内容看，应该是清末民初的抄本。

[3] 该部分的资料由仇必松提供，其师父杨起顺即马德山的徒弟。据说，马德山等作为刘宝明的伴学，曾一起跟张文成学习武艺。为了进一步学得真艺，后来马德山又拜比自己小的刘宝明为师，进行更系统的学习。

手，后称“祁家通背拳”，又叫“京南手”。祁太昌又将其传于了崔敬、安平李、刘志（刘治）、许永生（祁太昌外甥）。由于通背拳的这一支脉流传广泛，故对通背拳的普及、推广和繁衍起了极大的作用。在传承传播过程中，还有人将拳名由“通背”改为“通臂”。其中，崔敬又将其传于修建痴、何振芳、田瑞清、刘月亭、梁海明，而形成“如意通背拳”；刘志将其传于王九爷、张哲（张喆），在天津形成“合一通背拳”。崔敬的弟子刘月亭将其传于王侠英、张策，形成“五行通背拳”。回族人马晓合（约1840—1902）曾跟随石鸿胜练拳，并得到张文成指点，后创立了“牛街白猿通背拳”。其传人有张少三、冯玉山、郑少简、王启成、蛐蛐等。其中，王启成又将其传于胡少先、孟正源、张贵增。1990年，白猿通背拳传承谱系完成较系统修订，图4–5是部分内容。

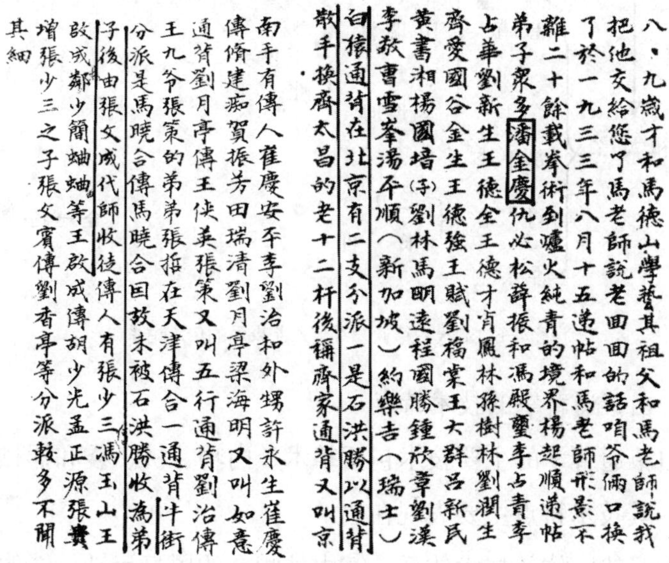

八·九歲才和馬德山學藝其祖父和馬老師說我
把他交給您了馬老師說老田田的話咱爷倆口換
了於一九三三年八月十五递帖和馬老師形影不
離二十餘載拳術到爐火純青的境界楊起順递帖
弟子眾多潘金慶仇必松薛振和馮殿璽李占青李
占華劉新生王德全王德才肖鳳林孫樹林劉潤生
齊愛國谷金生王德強王賦劉福棠王大群呂新民
黃書湘楊國培(子)劉林馬明遠程國勝鍾欣章劉漢
李敬書雪峯湯平順（新加坡）約樂吉（瑞士）
白猿通背在北京有二支分派一是石洪勝以通背
散手換齊太昌的老十二杆後稱齊家通背又叫京
南手有傳人崔慶安平李劉治和外甥許永生崔慶
傳脩建痴賀振芳田瑞清劉月亭梁海明又叫如意
通背劉月亭傳王俠英張策又叫五行通背劉治傳
王九爷張策的弟弟張指在天津傳合一通背牛街
分派是馬曉合傳馬曉合因故未被石洪勝收為弟
子後由張文成代師收徒傳人有張少三馮玉山王
啟成鄭少簡蛐蛐等王啟成傳胡少先孟正源張貴
增張少三之子張文賓傳劉香亭等分派較多不聞
其細

图 4–5　1990 年修订的白猿通背拳传承谱系

综上，可将白猿通背拳在清代传入北京后的传承状况总结如下（图 4–6）。

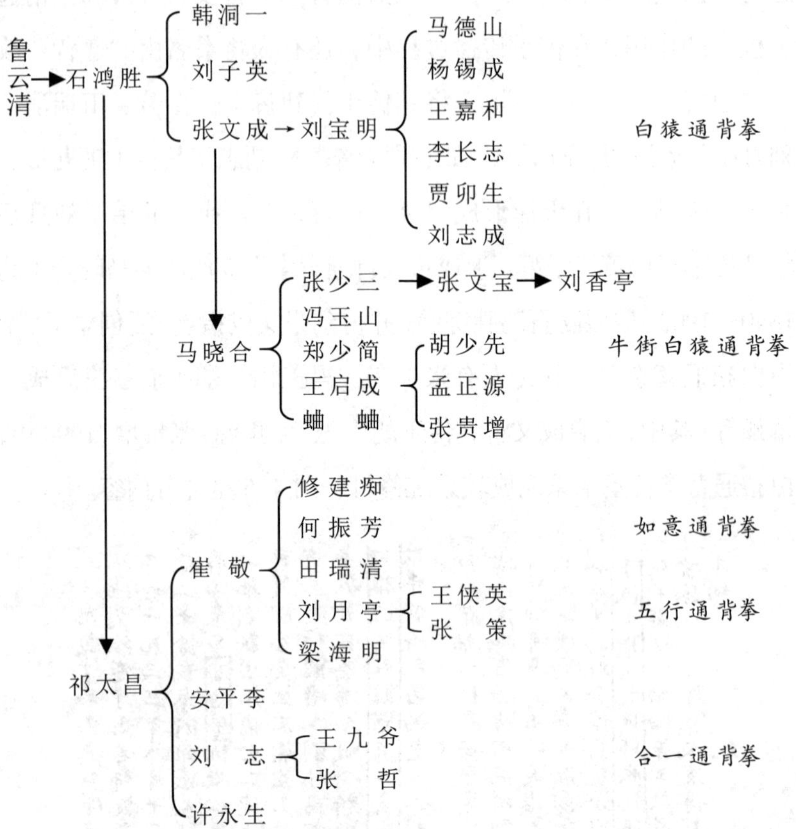

图 4–6　清代白猿通背拳传入北京后的传承谱系

2. 白猿通背拳的技术特点

白猿通背拳的主要技术包括拳术、内功、桩、袋和器械几大部分。其技术特点主要表现在：

①浑然一体的技术体系；②内外相合的周身运动；③躯干带动四肢的拳势；④注重防身抗暴的实战性。

（二）独流通臂拳[1]

1. 独流通臂拳的历史源流

独流通臂拳因最初在河北静海县独流镇（现属天津市静海区）流传而得名，又因民国时期由素有“郭燕子”之称的沧州人郭长生将其发扬光大，所以，也称“沧州通臂拳”。另外，由于该拳种强调“天人合一”“神形合一”“上下内外合一”“吞吐张弛合一”“攻防合一”，故也称“合一通臂拳”。取名“通臂”，其原因为在技术训练及技击时，练习者的两臂从外形上看均系一伸一屈，一前一后，一上一下，一左一右，在一只手出击时另一只手臂反向扯带。

独流通臂拳的源流最早可追溯到清乾隆年间。河北省静海县独流镇的吕二爷学拳于一个高僧，后将该拳传给了同辈挚友锡三爷和人称“于大观音”的于兰，后又重点传给了李登弟、李登善、李士闪等人。其中，李登弟功纯艺精，人称“天下把势数李登”。他早年做保镖，闯荡江湖，曾制服了平原一带江洋大盗“燕尾子”。吕二爷为将李登弟培养为单传继承人，曾安排于兰给他喂手。因此，从单传的角度说，吕二爷是独流通臂拳第一代传人，李登弟是第二代传人。

李登弟传拳于独流人吕憨举（人称“吕憨爷”）和杨学仕（杨四爷）等。吕憨举又传拳于刘玉春、刘玉会兄弟二人以及任向荣、张景元、刘振升、于猴子（于兰的儿子）、李增仁等。这些人中，尤以刘玉春的技艺为最精，当时人称“拳打关东，脚踢直隶，威

〔1〕该部分内容主要参考郭瑞祥：《通臂二十四势》，人民体育出版社，2004，第130～134页。此外，还参考了独流通臂拳的传承者张建军的口述。

震大江南北的常胜将军”。因此，刘玉春是独流通臂拳第四代传人，其喂手人是任向荣[1]。独流通臂拳在清代的传承谱系见图 4–7。

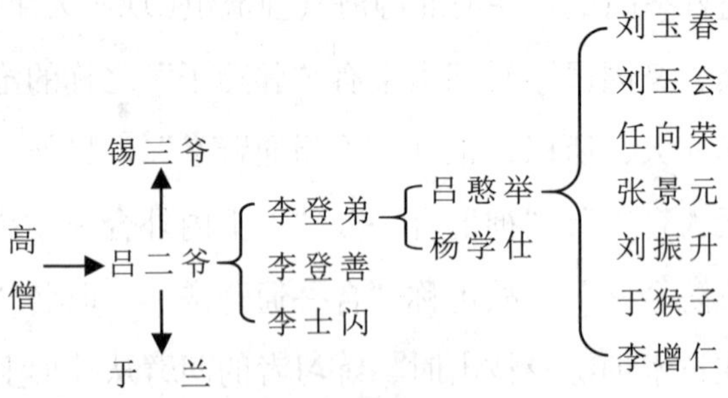

图 4–7　独流通臂拳在清代的传承

与其他拳种的传承不同，独流通臂拳有单传、普传之分。单传并非一辈子只传一人，而是在普通秘传的基础上，于众多的弟子中筛选出合乎受艺条件且出类拔萃之人，定为单系传人。单传之人必须继承独流通臂拳的全部技术，且通晓其拳理、拳法的奥秘和精髓，功力盖过一般人，最终成为本门繁衍的正宗传人。但是在近代独流通臂拳家中，即使不是单传嫡人，功艺已达非凡境

〔1〕民国时期，刘玉春曾在保定大军阀曹锟部任武术教官。1916 年沧州人郭长生拜刘玉春为师，学习独流通臂拳和苗刀。由于郭长生天资聪颖，练功刻苦，学习功夫时一点即透，故深得刘玉春喜爱，得其真传，其喂手人是沧州人曹晏海。郭长生是民国时期武术界响当当的人物，在 1928 年的中央国术馆第一届国术考试中以不败的纪录获“最优等者”称号。曹晏海 1929 年在杭州打擂，一举击败当时名震一时的上海大侠刘高升，之后又在 1930 年上海举行的擂台赛上获第一名，成为当时的“武状元”，当时人称“神腿武状元”。郭长生在中央国术馆将独流通臂拳传给高玉清、郭建伟等人，返回故里后传拳给其子郭瑞林、郭瑞祥等，1945 年在天津教拳时传拳给张汉东、王子昆、庄连芳、鲍东霞等，1953 年后又传给了张群炎等。此外，独流通臂拳在上海、杭州也有传承。刘玉春的弟子刘景云曾在上海传拳于任鹤山，任鹤山又传其徒鲍关芝等人。曹晏海在江西庐山军官训练团时，将独流通臂拳教给了同窗好友巩成祥。巩成祥后来在杭州落户，又教了一些人，其中有李志浩、丁丰水、方树人。郭长生之子郭瑞祥承父业，传家学，使独流通臂拳发展成为沧州四大门派之一，他于 1997 年成立沧州通臂劈挂研究总会，任会长。澳门中华民族传统体育协会理事会张建军从师爷张群炎处习得独流通臂拳，并向一些武术研究生传播。

界并成为佼佼者的，也不在少数。

接收单传之人的条件非常严格，不合乎条件的人，即便是亲生子女也不传。单传就是一辈子传一个人，传下去是责任，传不下去就是罪过（使祖藏技艺失传）。从这点来看，独流通臂拳单传有其保守的一面，也有大公无私的一面。其保守之处就是非单传者不能获得全部技艺；其大公无私之处是没有把独流通臂拳技艺看成是个人的私有财产。其先祖们认为，独流通臂拳技艺是人民创造的，人民更有责任来保护技艺不为坏人所得而用来招摇撞骗、为非作歹。这与“不传外姓”“传男不传女”等陋习有很大区别。

对于单传者，师父要给他找个“喂手的”，叫“二人一副架”。由喂手的人陪着练，喂着打，朝夕在一起，这样才能进步得快。喂手者虽然和单传之人朝夕在一起，却不知道单传之人都掌握了哪些招法，也不能随便问，以免施招不灵。上述传承谱系中，李登弟是吕二爷的单传之人，其喂手者是于兰；吕憨举是李登弟是单传之人，其喂手者是杨学仕；刘玉春是吕憨举的单传之人，其喂手者是任向荣〔1〕。

2. 独流通臂拳的内容及技术特点

与其他拳种不同的是，独流通臂拳没有套路技术，只有30个独立的拳势，即撑捶、崩拳、提拳、挂拳、斩拳、拦掌、横拳、卡、劈掌、捌掌、炮、挑、掸、鞠躬架、拽、扫、翻点鸳鸯脚、捋、暗下取火、疾步勾子、掖捶、搅地龙、肘、撩、猿猴势、醉八仙势、

〔1〕清代之后，郭长生是刘玉春的单传之人，其喂手者是曹晏海。后来郭长生将曹晏海确立为单传之人，但因曹晏海早亡而未能如愿。

盘肘势、风摆柳势、振崩法、套接打。其中最核心的八个拳势为斩拳、拦拳、横拳、卡、劈掌、撩、挑、拽。每个拳势都对应不同的攻防技法或基本功能，且都有多个不同的练习方法。总体来说，为了做到“通臂”这个重要的拳术法则，其身形上要求前窝后扣，且行拳时合膝钻足、浮沉吞吐、起落钻伏。除了以上基本技术内容之外，对于普传与单传者，独流通臂拳的实战训练也有区别。普传总称“短打”，单传总称“打手”。“短打”训练分为上短打、软短打（软八手）、硬短打、梦短打四个阶段，其中，前三个阶段是预先设计好的预设性技法，最后阶段的梦短打属于自由搏击。短打中的进攻招法只有八下，按顺序是上打（斩、撩、劈）、下打（拽、掖、撑）、中打（撑）、单掴（横、斩）、双掴（连环横）、左打右打（连环撑、甩）、撩掖（撩斩）、万拳（撼摇捶、连环肘）。单传的“打手”训练也分四个阶段，依次是散手（乱手）、轻手（错门）、重手（跌人）、猛手（贴身）。与普传相比，单传有以下三个特点：其一，双方在攻防招式上不是预先设计固定的，也不是只练“八手”，而是可以任意使用迎战姿势和拳脚招法进行实战。其二，除师父给拆招、喂招外，还要由师父在诸弟子中给单传者选一个陪练人，陪练人是单传者的活靶子，但并不知道自己只是喂招者。单传者可以将要实验的招法在陪练人身上实践，而陪练人所施用的招法都是普传的招法。其三，采取运动战术，无论取攻势还是取守势，都经常处于活动状态，很少处于静止状态。

独流通臂拳具有以下技术特点：①迅疾多变、松活沉长；②极为突出移动发力；③其技法注重阴阳变换，相生相克。此外，该拳种在选择传人方面非常严格。

（三）洪洞通背拳

1. 洪洞通背拳的历史源流

洪洞通背拳，也称通背缠拳。关于其起源目前有两种说法。一说洪洞通背拳是明洪武年间陈卜在山西洪洞县广济寺大槐树下习练的一古老拳种。到乾隆年间，其后裔郭永福逃返祖籍山西洪洞县后，该拳种才得到广泛传播，盛行于晋南一带，流传于大江南北〔1〕；还有一说，洪洞通背拳的首传者郭永福极有可能是河南陈家沟陈氏家族后裔陈有孚，陈有孚因在家乡打抱不平，命案在身，而外逃避难于洪洞县，并改名为郭永福。陈有孚为陈家沟陈氏家族第十四世，在陈氏家谱［乾隆十九年（1754）谱本］中可查到陈有孚的名字，旁注“拳手可师”字样。故陈有孚与陈长兴、陈有本是同一辈的人，同生活在乾隆年间，这与郭永福在山西洪洞县苏堡镇苏堡村教拳的时间段十分契合。另外，洪洞县流传的咸丰年间手抄本《通背缠拳》中曾将先师记为郭有福。“有”与“永”音近，这亦是郭永福就是陈氏十四世陈有孚的又一个旁证〔2〕。故可以肯定，洪洞通背拳与陈家沟流传的拳种之间有着千丝万缕的联系，这在以下几个方面亦有迹可循。

（1）两种拳法皆尚“缠”法。

洪洞通背拳高度注重“缠”法。目前，山西洪洞县内仍流传有许多关于洪洞通背拳的拳谣，如“通背拳圈套圈，像娘纺织缠线线，缠来缠去变蛋蛋，小圈变大圈，大圈套小圈，平圆立圆有斜圆，娘缠线儿练拳，纺娘学会通背拳，缠来缠去九连环，勤练

〔1〕李果锁：《山西洪洞通背拳》，山西科学技术出版社，2016，第 1 页。
〔2〕杨祥全主编《洪洞通背拳》，人民体育出版社，2012，第 8 页。

圆滑更自然”。这些拳谣形象地描述了洪洞通背拳“缠”的动作技术特点。现在流行的陈式太极拳也尤重“缠”法，陈鑫在《太极拳图说》中写道：“太极拳，缠法也，缠法如螺丝行运于肌肤之上”，以及“不明此，便不明此拳”。洪洞通背拳与陈式太极拳均突出一个“缠”字，洪洞通背拳之“缠”法与陈式太极拳“缠丝劲”的练习方法有异曲同工之妙，这表明了洪洞通背拳与陈氏太极拳在拳法内在规律认识上的一致性，也表明了二者技法、技理之间的内在联系〔1〕。

（2）洪洞通背拳的《拳经总论》与陈式太极拳的《拳经总歌》如出一辙。

从表 4–3 可以看出，洪洞通背拳的《拳经总论》与陈式太极拳的《拳经总歌》无论是在内容还是文字表述上都表现出惊人的相似性，显示出两者之间的密切联系。〔2〕

表 4–3 《拳经总论》和《拳经总歌》对照表

洪洞通背拳《拳经总论》	陈式太极拳《拳经总歌》
纵放屈身人莫知，近靠缠绕我接衣。 劈打推压得进步，搬挒横采也难敌。 钩捧劈打人人晓，闪惊巧取有谁知。 佯输诈走虽云败，引诱回冲致胜归。 丢拿滚提多微妙，横直摭拦奇更奇。 迎锋截进穿心肘，截进单拦肱炮捶。 二换扫堂挂面脚，左右边簪跟桩腿。 截前掩后如封锁，声东击西要熟识。 上提下顾君须记，进攻退闪莫迟滞。 藏头顾面天下有，穿心剁胁世间稀。 教师不识其中理，难将武艺论高低。	纵放屈伸人莫知，诸靠缠绕我皆依。 劈打推压得进步，搬撂横采也难放。 钩掤逼揽人人晓，闪惊巧取有谁知。 佯输诈走谁云败，引诱回冲致胜归。 滚拴搭扫灵微妙，横直劈砍奇更奇。 截进摭拦穿心肘，迎风接步红炮锤。 二换扫压挂面脚，左右边簪庄跟腿。 截前压后无缝锁，声东击西要熟识。 上拢下提君须记，进攻退闪莫迟迟。 藏头盖面天下有，攒心剁胁世间稀。 教师不识此中理，难将武艺论高低。

〔1〕杨祥全主编《洪洞通背拳》，人民体育出版社，2012，第 3 页。
〔2〕杨祥全主编《洪洞通背拳》，人民体育出版社，2012，第 4 页。

根据杨祥全的调研成果，洪洞通背拳在清代的传承见图 4–8。

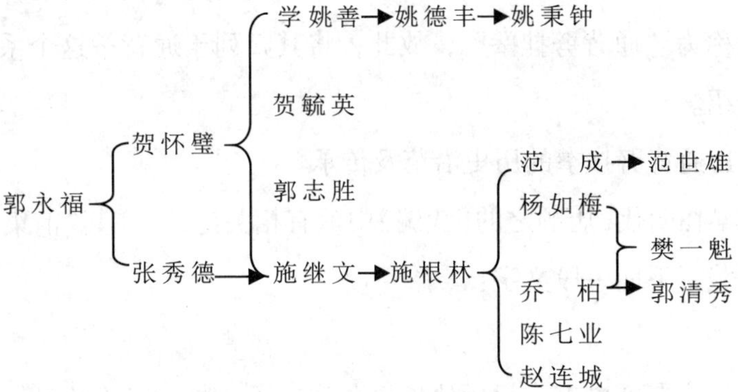

图 4–8　洪洞通背拳在清代的传承

2. 洪洞通背拳的技术体系

洪洞通背拳的技术包括功法、套路、实战三部分。其功法训练主要有打沙袋、抓铁球、插沙子、扔沙袋、打麻纸、铁砂掌、五爪功、桩功、八段锦等。套路有徒手、器械和对练三类。徒手套路分为母拳套路和子拳套路。其中，母拳套路包括九排子（一百单八势），而子拳则套路众多，如推胸掌、二十四势、奇拳密招、进步套、罗汉掌、引手得手缠、手法入门、金刚（精杆、精骨）、串子莲、铁反杆（踢幡竿）、小鬼扯状等。器械套路有子母鞭杆、五虎棍、鸳鸯斧、金装锏、春秋刀、双剑、南阳刀、大砍刀、刺刀、双戟、双钩、双拐、双刀、连环刀、单剑、五虎刀、白虎鞭、十三枪、六合枪、罗家枪、方天戟等。对练套路主要有“梅花套”（上下路）、对演四路、白手夺刀、对劈四门刀、对劈弟兄刀、对舞青龙剑等[1]。实战是以上内容的应用。

---

〔1〕杨祥全主编《洪洞通背拳》，人民体育出版社，2012，第 10 ～ 11 页。

（四）通背劈挂拳[1]

劈挂拳是一个相对独立的拳种，因其劲力强调通背劲，所以常被称为“通背劈挂拳”，故此，将其归列于通背拳这个系列进行介绍。

1. 通背劈挂拳的历史沿革及传承

早在明代，唐顺之的《武编》中就有相关记载，在其《前集·拳》中记载了下面一段文字：

一手有上中下，切斫钩扳搀金手，高立格，扬逼攻抖，盘旋左右，脚来踏，调出五横三推肘。你行当面我行傍，你行傍来我直走，倘君恶狠奔当胸，风雷绞炮劈挂手。[2]

首先，谱文“劈挂手”原作“劈褂手”，“褂”是“挂”的异体字，故改用“挂”字。“劈挂”体现了加劈带挂的基本技术理念，几百年来一脉相承，并无变化。其次，“你行当面我行傍，你行傍来我直走，倘君恶狠奔当胸，风雷绞炮劈挂手”四句，专讲劈挂手的用法，大致包括两个含义：一是“你直我旁，你旁我直”的战术原则；二是对方当胸硬攻时的应急对策。前两句属于法则，后两句是具体技术，是指劈挂手最能发挥功用的契机。谱文以“风雷绞炮”四个字形容“劈挂手”，极为传神，是劈挂技击风格的高度概括，体现了臂挂拳大劈大挂、风急雨骤的技击风

〔1〕该部分内容主要参考了杨建营主持的国家社会科学基金项目“中华优秀传统武术拳种的传承发展体系研究”（19BTY113）的部分成果，此部分内容主要由课题组成员张建军完成。
〔2〕（明）唐顺之：《武编》前集卷五，明刻本，第183页。

格，这种风格至今被通备武学体系[1]中的臂挂拳所传承。

略晚于唐顺之的另一位学者王圻在他的鸿篇巨制《续文献通考》中，记载了当时"使拳格兵器之家"约十三家，其中有"曰温家钩挂拳十二路，曰孙家披挂拳四路，曰张飞神拳六路"[2]的记载，并说这些拳法流派"教师相传，各臻妙际"。"孙家披挂拳四路"应该就是劈挂拳[3]。

戚继光在《纪效新书》中论列当时各家拳法时，并没有提及臂挂拳的具体名称，但他从诸多拳法中取其精华而选编的"三十二势"中确有取自劈挂的内容。最明显的一例是《抛架子》：

抛架子抢步披挂，补上腿那怕他识。右横左采快如飞，架一掌不知天地。[4][5]

其中"披挂"如同王圻《续文献通考》一样，也是"劈挂"的误写。

抛架子与今传劈挂趟子手的"抄捶"一势有几乎完全相同的技战术要求。它是劈挂拳横劲的主势之一。此外，三十二势中"拗单鞭""倒骑龙""当头炮"等也都在劈挂十二趟子手中有所表现。以"势"与"路"为主要内容也是明代拳法的一大特色，劈

---

〔1〕通备武学体系是由著名武术家马凤图先生在劈挂拳、八极拳、番子拳等拳种及诸多器械基础上，以"通神达化、备万贯一、理象会通、体用俱备"为核心思想而建立的以"通备劲"为核心的武学体系。
〔2〕（明）王圻：《续文献通考》卷一百六十六，明万历三十年松江府刻本，第 3079 页。
〔3〕"披挂"是"劈挂"的讹写，应无疑义。这种情况在武术资料中时有所见，师徒口耳相传，往往因为字音相同或相近而发生误记。王圻《续文献通考》所载武术资料中这种情况就很多见，这说明他的资料直接取自民间。
〔4〕（明）茅元仪：《武备志》卷九十一，明天启刻本，第 631 页。
〔5〕（明）戚继光：《纪效新书》，马明达点校，人民体育出版社，1988，第 314 页。

挂拳现今还保持着这种传统，只是名称有异而已。

综上所述，早在明代，劈挂拳就已成为有影响的成熟拳种了。

现今流传的劈挂拳，有明确文字记录其传承的时段可追溯到清代。《劈挂拳》一书中有如下叙述：

清朝中期，河北沧州出现劈挂拳的两大支。一支是沧州南皮大庞庄郭大发。此人早年在京保镖，武功非凡，后为皇宫禁军护卫。这一支传授的内容是劈挂拳的快套、挂拳等。而另一支，是沧州盐山大左家村左宝梅（人称左八爷），他传授的内容是劈挂拳慢套和青龙拳。〔1〕

对于南皮一支的传承，据张群炎提供的资料，经郭大发传至一赵姓人氏，赵家经三代传于赵世奎，赵世奎传于郭长生。郭长生生于清末，是民国时期中央国术馆非常杰出的学员，后被张之江留馆任教，并成为其中的杰出代表，获得“郭燕子”的美誉。他这一支把劈挂拳发扬光大了。

对于盐山一支的传承，马明达在其《武学探真》中有如下叙述：

它的传承系统目前只能上溯到晚清，追到曾经在河北省盐山县担任过教谕的潘文学其人。潘文学传李云彪、萧和成等，李、萧传黄林彪等，黄传给马凤图。〔2〕

劈挂拳在清代的传承见图 4–9。

---

〔1〕中国武术系列规定套路编写组：《劈挂拳》，人民体育出版社，1999，第 4 页。
〔2〕马明达：《武学探真》，逸文武术文化有限公司，2017，第 283 页。

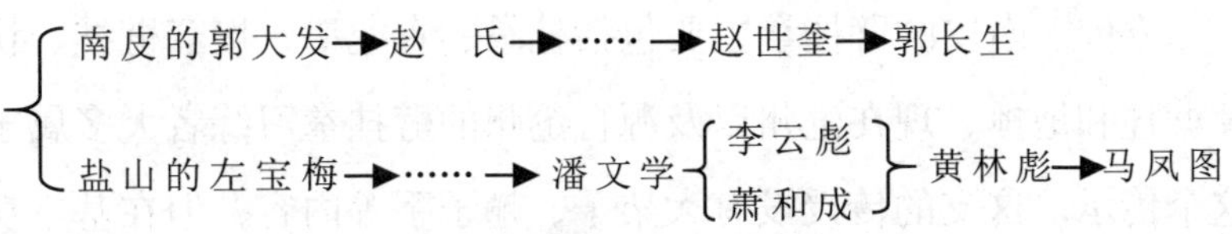

图 4-9 劈挂拳在清代的传承

2. 劈挂拳的技术体系

从盐山传出来的劈挂拳是以大架子为基础，以十二趟子手为核心，包括一些典型套路的完整技术体系。这一支后来被马凤图、马英图发扬光大。其核心的十二趟子手是十二个单势单趟练习形式，其中最核心的是单劈手，其次是开门炮和招风手，再次是缠额手、抄手起脚、青龙手、双撞掌、倒发五雷，而抄捶、戳指掌、穿林掌、大跨步则是服务以上技法的辅助性内容，其技术关系图〔1〕见图 4-10。

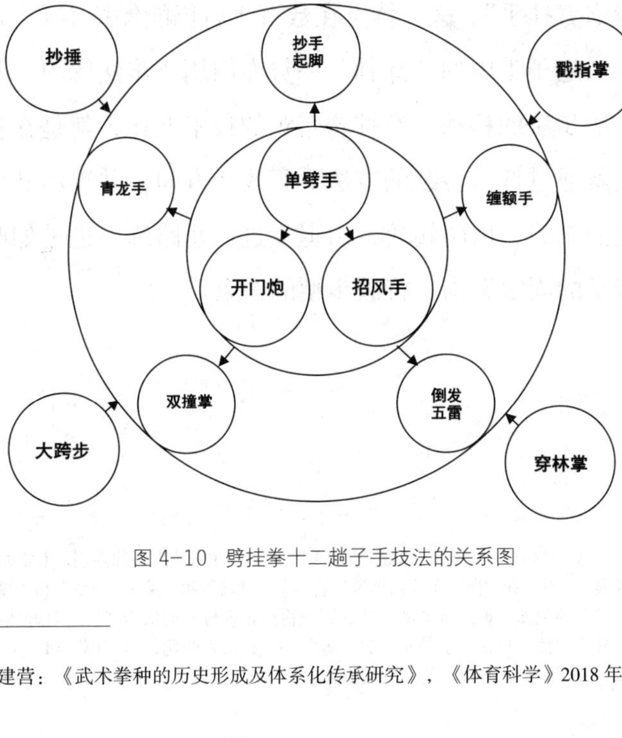

图 4-10 劈挂拳十二趟子手技法的关系图

〔1〕杨建营：《武术拳种的历史形成及体系化传承研究》，《体育科学》2018 年第 1 期。

流传于南皮的劈挂拳主要包括挂拳、青龙拳、慢套劈挂、快套劈挂和炮捶，现在沧州以及源自沧州的劈挂拳习练者大多属于这个传承。这支的传授没有大架子、趟子手等内容，但在基本功尤其是腰身练习上很有特色，在套路的演练上更是有独到之处，这主要得益于民国时期郭长生精深的武术功底。

劈挂拳有十八字诀：滚、勒、劈、挂、搌、卸、剪、载、掠、摈、伸、收、摸、探、弹、铡、擂、猛[1]。这些字诀是行拳校艺的要义精言，具有高度的概括性和指导性。劈挂拳对身体的基本要求是：两臂条直——通臂；溜臂合腕——身法；拧腰切胯——劲源；肩沉气按——丹田。

劈挂拳的基本理念包括刚柔理念、圆弧理念、走动理念，其“你行当面我行旁，你行旁来我直走”的特点要求在移动中完成“风雷绞炮劈挂手”。这一特点在数百年后仍能保持不变。现今，劈挂拳十二趟子手中的“穿林”一势专门用于步法练习，其走动不同于一般步法的移动，有拧腰转趾的技术变化，就是在移动中一有机会就通过拧腰转趾的方法瞬间改变方向，并连用其他技法改变敌我的态势，由防转攻，由退变进。套路练习也是如此，也要打破步子的固定架构，打破步型的约束。

---

〔1〕目前社会上有“勒”和“搂”、“裁”和“采”、“摩”和“摸”等的差别，主要原因有二：一是音误，“勒”和“搂”在沧州地区发音近似，“裁”和“采”、“摩”和“摸”同音；二是理解上的偏差，据武术界的说法，因没得到正确传授而认为“搂”对劈挂拳有重要含义，其实“搂”只是一个技法，是“劈”的一种衍生变化，而“摸”和“采”则是闻音生义，与“摩”和“裁”的意义相去甚远。

六、洪拳

（一）洪拳的历史文化背景

洪拳是岭南五大名拳之首，也是岭南武术拳种中历史最悠久、传播最广的拳种，其他岭南拳种大多与洪拳有着密切的联系或受其影响。谈到洪拳，有个无法绕过的历史难题，那就是洪门（内称“洪门”，外称“天地会”）与南少林，这也是一个无法分开谈论的命题。目前，史学界关于洪门起源的观点有两种：一是“康熙十三年说”（“反清复明”性质）；一种是“乾隆二十六年说”（“互助抗暴”性质）[1]。洪拳是洪门内传习的拳种，这一点是得到学界认可的。创立洪拳的宗旨是，在洪门内以推行洪拳为手段，进而实现宣传“反清复明”思想、组织与发展壮大“反清复明”队伍的目的。伴随着洪拳的产生，洪门成为清代民间秘密社会的渊薮，清朝统治者对民间结社的严厉打击，使洪拳与洪门一样变得相当神秘。历代洪拳大师均因受到统治者的打击而深藏于民间，甚至连他们的名字都难辨真假，至于洪拳技法与理论更是难以窥探。同样，洪拳的历史也与南少林有着千丝万缕的联系。对南少林的最新研究成果表明：“南少林是武术文化与会党文化长期共同氤氲催生的文化概念，其中既烙有明季的历史文化印痕，也有清代天地会出于纠众结盟的需要，更反映了人们在当时少林武术文化辐射下的多元价值诉求”[2]，即南少林不是有着明确地点、现实存在的实体，而是在广大民间习武群体中的文化符号，这无

〔1〕刘平：《被遗忘的战争——咸丰同治年间广东土客大械斗研究》，商务印书馆，2003，第 68 ～ 69 页。
〔2〕周伟良：《武术文化与会党文化语境中的福建南少林研究》，《首都体育学院学报》2006 年第 6 期。

疑为解释洪拳在岭南多数拳种中的文化认同提供了现实基础与理论支撑。洪拳作为洪门推行“反清复明”思想的手段与载体，在清朝统治者的不断打击与追剿下，从发源地福建漳州一带，不断扩散至广东、广西乃至湖南、湖北等地，并漂洋过海，在华侨华人中亦有着众多习练者。洪拳在岭南的迁移轨迹及其在迁移中表现出的不同时期的技术风格，也大致描绘出洪拳的技术发展在岭南传播的历史轨迹。洪拳不同时期、不同地域的风格及其展现的历史文化信息，使人们更容易理解岭南习武群落中的“草根”英雄情结与深厚的文化意义。

（二）洪拳不同发展时期的特点

从洪拳在岭南不同时期的迁移来看，可以大致分为三个不同发展时期。早期，洪拳主要在洪门内发展。洪拳由于受到清朝统治者打击而不得不从发源地往广东迁移，早期大致以广州花县（今广州花都区，目前花都区仍有许多习练传统洪拳者）为代表，洪拳的早期技术讲究“形”，故而表现为招式刚健、朴实雄浑、硬桥硬马。早期洪拳的套路为三展拳等传统套路，而今这些反映洪拳传统技术风格的套路已经难得一见。故而民间有洪熙官创造洪拳的传说。把洪熙官称作花县人，这也从一个侧面反映了洪拳的早期发展是以花县为代表的。此外，从文献记载上也有所反映。据《花县志》中记载：“清乾隆年间，洪拳传入花县，在新民埠、东坭、炭步、李溪等地设有武馆，盛极一时。”[1] 中期，洪拳随洪门继续往南迁移，这一时期大

〔1〕花县地方志编纂委员会编《花县志》，广东人民出版社，1995，第 843 页。

致以湛江一带的洪拳为代表。在这一迁移过程中，洪拳从广州向南经茂名、肇庆，传播至湛江一带。在此期间，清朝统治者对洪门加大了打击与追剿的力度。在茂名、肇庆一带，民间流传有许多单个象形拳，如虎拳、龙拳、蛇拳、鹤拳、豹拳，而这些拳多自称源于洪拳，推测应该是当时洪拳习练者为避免统治者打击，将拳法传授而流传下来的。这些单个象形拳可以两个或多个组合成其他套路，如五行拳、十形拳等。可以推测出这些象形拳是有极深渊源的，不大可能被独立创造出来。因为这些象形拳可分可合，其技术风格也大多表现为脱离具体形象，追求神似。在这一时期，民间久负盛名的广东武林风云人物方世玉即传为肇庆人，这可以看作民间传说对这一时期洪拳传播的映射，他化为小说中的人物，为民间文学所借鉴。这时期，洪拳还流传到广西一带，套路以五行拳、十形拳为代表，至今在湛江地区流传广泛的洪拳为十形拳。清朝末期，洪拳主要在广州、佛山一带发展。这一时期产生了几代洪拳宗师，并在岭南武术中占有重要的位置，如铁桥三、黄麒英、黄飞鸿、林世荣等。当今海内外广为流传的洪拳多为黄飞鸿、林世荣一脉。

（三）洪拳的技法特点[1]

洪拳的传统套路以三展拳、铁线拳最具传统风格，可惜当今习练三展拳、铁线拳者日渐稀少，能演其神者更是凤毛麟角，这也为今天人们了解洪拳的传统技术风格增加了困难。铁线拳有图

[1] 洪拳传统套路有慢套与快套两种，早期的铁线拳、三展拳为慢套，后期为快套，如虎鹤双形拳。快套中含有大量早期慢套动作，只是加快了速度，演练整体节奏加快，手形及步法多样，套路布局更为宽广。

谱可以参照，三展拳只能从习练者的演练中观摩其技术风格，当然亲身体会无疑对深入分析洪拳的传统技术风格更有帮助。通过研究三展拳、铁线拳，将洪拳拳法的传统技法特征概括为：动作徐缓，修内壮外；铜马铁桥，内劲鼓气；一马多桥，式随声发（南派俗称步为“马”，手臂为“桥”）。

第四节　内涵丰富的武术文化

一、清代武术文化整体观的完善

清代武术在技术、理论方面以传统哲学观为引导，由内而外建立了武术文化整体观，如周身合一的整体劲力、内容全面的技术体系、相反相成的对立统一、天人合一的练习境界等。这些特点与前朝有明显的区别，前朝武术更讲究技术本身的“势”和“用”，而清代武术更讲究整体观念，这是清代武术的一大特色。

例如，太极拳讲究“无点不发力，无处不弹簧”的“周身一家”，“行气如九曲珠，无微不到”的“节节贯穿”。苌氏武技提出了“炼形以合外，炼气以实内，坚硬如铁，自成金丹不坏之体”的“中气”理论[1]。形意拳则强调“心与意合，意与气合，气与力合”的“内三合”与“手与足合，肘与膝合，肩与胯合”的“外三合”的整体统一。长拳则突出“手眼身法步，精神气力功”的内外统一。以上技艺都要求从整体观出发，把人体的“内”与“外”结合起来进行训练，以此提高技术水平。

---

〔1〕徐震编《苌氏武技书》，上海书店，1990，第3页。

在训练内容上，传统武术技艺包含完整的功法、套路、散手，其中既有徒手内容，也有器械内容，在训练方法上遵循循序渐进、形神兼备的原则。例如，清代梅花拳的徒手拳法包括架子、成拳和拧拳；器械以刀、枪、剑、棍为主；功法基本分为硬功和气功两大类别。又如，清代苌家拳的徒手拳法包括二十四势拳、上盘捶、下盘捶、二十四字拳、二十四战拳及猿猴拳、引战拳等；器械方面，棒法如单练的二十四势猿猴棒和对练的猿猴对棒，剑法如纯阳十二剑和双剑，枪法如三十六枪、张夫子蛇矛和双剑对枪，刀法如四十八势春秋大刀等[1]。

蕴含中国传统哲学阴阳理论的各类武术技艺同样反映了清代武术文化的整体观。例如，武技中的“动、静，攻、守，虚、实，进、退，刚、柔，开、合，含、展，起、落，松、紧，屈、伸，曲、直，顺、逆，内、外，快、慢，急、缓，前、后，上、下，左、右”等诸多对立统一、相反相成的矛盾变化，都是阴阳理论在清代武术整体观上的具体反映。又如，长拳练习的十二型“动如涛，静如岳，起如猿，落如鹊，立如鸡，站如松，转如轮，折如弓，轻如叶，重如铁，缓如鹰，快如风”，其中包含多种对立因素的统一与互变。阴阳相济的统一，使对立因素相互包容、相互转换，进而形成了完整的劲力，这也是武术整体观的体现。

在哲学观上，一些拳种还强调“天人合一”的理念，这从另一个角度体现了武术的整体观念。苌乃周在《苌氏武技书》中写道：“阴必转阳，阳必转阴，乃造化之生成，故能生生不穷，

〔1〕苌家拳的各种拳械之名载陈万卿：《苌家拳》，中州古籍出版社，2009，第 87 ～ 123 页。

无有止息。人禀天地之气以生，乃一小天地。”[1]在《太极拳谱·清代杨氏传抄老谱·太极体用解》中也有相应论述：“要知天人同体之理，自得日月流行之气。其气意之流行，精神自隐微乎理矣！”[2]这些都把人看作天地间具有主观能动性的一部分，提出习拳练武要效法天地之道，强调人与自然和谐统一，只有做到人与自然的和谐，才能得“日月流行之气”。

另外，在习拳中通常采用象形取意的方法，如太极拳中的野马分鬃、白鹤亮翅、手挥琵琶、揽雀尾等，通过意境式的语言记述动作名称。再如，形意十二形中以龙、鲐、鼍、蛇、鸡、燕、马、鹞、虎、猴、鹰、熊为参照象形取意，取其攻防猎食之态，服务于武术中的技击实战。这种象形取意可使技术更加协调统一，勇猛有力，又能间接地形成人体技术与大自然的和谐统一，从而形成“天人合一”的境界[3]。

清代武术文化所表现出来的整体观既体现了武术发展与传统文化的深度融合，也奠定了传统武术理论基本体系的坚实基础。

二、武术理论与传统哲学的融合

清代武术发展的一大特点是武术理论与中国传统哲学高度融合。例如，以五行学说立论的形意拳、以太极学说立论的太极拳、以八卦学说立论的八卦掌等著名拳种，都形成于清代。

从中国传统文化角度来看清代武术，“太极”一词无疑最为耀眼。太极、阴阳、五行、八卦等传统学说融入拳理，从而演变

〔1〕徐震：《苌氏武技书》，山西科学技术出版社，2006，第 515 页。
〔2〕（清）王宗岳：《太极拳谱》，人民体育出版社，2001，第 132 页。
〔3〕杨建英：《武术传统中的自然生态剖析》，《武汉体育学院学报》2012 年第 12 期。

出太极拳这一流传最为广泛的拳种，使清代武术理论建设达到了高峰。王宗岳所著《太极拳论》开篇便引入“太极”一词，“太极者，无极而生，阴阳之母也”[1]，阐释了太极与无极、阴阳之间的关系，“无极生太极，太极生阴阳”。此书以“太极”为核心建构了整个太极拳的拳理。《太极拳论》的理论源于周敦颐的《太极图说》，并继承了《易传》的太极、阴阳理论，又汲取了《洪范》的五行学说，以此取代《易传》四象八卦中的四象，由此产生了以八卦合五行而成的包括“八门五步”在内的十三势理论，构成了太极拳理论的范式。

形意拳的创立可追溯到明代姬际可创立的心意拳，后传于李洛能（又名李飞羽）后，在清代确立了形意拳之名。李洛能提出了以“形”代“心”取名“形意拳”的想法。同治五年（1866），李洛能同弟子车毅斋创编了第一个形意拳对练套路，初名“五行生克拳”，后改称“五行炮”。形意拳以五行拳（劈、钻、崩、炮、横）和十二形拳（龙、虎、猴、马、鸡、鹞、燕、蛇、鼍、鲐、鹰、熊）为基本拳法。此拳系依五行学说立论，以其基本五拳配五行，又依据五行相生相克衍生出“五行相生拳”单练套路，以及五拳相互破解的“五行相克拳”对练套路。其拳理为：劈拳似斧属金，钻拳似闪属水，崩拳似箭属木，炮拳似炮属火，横拳似弹属土，由此找到了五拳与五行学说的对应关系。与五行学说中金克木、木克土、土克水、水克火、火克金相对应，形意五母拳中劈克崩、崩克横、横克钻、钻克炮、炮克劈。这是用五行学说诠释武术招法之间相生相克关系的典型。

[1]（清）王宗岳《太极拳论》，郝和珍藏本，第2页。

同治初年，河北文安人董海川在北京传出了一种以绕圆走转为基本运动形式的拳术。此拳初名“转掌”，后易名为“八卦转掌”，现称“八卦掌”[1]。八卦掌是以掌法变换和行步走转为主的拳术。由于它分为“四正”“四隅”八个方面，与“周易”八卦图中的卦象相似，故名“八卦掌”。这种套用八卦方位的套路运行路线、沿圆周不停息的运动方式，是效法自然的运动规律而来的。八卦掌与八卦学说确实有相合之处。例如，其理论中用“干三连”比喻头部至刚至阳的头领颈直，用“坤六断”比喻髋、膝、踝三个关节至顺至柔的放松，用“离中虚”比喻胸部的涵空空灵，用“坎中满”比喻气沉丹田之后的腹部充实，用“兑上缺”比喻肩部的松活，用“艮覆碗”比喻背部的“龟背”之状，用“震仰盂”比喻臀部的溜臀提肛之状，用“巽下断”比喻脚心涵空、行走如风。这些非常符合技击实战对身形的基本要求。其他拳种也遵循这样的规律，只是八卦掌传习者进行了理论提升，上升到哲学高度。另外，八卦掌还借八卦的数术来归纳拳技的层次性和系统性，以八个基本掌法比附八卦之数，将六十四掌分为八组，比附八八六十四卦之数，最后又以阐述八卦含义的“易理”来解释拳理，并将其作为八卦掌的立论基础。

以上拳种将中国传统哲学中的太极、阴阳、八卦诸学说与武术拳理结合，标志着中国古代武术理论与古典哲学文化的结合，促进了传统武术理论化的进程。虽然太极拳套用五行八卦学说形成十三势，形意拳套用五行学说而形成最基础的五拳，八卦掌套用八卦学说按方位进行练习，这些方法太机械，有生搬硬套之嫌，

---

〔1〕国家体委武术研究院编纂《中国武术史》，人民体育出版社，1997，第 296 页。

但其中对这些哲学思想的吸收运用，还是很值得称道的，这标志着中华武术理论发展的一种新趋势。

三、武术与气功的融合

在清代的武术文化中，大量拳种都有一个共同的特点，即强调练气、行气，且与中国传统养生术相结合。这一变化也标志着中华武术兼具健身养生的价值属性。武术与气功的融合在明代就已见端倪，明代唐顺之的《峨眉道人拳歌》中已有“百折连腰尽无骨，一撒通身皆是手。……余奇未竟已收场，鼻息无声神气守”[1]的记述，这算是对武术气力相合、内外兼修的早期写照。大约成书于明中晚期的《易筋经》，其强调的“内壮既熟，骨力坚凝，然后方可引达于外”的练气内壮和“以意努之，硬如铁石，并其指，可贯牛腹；侧其掌，可断牛领；努其拳，可碎虎脑”的功法练习[2]说明，通过练气修内，可使气力相合，骨力坚凝。进入清代，门派林立，拳种纷呈，许多拳种更是把练气作为其习拳的心法要诀，如苌家拳、太极拳、形意拳、八卦掌等都有与气相关的内容。武术文化与气功文化的融合，为清代武术文化注入了新的内容。一是以意领气，内外兼修，把练气作为习武活动的一个有机组成部分，最后形成了所谓的“武术内功”。二是气力相合，以气引力，运气发力，把习拳与练气融合，形成新的拳种，如太极拳、形意拳讲究“内外三合”就是这种文化融合的表现。

---

〔1〕（明）唐顺之：《荆川先生文集》卷二，四部业刊景明本，第34页。
〔2〕周伟良：《〈易筋经〉的作者、主要版本及其内容流变》，《首都体育学院学报》2009年第2期。

另外，像山东的文圣拳也属于红拳与气功的结合[1]。三是习武强身与传统养生的导引术相结合，使得内外兼修的武术兼具健身养生的价值属性。例如，王宗岳提出的太极拳习武目的："详推用意终何在？益寿延年不老春。"[2]

导致武术与气功融合的原因大致有以下几点。

（1）清政府禁止民间习武、传武。在清政府的政治压迫下，民间习武导向发生转变，为了习武、传武，只能不断在武术中增添内容。打着传习体操、强身健体的口号练习武术，是一种新途径。导引术与武技的融合成了政治压迫下武术发展的新趋势。

（2）受我国传统哲学观的影响。我国传统哲学讲究和谐共生、阴阳相济，在此哲学观引导下，武术从之前以外练硬功为主演变为"动静兼修、内外兼练"。"呼吸""吐纳"中的"气"与外界自然之气的联系又很好地承接了这一点。因此，武术与气功的融合理所当然地成为习武中内练的最基本内容。

（3）练气对武技水平的提高有促进作用。与气功文化相融合的武术内功，既表现为武术在许多方面与气功相一致，同时在"武"的规定下也有着独立的文化个性和价值追求[3]。在气与力的关系中，常有以意运气、以气运身、以气摧力的说法。在攻防技击中既可以把气充实在某一处，增加对外界冲击力量的抗衡，又可由于内气的急剧转动和聚集，产生强大的爆发力[4]。习武者发现练气有助于提高武术技艺，也成为促使武术与气功融合的

〔1〕参见 1988 年山东省体委武术挖整办公室编《山东省武术拳械录》中关于红拳的记载。
〔2〕（清）王宗岳：《太极拳论》，郝和珍藏本，第 10 页。
〔3〕周伟良：《古代武术的历史分期及其基本特征研究》，《中华武术（研究）》2012 年第 7 期。
〔4〕曹志清：《形意拳理论研究》，人民体育出版社，1988，第 31 页。

最重要的原因。

武术与气功的融合是清代武术文化发展重要的特点，这也使在清代形成的众多拳种更讲究内外兼修。例如，太极拳运用古代中医经络学说和阴阳理论，要求“以意领气，以气运身”，讲究意念导引动作，气沉丹田，将身体运动与导引、吐纳有机结合起来，使得拳技与练气相糅合。八极拳的拳理强调，“行气：要求始于闾尾，发于项梗，源泉于腰，行步如趟泥，气要下沉，忌浮”，“五练心肝胆脾肾，六练筋骨皮肉合”〔1〕。八卦掌的拳理中强调，“三顶：头顶，则气达四梢；舌顶，则心窍通、肾气下降、津液满布、升清降浊；掌顶，则有推山之力，力贯手之筋梢”〔2〕。少林拳的拳理中也强调：“纳气分路法。气者呼吸也，纳者收其内；分者分明其气，不使其颠倒混乱。路者道路也，一呼一吸各有其路，不可混乱。法者规矩也，身之收放，步之存尽，手之出入，或进或退，或起或落，皆当一气贯注。”〔3〕苌乃周则运用易学、中医学、道教内丹修炼的理论，写下了《中气论》《过气论》《行气论》《点气论》《养气论》等论气专篇，具体论述了内外兼修、形气合炼之学理与方法，并结合武术技艺特点对锻炼之要诀、方法进行了全面、深入的论述，其内容之丰富、理论之独特，具有很高的拳学价值，堪称武术与气功结合的经典之作。

清代武技与气功的融合改善了武术的锻炼方法，拓宽了武术健身养生价值，丰富了武术文化的哲学内涵，促进了武术气功体系的完善和发展。

---

〔1〕《中国武术拳械录》编纂组：《中国武术拳械录》，人民体育出版社，1993，第15页。
〔2〕《中国武术拳械录》编纂组：《中国武术拳械录》，人民体育出版社，1993，第30页。
〔3〕《中国武术拳械录》编纂组：《中国武术拳械录》，人民体育出版社，1993，第329～330页。

四、内、外家拳体系区分

“内家”“外家”拳类的区分也是清代武术文化重要的一部分，这种区分首见于明末清初黄宗羲及其子黄百家的相关论述。黄宗羲在《王征南墓志铭》中写道：“少林以拳勇名天下，然主于搏人，人亦得以乘之，有所谓内家者，以静制动，犯者应手即仆，故别少林为外家。”[1]据此，武术界及学术界将其作为内、外家流派形成并进行区分的重要历史依据，并对后世内、外家流派的研究产生了深远影响。大多数学者认为黄宗羲是在中华武术史上提出“内家”的第一人，由此，才有了后来的“内家”与“外家”之说。民间习武者普遍认为：少林拳为外家拳，武当拳为内家拳，内家拳起于张三丰。

黄百家所著《王征南先生传》中载：“自外家至少林，其术精矣。张三丰既精于少林，复从而翻之，是名内家，得其一二者，已足胜少林。王征南先生从学于单思南，而独得其全。”[2]据此可以推断，内家拳是由少林拳演变而来。虽然这与其父黄宗羲在《王征南墓志铭》中提出的“夜梦玄帝授之”[3]的观点不同，但相对而言更符合实际。因此，黄百家提出的内家拳是由“精于少林”的张三丰“复从而翻之”的观点，成为后来内家拳研究者的主流思想。由黄氏父子的论著可以推断：内家拳是以少林拳术为基础而形成的。

从《王征南先生传》中可以了解到内家拳的套路最初只有两套，一套称为六路，一套称为十段锦。书中对内家拳的拳法、练

---

〔1〕（清）黄宗羲：《南雷文定前后三四集》南雷文定卷八，清康熙刊本，第 84 页。
〔2〕（清）黄百家：《内家拳法》，清昭代丛书本，第 1 页。
〔3〕（清）黄宗羲：《南雷文定前后三四集》南雷文定卷八，清康熙刊本，第 84 页。

法及打法均有详细介绍。由此可见，内家拳最初是单一的拳种体系。清代太极、形意、八卦三大拳种在技击理念上与黄宗羲所言的内家拳有很多相似之处，而此时的内家拳又湮没于武林，所以后世将这三大拳种视为武术界的“内家三拳”。由此，内家拳由之前的一个拳种演化成了包含不同拳种的武术门类。

内家拳的理论与技术随着清末武术家们的实践进一步系统化，如王宗岳有《十三势行功歌诀》《打手歌》，武禹襄写成了《身法》《打手要言》，李亦畬撰写了《五字诀》《走架打手行工要言》，李洛能著有《形意拳谱》，郭云深著有《论形意拳三步功夫》；等等。这些著作均体现了内家拳的理论特点及拳术风格。外家拳的理论体系主要体现在清代张孔昭的《拳经拳法备要》之中，此书成为外家拳的理论指南。

《太极拳论》中载：“斯技旁门甚多，虽势有区别，概不外壮欺弱、慢让快耳。有力打无力，手慢让手快，是皆先天自然之能，非关学力而有也。察‘四两拨千斤’之句，显非力胜；观耄耋御众之形，快何能为？立如秤准，活似车轮。”[1]这表明“以力取胜”和“以巧斗力”是武术内、外家拳的主要区别。根据研究者的归纳总结：武术内、外家拳的争论是围绕一个焦点与三个论点而展开的。一个焦点即“可乘”与“不可乘”之争，三个论点即“主搏与主制”“主动与主静”“主外与主内”。外家拳持体能论，更多地依靠力量、速度、柔韧性、灵敏性、耐力等身体素质，如果身体素质欠佳，那么掌握技术会有一定难度；内家拳持意识论，更多地依靠心理暗示、诱导等意识作用，如果不能专注，缺乏定

---

〔1〕（清）王宗岳：《太极拳论》，郝和珍藏本，第3页。

性，那么学习起来难度就大，更不用说达到高级境界了。体能与意识的关系问题应该是内、外家拳在理论上的分水岭[1]。

综上而言，外家拳与内家拳的主要区别在于："可乘"与"不可乘"、"主搏"与"主制"、"主动"与"主静"、"主外"与"主内"、"体能论"与"意识论"，最终可归结为"以力取胜"与"以巧斗力"。正因为内家拳不完全凭借力量而胜，所以才出现了"四两拨千斤"的技艺、"耄耋御众"的技击场面。由此而言，力与巧的博弈是内家拳与外家拳在技术上的分水岭。内家拳与外家拳体系的区分表明，清代武术拳种流派的繁多及清代武术家们关于武术理论体系的进一步思考。内、外家拳从理论体系上丰富了武术文化内涵。

五、武术门派的分化

清代武术发展的一大特征是形成了成百上千的"源流有序、拳理明晰、风格独特、自成体系"的拳种流派。20 世纪 80 年代挖掘整理出的 129 个拳种，绝大部分形成于清代。清代出现如此多的拳种流派的原因大致有以下几点。

（一）家族本位文化为武术流派的形成奠定了基础

在古代，武术的流传是以拳种为中心，在家族或类似家族的组织中进行，这样可以某拳种为纽带，使家族或类似于家族的组织成员更加紧密地联系在一起。因此，从属于家族血缘的宗法制

〔1〕田金龙、邱丕相：《武术内外家之争：焦点、论点及其分水岭》，《上海体育学院学报》2020 年第 11 期。

及其衍生出的“师徒制”，奠定了武术多门派现象的制度基础。

（二）宋代以来的文化下移现象为清代武术流派思想、拳理的形成奠定了文化基础

在宋代程朱理学和明代阳明心学的带动下，武术拳理也发生了革新。传统文化的下移逐步为过去单纯的搏杀技艺涵养了深厚的理论基础与道德底蕴。宋明以来相继出现的“哲理化拳派”便是以此为基础发展而来的〔1〕。思想界派系林立的局面必然造成武术的派系林立。同样，各学派间的相互交流与排斥也必然形成武术界的“以武会友”与“门户之见”〔2〕。

（三）禁武令的颁布逆向助推了中华武术流派的最终形成

元代禁武造成了中国拳术的第一次危机，拳术除以家传方式苟延残喘外，大部分转移到正处于巅峰状态的元代戏剧中。由于战争的需要，明代将领如戚继光、何良臣等人把自己保留或摸索出的战斗技术向民间传播，从而使萧条的拳界迎来了第一次复兴〔3〕。清代又形成禁武的大环境。清初的顺治帝就颁布“曩因民间有火炮、甲胄、弓箭、刀枪、马匹，虑为贼资，戕害小民，故行禁止”〔4〕的旨意，此后，拳棒屡遭禁止。正是在禁武的大环境下，不同习武者缺乏相互交流的条件，他们只能对自身在技击实践过程中获得的某一方面的体验反复钻研，将其向纵深发展，

〔1〕国家体委武术研究院编纂《中国武术史》，人民体育出版社，1997，第 295 页。
〔2〕陈爱蛟：《历史视角下的中国武术“门派林立”现象解析》，《山西档案》2018 年第 6 期。
〔3〕赵道新、黄积涛：《道新拳论——关于两大武术体系的对话》，《精武》2007 年第 11 期。
〔4〕（清）王先谦：《东华录》卷一百九十四，清光绪十年，长沙王氏刻本，第 418 页。

由此形成了不同风格的技击技艺[1]。

（四）清代宗教文化和秘密结社组织的影响

一方面，宗教文化对武术文化的渗入使得武术出现了宗派的形式。少林武术将禅宗佛理与武术结合在一起，禅作为武的实质，武是禅的表现形式。清代少林武术广泛吸取了许多北方拳派的精华，又学习了福建棍法和巴蜀枪法，在禅宗的基础上提炼融合，最终形成了博大精深的少林武术。武当派则将道家张三丰视为开山鼻祖，是将道家导引养生与武术相结合而形成的风格独特的拳系。此外，如崆峒派、昆仑派、峨眉派等都是受宗教文化和山川地域文化的影响而形成的。宗教文化的渗入对武术拳种的创立和武术理论的发展具有深刻的影响，同时，宗教文化本身具有凝聚力，所以依附宗教文化产生的拳种必定具有凝聚力，不同的宗教文化自然会形成不同的武术流派。因此，宗教文化的影响对清代武术流派的分化起到了重要的作用。

另一方面，秘密结社文化几乎贯穿了整个清代史，且屡禁不止。秘密结社组织分秘密会党和秘密宗教。秘密会党以结拜异姓兄弟的方式建立组织，以江湖义气、帮规家法和其他封建伦理道德观念来维系内部团结；秘密宗教用师徒传承的方式建立组织，以被曲解、改造的儒、释、道的理论、学说作为维系内部团结的工具。以江湖义气、帮规家法、师徒传承、曲解的宗教文化和信仰等观念约束形成的组织派系，对武术流派的分化起到了借鉴和促进的作用。

---

〔1〕杨建营：《武术拳种的历史形成及体系化传承研究》，《体育科学》2018 年第 1 期。

清代武术流派有三种常见的分类方式：一是以拳种来划分，每一个拳种就代表了一个流派，如太极拳、形意拳、梅花拳、苌家拳等；二是以地域、山川来划分，如武当派、昆仑派、青城派、少林派、峨眉派等；三是以技术特点划分，诸如内家拳、外家拳和地躺拳等。

在先前基础上，清代拳种的活动方式与拳理功法得到了进一步融合，真正成为具有自身特色的“一门艺业”[1]。一方面，流派的形成和发展对武术产生了积极的影响。流派形成后，各家各派的拳法形成了独特的演练风格和独门技法，是武术技术精细化的表现，这有利于拳种技艺的经验积累和技术发展。不仅如此，流派形成后更有利于道德教化，各拳派在择徒方面也有了各自的标准，在传武过程中，更注重武德的规范，这也对后世习武修德的思想产生了深远的影响。另一方面，武术流派的形成也制约了武术的发展。在宗派、教门、行帮等色彩渲染下，各门派出现相互排斥、敌对、攻击的现象，进而形成了门户之见，交流闭塞，各派遵从一家之言，武技相互独立，传承几代之后逐渐没落，这对武术的发展产生了一定的阻碍。

六、武术玄虚化发展

玄虚化也是清代武术发展的一大特点。这主要与武术通过秘密结社以巫武结合的方式传承有关。当然，也存在门派创立或技术传承者假借“仙传神授”的现象。例如，《王征南墓志铭》中

〔1〕周伟良：《古代武术的历史分期及其基本特征研究》，《中华武术（研究）》2012年第7期。

曾提道："三峰为武当丹士，徽宗召之，道梗不得进，夜梦玄帝授之拳法，厥明以单丁杀贼百余。"[1]这里说内家拳拳法为玄武大帝所授，以梦境假托神授，实则是武术玄虚化的一种表现。又如，在河北一带流传的大圣拳的部分传人认为，该拳的创始人是齐天大圣孙悟空，这也是"仙传神授"的典型。

清代秘密结社组织常利用流行的武术拳种，将画符扶乩、托言圣贤、练咒邪法等巫术仪式与习练拳棒等武技融为一体，形成巫武合流的特征[2]。例如，义和团等结社组织借助巫术与武术的结合，广纳成员，激发下层民众的战斗意志。结社组织一方面通过武技增强组织成员的战斗力，另一方面，又借助巫术的玄虚化统摄人心，以达到固化组织的目的。巫武结合的形式也使得秘密结社组织能够吸引更多教众，并且能保持组织成员思想结构的稳定。这种"以武获勇，以巫获神"的组织方式，更能激发全体教众无畏无惧的战斗热情。

近代以来影响较大的秘密结社及拳会组织像白莲教、天地会、会门拳、义和拳等，在武艺传承过程中抛弃了日积月累的师承式习武方式，而偏重倚赖神灵、巫术激发出来的"精神变态"[3]。再如，雍正年间的民间拳会组织——大刀会有一项"金钟罩"绝活儿，这本为一种以拍打练习强壮筋骨的硬气功，但后来在练习时附加了一系列请神、吞符、念咒等类似巫术的仪式，从而笼罩了一层神秘的色彩[4]。又如，乾嘉时天地会内传习的拳棒符书

〔1〕（清）黄宗羲：《南雷文定前后三四集》卷八，清康熙刊本，第 84 页。
〔2〕谭广鑫：《巫武合流：武术秘密结社组织中的巫术影响研究》，《体育科学》2017 年第 2 期。
〔3〕周伟良：《传统武术中的一缕神光》，《体育文史》1992 年第 2 期。
〔4〕邵雍：《中国会道门》，上海人民出版社，1997，第 150 ～ 157 页。

中有“废出新弟子，十八般武艺手段高强。千拳打不动，万拳打不入”及“天地阴阳兵符、雷兵雷将”[1]等语，这些都是宗教神灵意识在武术活动中的投影。

清代武术的玄虚化发展，给武术披上神秘的外衣，虽然在一定程度上增加了习武群体的数量，从某种意义上推动了武术的发展，丰富了武术的文化内涵，但也导致了习武者对武术价值认知的偏差。在巫武合流传承模式的诱导下，当封建蒙昧与英雄主义捆绑一起时，习练群众虽勇猛不惧，但被假象蒙住了双眼，大量迷信玄虚武技的教众因此丢掉了性命，从而也限制了武术常规形式的发展。

七、清代文人与武术文化

清代一些士人的教育思潮也引领了武术文化的发展，其中有一定影响的有河北的颜习斋、李恕谷师徒，江苏的陆桴亭、吴殳，浙江的黄宗羲、黄百家父子。

清代初年，河北省以颜习斋、李恕谷为代表的颜李学派，是一个主张文武并重并积极从事武术活动的学派。颜李学派在清代学术史和思想史上都占有重要位置。明末清初的思想家、爱国教育家颜习斋寓武术于教育学说，提倡“动以养身”，反对静坐读书。他说：“况今天下兀坐书斋人无一不脆弱，为武士农夫所笑者，此岂男子态乎？”[2]他认为，真正的儒者要以孔子为楷模，既能文又能武，博学通达而体魄强健。那些视武技为“末技”的

---

〔1〕《录付档》，嘉庆十九年十一月二十九日江西巡抚阮元折。
〔2〕（清）颜元：《存学编》卷三，清光绪二十五年阎志廉抄本，第25页。

程朱之徒，平时侈谈心性，自鸣儒雅，到国家危难之际，一个个束手无策，毫无用处。根据文武并重的思想主张，颜习斋阐释孔孟之道，评品古今人物，乃至交游、讲学、授徒，处处都把“武”字摆在突出位置上，他以自己的言行和实践，针锋相对地批判了以武艺为“不才”的理学先生们的陈腐观点。颜习斋一生偏居于家乡一隅，他的学术主张一直没有能够远播海内，也没有机会付诸实践。但在颜习斋的身教言传之下，颜门弟子大都以武术为必修之课。颜习斋的传派高足李塨谷，一生好武甚勤，造诣甚高，交游遍天下。明末清初，习武之风曾经在南北士人中悄然兴起。不过，明清之际的士人习武多是个人行为，没有以武事为学术者，认为武学难登大雅之堂。而颜习斋不仅将习武纳入自己的学术体系，还纳入了他的教育思想和实践中，这就在事实上使习武具有了体育意义。颜习斋提倡寓武术运动于教育之中，并身体力行，打破了宋明理学家静坐读书不习武的陋习。在其教育思想的推动下，武术文化开始迈进教育领域。

又如，江南大儒陆桴亭曾专门为其师石敬岩作传，赞其“年已七十余，犹力举千钧，盘舞丈八矛，龙跳虎跃”[1]，还曾为石敬岩作诗两首：

将军结发已从戎，四十余年立战功；
十月冰霜孤塞外，九秋风雨百蛮中；
但期戮力同刘杜，岂料终身类李冯；

〔1〕（清）陆世仪：《桴亭先生诗文集》文集卷六，清光绪二十五年唐受祺刻陆桴亭先生遗书本，第 84 页。

执政无人君莫恨，江湖知己尚难逢。

石氏双钩天下无，壮游燕赵暮游吴；
英雄已老少年出，若个相逢是丈夫。[1]

正因为陆桴亭深受石敬岩影响，所以在其教育思想中才鼓励青年有“体用具备，文武兼资”的才干，以此报效国家。明末清初史学家吴殳也是石敬岩的弟子，他是明末清初的学者中将兼通文武做得最成功的一个，之所以被称为“奇人”，正因为他成功地融合了史学、文学、武学，创立了别具一格的学术模式。其《手臂录》中主要言枪，正因为“枪为诸器之王，以诸器遇枪立败也”[2]。这部武术佳作抓住了传统武艺最核心的内容，是文人习武的典型，对中华武术的发展贡献卓著。

再如，前文所述的清初士人黄宗羲、黄百家父子，根据明末武术家王征南的陈述和传授，提炼总结内、外家拳法，以“以守为主”“以攻为主”的武术运动基本规律来区别内家拳与外家拳，这也是清代士人对武术的贡献。

第五节　日趋完善的武术理论

清代武术理论研究除了清初的《手臂录》《十三刀法》等几

〔1〕（清）陆世仪：《桴亭先生诗文集》诗集卷一，清光绪二十五年唐受祺刻陆桴亭先生遗书本，第96页。
〔2〕（清）吴殳：《手臂录》卷一，清指海本，第1页。

部著作外，其重点已由前代的注重兵械技术转向注重徒手拳术。相较于之前主要服务军事的武术理论，此时的武术理论逐渐脱离出来，在各拳种中自成体系。查阅明代的兵书及武术典籍，虽有诸如戚继光在《纪效新书》中记述的各家拳法以及由其汇编的“三十二势长拳”等徒手技法方面的内容，但更多的是器械技法，并多与军事相连，拳法显然不是重点。而清代的武术典籍中虽然仍包含器械技法，但重点却逐渐偏向了徒手技艺，形成了全新的武学研究态势。这标志着武术技术与理论的研究重点发生了根本性转变，即以拳法为主体的民间武术研究逐渐占据了主导位置〔1〕。随着武术逐渐成熟，清代的武术理论开始向整体化、系统化方向发展，各拳种既有不同的演练风格，又反映了共同的技击规律。在中国传统文化的熏陶下，清代武术家不断完善武术的整体观念，规范拳械技术，丰富流派体系，升华武术理论，从而使武术进入了一个全新的发展阶段。

一、《十三刀法》

《十三刀法》的作者是明末清初的王余佑。王余佑（1615—1684），字申之，又字介祺。本姓宓，因其八世祖在明朝初年从小兴州（今河北滦平）迁到保定新城西马头村后入赘王氏，而改姓王。王余佑是我国明末清初在儒学、兵学、武学等领域都颇有建树的著名学者。其著作多为兵书，《十三刀法》是其晚年写成的唯一一部武术著作。著名武术史家马明达曾经指出：“王余佑著有多种兵书，其中《十三刀法》一书传存至今，是为数不多的

〔1〕余水清：《中国武术史概要》，湖北科学技术出版社，2006，第 134 页。

明清武术典籍中的珍品，极具研究价值。”[1]王余佑终生习武、半生授武，《十三刀法》是我国明清时期为数不多的刀法著作中极具研究价值的珍贵典籍。

《十三刀法》成书后，先是以手抄本的形式流传于世。民国二十年（1931），上海暉隐庐书店再次出版了《十三刀法》，并更名为《太极连环刀法》，但其中的“诱敌三式”中的“末式”（第三式）已经残缺。由于该书没有标点符号，阅读不便，所以著名武术史家唐豪重新校点整理并加注标点符号，中华武术学会于 1936 年出版了唐豪整理的《太极连环刀法》。

《十三刀法》的内容有 11 个部分：①总论；②置刀歌解；③刀诀解；④步立执刀式；⑤十三法；⑥六法；⑦宽窄不可不知；⑧二十四忌；⑨太极连环刀母；⑩行刀母八法；⑪补遗。这 11 个部分可分为 7 个方面：①克敌制胜的战略指导思想——总论；②器械选择要领——置刀歌解；③刀法练习与制胜的技术要领——刀诀解；④刀法基本技术——步立执刀式、十三法和六法；⑤套路——行刀六路；⑥实战技术——六刀、行刀母八法和补遗；⑦刀法练习和对敌时的基本注意事项——宽窄不可不知和二十四忌。[2]

《十三刀法》是我国古代现存的内容最为完备、详细和系统的刀法专著，对中国传统单刀法进行了记载，是我国古代唯一一部流传至今的单刀法武术专著。因此，此书对研究中国古代武术，尤其是研究中国古代刀法具有十分重要的参考价值。不仅如此，

---

〔1〕马明达：《说剑丛稿》（增订本），中华书局，2007，第 106 页。
〔2〕侯东罡：《基于〈十三刀法〉的王余佑武学思想研究》，硕士学位论文，河南大学，2012，第 19 页。

由于王余佑对我国古代刀法的研究和认识达到了前人所未达到的高度和深度，其《十三刀法》所体现的武学思想极具代表性。《十三刀法》是中国古代刀法研究的集大成者，是中国古代刀法发展史上具有里程碑意义的著作。

二、《手臂录》

该书是一部以枪法为主的武术典籍，其作者是主修史学、文学的吴殳。吴殳（1611—1695），又名乔，字修龄，号沧尘子，是明末清初最具有代表性的武术家之一。他少年时酷爱武术，勤学苦练，曾师从石敬岩在报本寺习枪法，同学者还有同乡的夏君宣、夏玉如、陆桴亭等。后师从渔阳老人学习剑法，师从郑华子学马家枪法，再师从朱熊占学峨眉枪法，还学杨家枪法等。著有《峨眉枪法》《枪法圆机说》《单刀图说》《梦录堂枪法》《手臂录》《无隐录》。

其中最具代表性的著作《手臂录》写于康熙元年（1662）。全书分四卷，加附卷上、下共六卷。除卷三《单刀图说》、卷四《诸器总说》《叉说》《狼筅说》《藤牌说》《大棒说》《剑诀》《双刀歌》《后剑诀》等之外，其他内容均为枪法，故此书是一部枪法专著，是吴殳对明代以来各家枪法的一个系统总结，是一部集枪法之大成的著作。书中指出：

总用之则为一圈，剖此圈而分用之，或左或右，或上或下，或斜或正，或单或复，或取多分，或取少分，或取半分，以为行着诸巧法，而后枪道大备。是以，练枪者，唯下久苦之工于一圈，熟而更熟，精而益精，其于分形之法一览而全备矣。人食一口，而五官四体皆受其益理正同也。[1]

他对石敬岩、程真如赞赏有加，认为其枪法：

戳中有革，革中有戳，力之直也，能兼横力之横，也能兼直，其用枪尖，如有钩者然，能于彼掌中空而去之。艺技至此，惊犹鬼神矣。

吴殳非常重视圈枪，并认为枪法应圆直结合，先曲后直，即先防后攻，二者结合。

吴殳平生所学武艺，有枪法、剑法、单刀法等，但主要是枪法，因此他的著作皆以枪法为主要内容。可以说，吴殳是明代至清初各家枪法之集大成者，他的书是对前代各家枪法的总结。

《峨眉枪法》为明代程真如著，吴殳辑，此枪传自峨眉山人普恩。书中论述了身心、动静、审势、形势等。还有吴殳的《评程真如峨眉枪法》《峨眉枪法原序》等内容。《梦录堂枪法》是明代少林寺僧洪转作，吴殳辑，论述了八母、六妙、五要、三奇等。另外，吴殳还论说了少林棍法与枪法的关系。

三、《内家拳法》

此书是清初黄百家所著《王征南先生传》中的部分内容。受明代书贾“改头换面”之积习影响，后人将《王征南先生传》

---

〔1〕（清）吴殳：《手臂录》卷一，清指海本，第2页。

“芟其头尾”，改名《内家拳法》而行于世。黄百家（1643—1709），原名百学，字主一，号不失，浙江余姚人，其父是清初著名学者黄宗羲。黄百家少时遭革代之难，受环境变迁与同时代文人志士影响，有感于文人不武，遂师从内家拳大师王征南（1617—1669）学内家拳法，师殁后九年（1678）著成《王征南先生传》一书。

《内家拳法》记述了内家拳源流、练法、套路和十段锦，包含应敌打法若干、穴法若干、所禁犯病法若干、练手法三十五、练步法十八，以及六路和十段锦歌诀及诠解，并述王征南独创之盘斫法及习拳精要。其中说“拳家惟斫最重，斫有四种：滚斫、柳叶斫、十字斫、雷公斫，而先生另有盘斫，则能以斫破斫，则先生熟久智生、划焉心开，而独创者也”。

王征南向黄百家讲述的很多拳理也被收录其中。例如，因为黄百家兼习枪刀剑戟之法，所以王征南说“拳成外，此不难矣。某某处即枪法也，某某处即剑钺法也”。他还对黄百家谆谆教诲：

> 拳不在多，惟在熟，炼之纯熟，即六路亦用之不穷。其中分阴阳，止十八法而变出，即有四十九；又曰拳如绞花槌，左右中前后皆到，不可止顾一面；又曰拳亦由博而归约，山七十二跌（即长拳滚斫、分心十字等打法名色）、三十五拿（即斫、删、科、磕、靠等），以至十八（即六路中十八法），由十八而十二（倒、换、搓、挪、滚、脱、牵、绾、跪、坐、挝、拿），由十二而总归之存心之五字（敬、紧、径、劲、切）。故精于拳者，所记止有数字。

由以上论述可知，内家拳法中的很多内容源于器械；练拳一定要技法全面，不能偏于一隅；练拳要经历一个由简入繁，再由繁归约的过程。

由于当时没有影像资料，所以很难根据文字还原其中技法。正如文末黄百家所言，“先生之卫，所受者惟余，余既负先生之知，则此术已为广陵散矣”，但他又不忍心这么好的技法流失，所以说，“特备着其委屑，庶后有好事者，或可因是而得之也”，但他又说，“虽然，木牛流马，诸葛书中之尺寸详矣，三千年以来，能复用之者谁乎？”黄百家对内家拳法的记述却成了后人研究内家拳史和相关技术体系的重要资料，关于内家拳理论的总结也对后世影响深远。

四、《张孔昭拳谱》与《拳经拳法备要》

《张孔昭拳谱》是近年来新发现的清代拳谱，现藏于上海图书馆。就其内容来看，《张孔昭拳谱》与《拳经拳法备要》蟫隐庐本、《玄机秘授穴道拳诀》海陵度我氏藏本互有重合，但又不尽相同。显然，三者都由一脉传承，但因传抄途径不同，导致内容形式上的差异。《张孔昭拳谱》一册，清抄本，不分卷，无板框，共94页，每页10行，小楷抄写，字迹娟秀流畅，通篇为一人所抄，另有34幅拳谱图式，但不见书名与作者题文。全书分为序文、周身秘要论十二诀、少林寺短打推盘步法、少林寺短打身法拳谱宗论、横秋张先生习练身法论、图式、酒方和药方八个部分。《拳经拳法备要》蟫隐庐本是根据清光绪二十六年（1900）王某抄本，经罗振常加以润色后印行，随后又经多家出版社整理出版。例如，1988年，孙国中整理，由北京师范大学出版社出版，名为《少林正宗拳经》；1988年，新文丰出版公司出版《丛书集成续编》；1994年，上海书店出版《丛书集成续编》等。可见，《拳经拳法备要》流传甚广，影响较大，并且已成为武术研究者经常引用的文献[1]。

郑少康在《纪效新书拳经考》中，根据《拳经拳法备要》曹焕斗所撰“注张孔昭先生拳经序”及道光年间《壶关县志》卷五名宦篇、卷六选举篇、卷七孝义篇，推断《张孔昭拳谱》是在曹焕斗的高伯祖曹有光任内（约是清康熙十二年，即1673年）所撰。

由其中的序文可知，该拳谱的创编者是张孔昭，其拳法传承于少林，并融诸家拳法之善者而成。关于张孔昭其人，由序文中“至有我邑张姓号孔昭者”可知，孔昭是其号，又由下文中“横秋张先生习练身法论”可知，横秋乃为其字，所以由此得知，其他武术文献中所出现的张孔昭、张横秋等名称实为一人。

“周身秘要论十二诀”阐明人体各个主要部位（头、眼、颈、肩、臂、手、胸、腰、臀、腿、膝）在武术技击过程中的功能及注意事项，且另附“下部诀”等七种歌诀，属于习武入门的基础性知识。

“少林寺短打推盘步法”强调“下盘”功夫在技击中的重要性及习练的艰难。该部分详细讲述了双管秘法、中管秘法、外管秘法和边管秘法四种“下盘”克敌制胜方法的动作要领，并配以歌诀和图式，便于后学之辈习练。

“少林寺短打身法拳谱宗论”“身法操持”“入身煞手猛迅

---

〔1〕耿彬、胡玉玺：《清抄本〈张孔昭拳谱〉述评及相关研究》，《中华武术（研究）》2019年第11期。

论”“八面肩”是一套完整的少林拳法体系。开篇“少林寺短打身法拳谱宗论”先介绍少林寺拳法理论，再有十则对拳理的解释；然后介绍少林寺手法、肘法、拳法、步法之技理，尤其以步法、脚法为重点；再介绍“身法操持”中的“审势”“粘身”“到身”“一片”“临场”等与敌交手时身法与技法的运用之道；又介绍“入身煞手猛迅论”，此部分是对少林拳法技理的一个总结性阐述，蕴含四个要点，即入身、煞手、猛迅、精微；最后一部分的“八面肩”介绍了直肩、压下肩、倒后肩、倒前肩、射起肩、陡起肩、凝肩、挺肩这八种肩法。

“横秋张先生习练身法论”是张孔昭习武多年的精华所在，既包含少林拳法的精髓，又展现出张孔昭兼百家之法而创独具一格的拳法。该部分主要包括练打诸法、迷拳、醉八仙小引、死手解救和问答篇。

《张孔昭拳谱》图式部分共 34 幅，包含 19 幅拳式图、15 幅步法线路图，大多都配有简要注文，且非常直观形象，使后辈学者一目了然，便于练习。《拳经拳法备要》全书亦有 34 幅图式，包含 24 幅拳式图、10 幅步法线路图（其中 5 幅步法线路图放置于拳谱的前半部分）。

《张孔昭拳谱》最后部分为明清时期习练拳法常用的酒方和药方，共 10 种，包含 3 种常服酒方、骨打碎神效方、6 种末药方。这些酒方和药方对常习武者有相得益彰之妙用，不仅对拳法的提升很有帮助，还可帮助治疗各种伤病。《拳经拳法备要》较《张孔昭拳谱》缺少酒方和药方。

《张孔昭拳谱》与《拳经拳法备要》一脉相承，是一部记述明末清初时期以少林寺拳术为主，兼融民间优秀拳技之精华的拳学专著。书中所论技理，在明代拳论典籍的基础上又有新的发展。该书也是清代拳学发展史上成文最早、论理精深、技法全面、体系完整的拳学文献，全面反映了清代前期少林拳武学发展的概貌，并对研究少林武术有重要价值。

五、《苌氏武技书》

《苌氏武技书》[1]是清乾隆年间苌家拳创始人苌乃周竭其毕生精力写成的武术巨著，主要特点在于具体论述了拳技与中气"内外兼修""形气合炼"的理论与方法，而且源流清晰，学理新奇，论点有据，皆臻实践。有学者称"若从武术发展史的角度分析，这（指《苌氏武技书》，编者注）是古代武术典籍中第一部着重讲究并明确记述炼（通练）精气的拳学专著"[2]，这种定位是很准确的。

《苌氏武技书》是苌家拳的指导性纲领，由《培养中气论》和《武备参考》两部分组成，共 6 卷 74 篇，其中有 64 篇论述"中气"与"拳理"，6 篇论述拳术，4 篇论述枪、棒、剑，其特点是以单篇论艺为基础，每一个单篇论述一个技理专题，字数多则数百，少则几十，各篇既各有专论所司，又互相呼应衔接，从而构成了苌氏武学较为完整的武学技理体系。其理论若按照实质性内容可分为"中气之论"和"拳技之论"。凡论中气，皆紧密结

---

〔1〕1932 年徐震首先将苌乃周的《培养中气论》和《武备参考》的传抄本整理编订，定名为《苌氏武技书》，于 1936 年由南京正中书局出版发行。

〔2〕江百龙、林鑫海、佘水清：《〈苌氏武技书〉的拳学成就与特点》，《武汉体育学院学报》2002 年第 1 期。

合拳技加以阐述，不尚玄说虚言；凡论拳学理论，都是以中气学理为主导，以释拳艺之精。

开篇即《中气论》，由此可见该拳种十分注重“中气培养”对习武之人的特殊作用。文中还深刻论述了人体“中气”之根源，并用“文炼”“武炼”和“内丹”“外丹”来探究习武之人的练养问题，同时还从人体内部结构特征以及身体各部位相互之间的关系进一步说明文修武炼、内外兼修的重要意义，足以证明苌乃周学识之渊博，苌家拳理论之深厚。

此外，书中还有独特的《阴阳论》，之所以独特，是因为在许多著名拳派的武术中都有关于阴阳、五行之说，但大多比较抽象，甚至有的成为说不清、道不明的附会之言。而苌家拳则是以中医理论基础、脏象学说为依据，且紧密结合拳势、运势特点，研究经络气机与拳势转换间的动态平衡关系，从而促进功夫的提升与完善。

最后，书中还出现了以前武术文献中未出现或未细致描述的“三尖”理论，如《三尖为气之纲领论》《三尖照论》《三尖到论》。“三尖相照”在该书的其他理论中也有涉及，如《初学入手法》《论用功》《合炼中二十四势》《养气论》等。

六、《心意六合拳谱》

《心意六合拳谱》又称《六合拳谱》，该书题有“雍正十一年（1733）三月河南府李”“雍正十三年（1735）新安王自诚”“乾隆十九年（1754）汝州王琛琳”“乾隆四十四年（1779）汝州马定远”字样。此书在河南被多次传抄。在其《〈心意六合拳谱〉序》中有：

拳之类不同也，他端亦不知造自何人，唯此六合拳者，则出于山西隆丰姬老先生义缘府。先生生于明末，精于枪法，人见之皆以为神。而先生犹有虑焉：吾处乱世，操执枪以自卫可矣。若太平之日，刀枪入鞘，倘遇不测，将何以御之？于是将枪法改作拳法，而会其理于一本，通其形于万殊，称其名谓《六合拳》。世之演艺者多惑于异端之说，而以善走为奇，岂知此拳有追法乎？以能闪为妙者，岂知此拳有截法乎？以左右封闭为法者，岂知此拳有动之不见形，一动即灵，而不及封闭乎？且即云：能走、能闪、能封、能闭，亦必目见而能然也。故白昼间犹可取胜。若黑夜之间，偶遇盗贼，猝逢仇敌，吾未见其形，将何以闪而走之？吾未见其动，将何以封而闭之？岂不反误自身乎！惟我六合者：心与意合、意与气合、气与力合；手与足合、肘与膝合、肩与胯合……〔1〕

此为流传于河南的《心意六合拳谱》，该谱是研究早期心意拳传序及技术体系的重要资料。

七、《太极拳论》与《十三势解》

《太极拳论》是太极拳最高层面的理论经典，其著者王宗岳是乾隆时期山西人。王宗岳以北宋周敦颐的《太极图说》为理论源头，阐述了太极拳的拳理和拳法，并阐明了太极拳技击的要领、方法和原理。其原文如下：

太极者，无极而生，阴阳之母也。动之则分，静之则合。无

〔1〕《〈心意六合拳谱·十法摘要〉序》，清抄本，第2页。

过不及，随曲就伸。人刚我柔谓之走，我顺人背谓之粘。动急则急应，动缓则缓随。虽变化万端，而理唯一贯。由招熟而渐悟懂劲，由懂劲而阶及神明。然非用力之久，不能豁然贯通焉。虚领顶劲，气沉丹田。不偏不倚，忽隐忽现。左重则左虚，右重则右杳。仰之则弥高，俯之则弥深，进之则愈长，退之则愈促。一羽不能加，蝇虫不能落，人不知我，我独知人。英雄所向无敌，盖皆由此而及也。

斯技旁门甚多，虽势有区别，概不外乎壮欺弱，慢让快耳。有力打无力，手慢让手快，是皆先天自然之能，非关学力而有也。察"四两拨千斤"之句，显非力胜；观耄耋御众之形，快何能为？立如秤准，活似车轮。偏沉则随，双重则滞。每见数年纯功，不能运化者，率皆自为人制，双重之病未悟耳。欲避此病，须知阴阳。粘即是走，走即是粘。阳不离阴，阴不离阳，阴阳相济，方为懂劲。懂劲后，愈练愈精，默识揣摩，渐至从心所欲。本是舍己从人，多误舍近求远。所谓差之毫厘，谬之千里，学者不可不详辨焉，是为论。

该文首先从哲学层面解释了太极和无极、阴阳的关系，阐明了"无极→太极→阴阳"的生化关系；然后列举了太极拳的动与静、过与不及、曲与伸、刚与柔、走与黏、急与缓等矛盾关系；又阐明了太极拳"招熟→懂劲→神明"的进阶过程；还讲述了"虚领顶劲，气沉丹田""不偏不倚，忽隐忽现""仰之则弥高，俯之则弥深，进之则愈长，退之则愈促"的技术要义，"左重则左虚，右重则右杳"的禁忌，"一羽不能加，蝇虫不能落"的境界。

其中，还重点阐明了太极拳“以巧斗力”的技击特点，以及“粘即是走，走即是粘。阳不离阴，阴不离阳，阴阳相济，方为懂劲”的太极之理。书中既有道家哲学的指导，也有太极哲学的运用；既有理论层面的指导，也有技术层面的解析，是一篇有关太极拳的高屋建瓴之作，后世武禹襄、李亦畬等有关太极拳的理论都是以此为基础的进一步阐发。

在以上拳论之后，还介绍了由53个动作组成的“十三势架”以及身法要点和一些刀法、枪法。〔1〕

其原文如下：

一名长拳，一名十三势。长拳者，如长江大海，滔滔不绝也。十三势者，掤、捋、挤、按、采、挒、肘、靠、进、退、顾、盼、定也。掤、捋、挤、按即坎、离、震、兑，四正方也；采、挒、肘、靠即乾、坤、艮、巽，四斜角也。此八卦也。进步、退步、左顾、右盼、中定即金、木、水、火、土也。此五行也。合而言之，曰“十三势”。

《十三势行工歌诀》如下：

十三总势莫轻识，命意源头在腰隙。
变转虚实须留意，气遍身躯不稍痴。
静中触动动犹静，因敌变化是神奇。
势势存心揆用意，得来不觉费功夫。

〔1〕（明）王宗岳：《太极拳论》，郝和珍藏本，第5～10页。

刻刻留心在腰间，腹内松静气腾然。
尾闾正中神贯顶，满身轻利顶头悬。
仔细留心向推求，屈伸开合听自由。
入门引路须口授，工用无息法自休。
若言体用何为准，意气君来骨肉臣。
详推用意终何在，益寿延年不老春。
歌兮歌兮百四十，字字真切义无疑。
若不向此推求去，枉费功夫遗叹惜。

《太极拳论》既说明了太极拳中“十三势”“长拳”名称的由来，又详解了太极拳的特点，以及练习的具体要求、最终达成的目的。这对后世太极拳的实践与理论有极其深远的影响。

大事记

996年

辽圣宗命刘遂教南京神武军士剑法，赐袍带锦币。

1000年

北宋设置武举取士。

1049年

宋朝与西夏议和，北宋取消了武举。

1064年

北宋朝廷开始讨论具体恢复武举取士的相关政策，同时又设立了“武举格”，制定了武举取士的不同等级。

1114年

完颜阿骨打定制以三百户为谋克，十谋克为猛安。

1141至1149年间

金熙宗设置武举考试。

1149至1169年间

西夏公开刻印颁行《天盛改旧新定律令》。

1193 年

金章宗制定民习角抵、枪棒罪。

1195 年

金章宗敕行尚书省，从民间招选有方略出众、武艺绝伦、才干办事、工巧过人者。

1218 年

金宣宗特赐武举温迪罕缴住以下一百四十人及第。

1221 年

赵珙编成《蒙鞑备录》。

1236 年

彭大雅编成《黑鞑事略》。

1255 年

蒙古全体那颜聚会期间，刻碑纪念移相哥射中三百三十五度（约 502 米）远目标。

1280 年

翰林修撰王德渊写成《角觝说》。

1284 年

元世祖颁布“禁治学习枪棒”条。

1313 年

元仁宗颁布“禁投醮舍身烧死赛愿”条。

1319年

元仁宗设置专门相扑机构“勇校署”。

1435年

全国卫所都设立武学。

1464年

明代开始武举。

1557年

《续武经总要》初刻。

1560年

戚继光著《纪效新书》（十八卷本）。

1561年

戚继光在台州大捷中缴获到倭刀及习法“倭夷原本”。

1565年

俞大猷《正气堂集》刊行。

1568年

郑若曾《江南经略》初刻。

1571年

戚继光著《练兵实纪》。

1584年

戚继光著《纪效新书》（十四卷本）。

1591 年

何良臣《阵纪》初刊。

1614 年

程宗猷著《少林棍法阐宗》。

1618 年

唐顺之《武编》首次刻印刊行。

1621 年

《武备志》刻印。

1621 年

程宗猷《耕余剩技》刊刻。

1629 年

程宗猷撰《射史》八卷。

1631 年

王来聘成为明代武举第一位真正意义上的武状元。

1632 年

程子颐完成《武备要略》。

1644 年

清朝仿照明制设立八旗官学，形成“文武同庠”的教育模式。

1646 年

顺治实行武举考试。

1648 年

多尔衮以顺治的名义颁布禁武令。

1649 年

多尔衮再次颁布禁武令。

1673 年

康熙帝颁布禁武令。

1678 年

黄百家著成《王征南先生传》一书，介绍了内家拳法。

1702 年

康熙帝设立广泛吸纳汉人的义学。

1713 年

义学的吸纳范围拓展到了所有有志于进入武术官学体系的汉人。

1742 年

乾隆实行了“汉军出旗”政策。

1881 年

李亦畲写成《太极拳小序》。

1898 年

光绪帝举行最后一次武举考试。

索　引

参考文献

一、专著

[1]《中国军事史》编写组.中国军事史:第三卷[M].北京:解放军出版社,1987.

[2]班固.汉书[M].北京:中华书局,1964.

[3]蔡龙云.琴剑楼武术文集[M].北京:人民体育出版社,2007.

[4]蔡少卿.中国近代会党史研究[M].北京:中华书局,1987.

[5]藏晋叔.元曲选[M].第二版.北京:中华书局,1989.

[6]曹志清.形意拳理论研究[M].北京:人民体育出版社,1988.

[7]曾公亮,等.武经总要[M].文渊阁四库全书本.台北:商务印书馆,1986.

[8]曾巩.隆平集校证[M].王瑞来,校证.北京:中华书局,2012.

[9]曾枣庄,舒大刚.三苏全书:第12册[M].北京:语文出版社,2001.

[10]曾昭胜,等.南拳[M].广州:广东人民出版社,1983.

[11]查继佐.罪惟录[M].杭州:浙江古籍出版社,2012.

[12]晁公武.郡斋读书志校正[M].孙猛,校正.上海:上海古籍出版社,1990.

[13]陈宝良.明代社会生活史[M].北京:中国社会科学出版社,2004.

[14]陈宝良.晚明的尚武精神[M]//明史研究编辑部.明史研究.合肥:黄山书社,1991.

[15]陈宝良.中国的社与会[M].杭州:浙江人民出版社,1996.

[16]陈侃.使琉球录(丛书集成初编)[M].北京:商务印书馆,1937.

[17]陈寿.三国志[M].北京:中华书局,1964.

[18]陈万卿.苌家拳[M].郑州:中州古籍出版社,2009.

[19] 陈小法．明代中日文化交流史研究[M]．北京：商务印书馆，2011.

[20] 陈元赟．陈元赟集[M]．衷尔钜，辑注．沈阳：辽宁人民出版社，1994.

[21] 陈振江，程啸．义和团文献辑注与研究[M]．天津：天津人民出版社，1985.

[22] 程大力．中国武术：历史与文化[M]．成都：四川大学出版社，1995.

[23] 程英．中国近代反帝反封建历史歌谣选[M]．北京：中华书局，1962.

[24] 程子颐．武备要略[M]．北京：北京出版社，1997.

[25] 程宗猷．少林棍法禅宗[M]．明天启刻本．南京：图书馆善本部藏．

[26] 崔统华．草庐经略注译[M]．北京：解放军出版社，1992.

[27] 杜佑．通典[M]．文渊阁四库全书本．台北：商务印书馆，1986.

[28] 鄂尔泰等．八旗通志：卷之四十七·学校志二[M]．长春：东北师范大学出版社，1985.

[29] 范中义，仝晰纲．明代倭寇史略[M]．北京：中华书局，2004.

[30] 范中义．戚继光传[M]．北京：中华书局，2003.

[31] 冯梦龙．智囊全集[M]．南京：凤凰出版社，2009.

[32] 龚鹏程．武艺丛谈[M]．济南：山东画报出版社，2009.

[33] 谷应泰．明史纪事本末[M]．北京：中华书局，1977.

[34] 顾炎武．日知录集释[M]．黄汝成，集释．栾保群，吕宗力，校点．上海：上海古籍出版社，2007.

[35] 广西壮族自治区民族研究所．广西左江流域崖壁画考察与研究[M]．南宁：广西民族出版社，1987.

[36] 归田录外五种[M]// 张舜民．画墁录见．上海：上海古籍出版社，2012.

[37] 郭庆藩．庄子集释[M]．北京：中华书局，1985.

[38] 郭瑞祥．通臂二十四势[M]．北京：人民体育出版社，2004.

[39] 郭希汾．中国体育史[M]．影印本．上海：上海文艺出版社，1993.

[40] 郭志禹．中国武术史简编[M]．北京：人民体育出版社，2007.

[41] 国家体委武术研究院．中国武术史[M]．北京：人民体育出版社，1997.

[42] 何良臣．阵纪[M]．文渊阁四库全书本．台北：商务印书馆，1986.

[43] 何良臣．阵纪注释[M]．陈秉才，点注．北京：军事科学出版社，1984.

[44] 何宁．淮南子集释[M]．北京：中华书局，1998.

[45] 赫治清．中国军事制度史：军事教育训练卷[M]．郑州：大象出版社，1997.

[46] 洪楩．清平山堂话本[M]．长沙：岳麓书社，2019.

[47] 华岳．翠微北征录浅说 [M]. 兰书臣，吴子勇，注释．北京：解放军出版社，1992.

[48] 华岳．翠微南征录北征录合集 [M]. 马君骅，点校．合肥：黄山书社，1993.

[49] 皇甫江．中国刀剑 [M]. 济南：明天出版社，2007.

[50] 黄佩华．抗倭女杰瓦氏夫人 [M]. 南宁：接力出版社，1991.

[51] 黄现璠，黄增庆，张一民．壮族通史 [M]. 南宁：广西民族出版社，1988.

[52] 黄许桂．平和县志 [M]. 平和县地方志编纂委员会，点校．厦门：厦门大学出版社，2008.

[53] 季德源．中华军事职官大典 [M]. 北京：解放军出版社，1999.

[54] 蒋炳钊，吴绵吉，辛土成．中国东南民族关系史 [M]. 厦门：厦门大学出版社，2007.

[55] 康与之．昨梦录 [M]. 北京：中华书局，1991.

[56] 邝露．赤雅 [M]. 上海：商务印书馆，1936.

[57] 莱阳螳螂拳文化研究会．莱阳螳螂拳 [M]. 北京：华夏文史出版社，2013.

[58] 黎光明．嘉靖御倭江浙主客军考 [M]. 北京：哈佛燕京学社，1933.

[59] 李百药．北齐书 [M]. 北京：中华书局，2008.

[60] 李春龙．新纂云南通志（二）[M]. 昆明：云南人民出版社，1946.

[61] 李果锁．山西洪洞通背拳 [M]. 太原：山西科学技术出版社，2016.

[62] 李翰章．曾国藩全集：第十六卷 [M]. 北京：中国致公出版社，2001.

[63] 李季芳，周西宽，徐永昌．中国古代体育史简编 [M]. 北京：人民体育出版社，1984.

[64] 李林甫，等撰．唐六典 [M]. 陈仲夫，点校．北京：中华书局，1992.

[65] 李少一，刘旭．干戈春秋：中国古代兵器史话 [M]. 北京：中国展望出版社，1985.

[66] 李慎明，等著．世界太极拳发展报告（2019）[M]. 北京：社会科学文献出版社，2020.

[67] 李世愉，胡平．中国科举制度通史：清代卷上 [M]. 上海：上海人民出版社，2017.

[68] 李焘．续资治通鉴长编：第 10 册 [M]. 北京：中华书局，1985.

[69] 李新伟．《武经总要》研究 [M]. 台北：花木兰文化出版社，2012.

[70] 梁达．虎鹤门全功秘笈 [M]. 广州：岭南美术出版社，1996.

[71] 梁容若．中日文化交流史论 [M]. 北京：商务印书馆，1985.

[72] 林伯源．中国武术史 [M]. 北京：北京体育大学出版社，1994.

［73］凌懿文 . 浙江传统武术简史 [M]. 北京：学苑出版社，2012.

［74］刘才赋 . 中国史话：秘密社会史话 [M]. 北京：社会科学文献出版社，2012.

［75］刘大复 . 古今图书集成：选举部武举疏 [M]. 成都：巴蜀书社，1985.

［76］刘峻骧 . 中国武术 [M]. 北京：京华出版社，1994.

［77］刘平 . 被遗忘的战争：咸丰同治年间广东土客大械斗研究 1854—1867[M]. 北京：商务印书馆，2003.

［78］刘向东 . 中国古代军事典章制度 [M]. 沈阳：白山出版社，2012.

［79］刘昫 . 旧唐书 [M]. 北京：中华书局，1975.

［80］龙文彬 . 明会要 [M]. 北京：中华书局，1956.

［81］路遥，程歗 . 义和团运动史研究 [M]. 济南：齐鲁书社，1988.

［82］路遥 . 义和团运动起源研究 [M]. 济南：山东大学出版社，2018.

［83］罗尔纲 . 湘军兵志 [M]. 北京：中华书局，1984.

［84］罗贯中 . 三国演义 [M]. 北京：人民文学出版社，1979.

［85］吕宏军 . 嵩山少林寺 [M]. 郑州：河南人民出版社，2002.

［86］马力 . 中国古典武学秘籍录：上卷 [M]. 北京：人民体育出版社，2006.

［87］马明达 . 说剑丛稿（增订本）[M]. 北京：中华书局，2007.

［88］马明达 . 武学探真 [M]. 台北：逸文武术文化有限公司，2003.

［89］茅元仪 . 武备志 [M]. 台北：华世出版社，1984.

［90］孟元老，等 . 东京梦华录（外四种）[M]. 上海：上海古典文学出版社，1956.

［91］米祯祥，王雪宝 . 嵩山、少林寺石刻艺术大全 [M]. 北京：光明日报出版社，2004.

［92］牟复礼，崔瑞德 . 中国剑桥明代史（1368—1644）[M]. 北京：中国社会科学出版社，2006.

［93］木宫泰彦 . 日中文化交流史 [M]. 胡锡年，译 . 北京：商务印书馆，1980.

［94］欧阳修，宋祁，等 . 新唐书 [M]. 北京：中华书局，1987.

［95］欧阳修 . 欧阳修全集 [M]. 北京：中华书局，2001.

［96］庞朴 . 庞朴学术文化随笔 [M]. 北京：中国青年出版社，1996.

［97］彭大雅 . 黑鞑事略 [M]. 徐霆，疏证，北京：中华书局，1985.

［98］戚继光 . 纪效新书（十八卷本）[M]. 曹文明，吕颖慧，校释 . 北京：中华书局，2001.

［99］戚继光 . 纪效新书（十四卷本）[M]. 范中义，校释 . 北京：中华书局，2001.

[100] 戚继光 . 纪效新书 [M]. 马明达，点校 . 北京：人民体育出版社，1988.

[101] 戚继光 . 止止堂集 [M]. 王熹，校释 . 北京：中华书局，2001.

[102] 戚继光 . 练兵实纪 [M]. 邱心田，校释 . 北京：中华书局，2001.

[103] 秦宝琦，孟超 . 秘密结社与清代社会 [M]. 天津：天津古籍出版社，2008.

[104] 秦宝琦 . 洪门真史 [M]. 福州：福建人民出版社，2000.

[105] 秦淮墨客 . 杨家将演义 [M]. 北京：人民文学出版社，2007.

[106] 邱心田，孔德骐 . 中国军事通史：第 16 卷 [M]. 北京：军事科学出版社，1998.

[107] 屈大均 . 广东新语 [M]. 北京：中华书局，1985.

[108] 全国体育院校教材委员会 . 武术理论基础 [M]. 北京：人民体育出版社，1997.

[109] 邵遐龄 . 武昌县志：卷七学校志 [M]. 台北：成文出版社，1975.

[110] 邵雍 . 中国会道门 [M]. 上海：上海人民出版社，1997.

[111] 沈括 . 梦溪笔谈 [M]. 赵德荣，译，北京：中国画报出版社，2011.

[112] 沈括 . 新校正梦溪笔谈 [M]. 胡道静，校注 . 北京：中华书局，1957.

[113] 施耐庵，罗贯中 . 水浒传 [M]. 北京：人民文学出版社，2005.

[114] 施耐庵，罗贯中 . 水浒传 [M]. 李贽，评 . 上海：上海古籍出版社，2009.

[115] 释永信 . 少林功夫 [M]. 北京：华龄出版社，2007.

[116] 释永信 . 少林功夫文集（一）[M]. 登封：少林书局，2003.

[117] 释永信 . 少林功夫文集（二）[M]. 登封：少林书局，2004.

[118] 司马光 . 司马光集 [M]. 成都：四川大学出版社，2010.

[119] 司马光 . 资治通鉴 [M]. 北京：中华书局，1956.

[120] 宋濂，等 . 元史 [M]. 北京：中华书局，1976.

[121] 宋应星 . 天工开物 [M]. 上海：世界书局，1936.

[122] 谭松林，欧阳恩良，潮龙起 . 中国秘密社会：第 4 卷 [M]. 福州：福建人民出版社，2002.

[123] 谭松林 . 中国秘密社会：第 1 卷 [M]. 福州：福建人民出版社，2002.

[124] 唐豪 . 少林武当考・太极拳与内家拳・内家拳 [M]. 太原：山西科学技术出版社，2008.

[125] 唐豪 . 少林武当考 [M]. 太原：山西科学技术出版社，2008.

[126] 唐豪 . 神州武艺 [M]. 长春：吉林文史出版社，1986.

［127］唐豪．行健斋随笔 唐豪太极少林考 [M]. 太原：山西科学技术出版社，2008.

［128］唐豪．中国武艺图籍考 [M]. 太原：山西科学技术出版社，2008.

［129］唐顺之．荆川集 [M]. 长春：吉林出版集团有限责任公司，2005.

［130］陶宗仪．说郛 [M]// 武珪．雁北杂记．北京：中国书店，1986.

［131］铁玉钦．清实录：教育科学文化史料辑要 [M]. 沈阳：辽沈书社，1991.

［132］脱脱，等．金史 [M]. 北京：中华书局，1975.

［133］脱脱，等．宋史 [M]. 北京：中华书局，1977.

［134］脱脱，等．宋史 [M]. 呼和浩特：内蒙古人民出版社，2011.

［135］汪森．粤西丛载 [M]// 笔记小说大观：第 18 册．扬州：江苏广陵古籍刻印社，1983.

［136］汪圣铎．宋史全文 [M]. 北京：中华书局，2016.

［137］王鸿鹏，王贤凯，等．中国历代武状元 [M]. 北京：解放军出版社，2002.

［138］王世贞．弇山堂别集 [M]. 魏连科，点校．北京：中华书局，2006.

［139］王栐．燕翼诒谋录 [M]. 北京：中华书局，1981.

［140］王云五．啸旨、角力记、学射录、手臂录 [M]. 太原：山西科学技术出版社，2012.

［141］王兆春．中国历代兵书 [M]. 北京：中国国际广播出版社，2010.

［142］韦晓康．壮民族传统体育文化研究 [M]. 北京：中央民族大学出版社，2004.

［143］魏收．魏书 [M]. 北京：中华书局，1974.

［144］温玉成．少林访古 [M]. 天津：百花文艺出版社，1999.

［145］无谷，刘志学．少林寺资料集 [M]. 北京：书目文献出版社，1983.

［146］吴晗．明史简述 [M]. 北京：中华书局，2005.

［147］吴毓江．墨子校注 [M]. 孙启治，点校．北京：中华书局，2006.

［148］吴振棫．养吉斋丛录 [M]. 杭州：浙江古籍出版社，1985.

［149］萧一山．近代秘密社会史料 [M]. 长沙：岳麓书社，1986.

［150］谢肇淛．五杂俎 [M]. 上海：上海书店出版社，2009.

［151］熊梦祥．析津志辑佚 [M]. 北京：北京古籍出版社，1983.

［152］徐珂．清稗类钞 [M]. 北京：中华书局，1986.

［153］徐松 . 宋会要辑稿 [M]. 刘琳，刁忠民，舒大刚，等，校点 . 上海：上海古籍出版社，2014.

［154］徐哲东 . 苌氏武技书 [M]. 上海：上海书店，1990.

［155］徐哲东 . 国技论略 [M]. 太原：山西科学技术出版社，2003.

［156］徐震 . 苌氏武技书 [M]. 太原：山西科学技术出版社，2006.

［157］许树安 . 古代选举及科举制度概述 [M]. 天津：天津人民出版社，1985.

［158］许友根 . 武举制度史略 [M]. 苏州：苏州大学出版社，1997.

［159］严耀中 . 佛教戒律与中国社会 [M]. 上海：上海古籍出版社，2007.

［160］孟轲 . 孟子译注 [M]. 杨伯峻，杨逢彬，译注 . 长沙：岳麓书社，2009.

［161］杨伯峻 . 论语译注 [M]. 北京：中华书局，2006.

［162］杨祥全 . 洪洞通背拳 [M]. 北京：人民体育出版社，2012.

［163］杨仲良 . 皇宋通鉴长编纪事本末 [M]. 哈尔滨：黑龙江人民出版社，2006.

［164］叶封 . 少林寺志 [M]. 扬州：江苏广陵古籍刻印社，1997.

［165］叶隆礼 . 辽志 [M]. 上海：商务印书馆，1937.

［166］叶隆礼 . 契丹国志 [M]. 上海：上海古籍出版社，1985.

［167］佚名 . 嘉靖东南平倭通录 [M]. 上海：神州国光社，1946.

［168］佚名 . 天盛改旧新定律令 [M]. 北京：法律出版社，2000.

［169］余嘉锡 . 宋江三十六人考实、杨家将故事考信录 [M]. 昆明：云南人民出版社，2005.

［170］余水清 . 中华武术史概要 [M]. 武汉：湖北科学技术出版社，2006.

［171］宇文懋昭 . 大金国志 [M]. 济南：齐鲁书社，2000.

［172］张潮 . 虞初新志 [M]. 北京：文学古籍刊行社，1954.

［173］张声震 . 广西少数民族传统体育 [M]. 南宁：广西民族出版社，1991.

［174］张廷玉，等 . 明史 [M]. 北京：中华书局，1974.

［175］张友渔，高潮 . 中华律令集成 [M]. 长春：吉林人民出版社，1991.

［176］章如愚 . 群书考索 [M]. 文渊阁四库全书本 .

［177］昭梿 . 啸亭杂录 [M]. 北京：中华书局，1980.

［178］赵冬梅 . 武道彷徨：历史上的武举和武学 [M]. 北京：解放军出版社，2000.

［179］赵尔巽 . 清史稿：卷六 [M]. 北京：中华书局，1977.

[180] 真德秀．西山先生真文忠公文集[M]. 文渊阁四库全书本．台北：商务印书馆，1936.

[181] 郑若曾．筹海图编 [M]. 李致忠，点校．北京：中华书局，2007.

[182] 郑若曾．江南经略 [M]. 傅正、宋泽宇、李朝云点校．合肥：黄山书社，2015.

[183] 郑州市图书馆文献编辑委员会．嵩岳文献丛刊 [M]. 郑州：中州古籍出版社，2003.

[184] 中国兵书集成编委会．中国兵书集成 [M]. 北京：解放军出版社，沈阳：辽沈书社，1990.

[185] 中国第一历史档案馆编辑部．义和团档案史料续编：下册 [M]. 北京：中华书局，1990.

[186] 中国历史研究社编．倭变事略 [M]. 上海：神州国光社，1946.

[187] 中国野史集成编委会，四川大学图书馆．中国野史集成：第二十五册 [M]. 成都：巴蜀书社，1993.

[188] 中华人民共和国体育运动委员会运动技术委员会．中国体育史参考资料 [M]. 北京：人民体育出版社，1958.

[189]《中国武术拳械录》编纂组．中国武术拳械录[M]. 北京: 人民体育出版社，1993.

[190] 中国武术系列规定套路编写组．劈挂拳 [M]. 北京：人民体育出版社，1999.

[191] 周密．武林旧事 [M]. 杭州：西湖书社，1981.

[192] 周去非．岭外代答校注 [M]. 杨武泉，校注．北京：中华书局，1999.

[193] 周伟良．《易筋经》四珍本校释 [M]. 北京：人民体育出版社，2011.

[194] 周伟良．行健放歌：传统武术训练理论的文化诠释 [M]. 兰州：甘肃文化出版社，2005.

[195] 周伟良．历史与现代交汇中的中华武术 [M]. 台北: 逸文武术文化有限公司，2011.

[196] 周伟良．中国武术史参考资料选编 [M]. 台北：逸文武术文化有限公司，2009.

[197] 周伟良．中华民族传统体育概论高级教程 [M]. 北京：高等教育出版社，2003.

[198] 周伟良．中国武术史 [M]. 北京：高等教育出版社，2003.

[199] 周纬．中国兵器史稿 [M]. 天津：百花文艺出版社，2006.

[200] 朱国祯．涌幢小品 [M]. 北京：文化艺术出版社，1998.

[201] 朱寿朋．光绪朝东华录 [M]. 北京：中华书局，1985.

[202] 朱愚斋．铁线拳 [M]. 香港：陈湘记书局，2008.

[203] 庄绰．鸡肋编 [M]. 北京：中华书局，1983.

[204] 佐藤公彦．义和团起源及其运动：中国民众民族主义的诞生 [M]. 宋军，彭曦，何慈毅，译．北京：中国社会科学出版社，2007.

二、期刊

[1] 白耀天．瓦氏夫人述论 [J]. 广西民族研究，1995（4）：25.

[2] 蔡宝忠．明代中日武术文化渗透带来的武道变革 [J]. 沈阳体育学院学报，2004（4）：498–500.

[3] 岑沫．壮族女英雄瓦氏夫人率广西狼兵抗倭之谜 [J]. 文史春秋，2010（7）：28–50.

[4] 陈爱蛟．历史视角下的中国武术"门派林立"现象解析 [J]. 山西档案，2018（6）：186–188.

[5] 陈圣争．中国古代女子相扑新说 [J]. 体育科研，2016（6）：7–11.

[6] 陈新平，谭广鑫．论武术中的巫舞原始文化 [J]. 广州体育学院学报，2015（4）：53–56.

[7] 陈章．试论清代的"汉侍卫"家族 [J]. 史林，2018（2）：79–90，219.

[8] 程歗．义和团起源研究的回顾与随想 [J]. 清史研究，2000（2）：1–12.

[9] 葛廷贵．苌氏武技初探 [J]. 河南体育史料，1983（3）：34–36.

[10] 耿彬，胡玉玺．清抄本《张孔昭拳谱》述评及相关研究 [J]. 中华武术（研究），2019（11）：16–23.

[11] 勾承益．从"歃血为盟"看华夏崇拜 [J]. 成都大学学报（社会科学版），1992（3）：16–20.

[12] 胡以存．"平戎万全阵"考 [J]. 社会科学论坛，2017（4）：62–71.

[13] 花家涛，戴国斌．从角抵到中国式摔跤 [J]. 沈阳体育学院学报，2013（6）：122–126.

[14] 黄进德．论宋代的话本小说 [J]. 扬州师院学报（社会科学版），1990（3）：122–126.

[15] 黄秀玉，苏肖晴，李奇虎．日本空手道与福建南拳的历史渊源 [J]. 体育文化导刊，2002（2）：36–37.

[16] 江百龙，林鑫海，余水清．《苌氏武技书》的拳学成就与特点 [J]. 武汉体育学院学报，2002（1）：35–38.

[17] 李春晓．宋代武学的分布及其初步探究 [J]. 社科纵横，2016（8）：108–112.

[18] 李恭忠．他者的眼光：19 世纪西方人的天地会研究发微 [J]. 江苏社会科学，2015（6）：222–228.

[19] 李吉远，郭志禹．太极拳传播现象的文化解读 [J]. 西安体育学院学报，2010（2）：186–189.

[20] 李季芳．宋代相扑社及女子相扑之滥觞：中国古代摔跤史略（下）[J]. 成都体育学院学报，1979（2）：1–5，20.

[21] 李林．清代武科乡试中额及武举人群体结构试探 [J]. 史林，2016（6）：68–80，215–216.

[22] 李世瑜．义和团源流试探 [J]. 历史教学，1979（2）：18–23.

[23] 林伯原．明代刀术的丰富与发展 [J]. 体育文史，1992（1）：47–49.

[24] 林伯原．明代的击剑活动与古佚剑诀剑法的搜寻 [J]. 体育文史，1993（5）：31–32.

[25] 林伯原．明代拳法门类的大量出现及其发展 [J]. 体育文史，1991（6）：38–41.

[26] 林伯原．试论两宋民间结社组织的体育活动 [J]. 体育科学，1987（2）：11–14，93.

[27] 林友标．苏轼与弓箭社探析 [J]. 体育文化导刊，2010（2）：116–119.

[28] 路遥．“义和拳教”钩沉 [J]. 山东社会科学，1990（6）：3–4.

[29] 马明达，马廉祯．花拳入门 错了一生 [J]. 体育文化导刊，2004（12）：71–73.

[30] 马文友．套子武术最早出现在宋代的社会学阐析 [J]. 浙江体育科学，2008（5）：92–94.

[31] 祁晓庆．儒学教化中的民间结社：以社条、乡约为中心的考察 [J]. 社会科学家，2010（4）：146–149.

[32] 乔相宜．北宋时期的商业政策探析 [J]. 商讯，2019（15）：13–14.

[33] 秦海生．宋代体育组织研究 [J]. 体育文化导刊，2012（9）：144–148.

[34] 秦建明．勾栏瓦舍试解 [J]. 文博，2015（4）：41–47.

[35] 青小力，周洪芝．古代摔跤艺术：宋《角力记》考析 [J]. 兰台世界，2014（5）：151–152.

[36] 史江．宋代经济互助会社研究 [J]. 中国社会经济史研究，2003（2）：94–98.

[37] 史江．宋代军事性会社及其形成背景、特点及社会功能初探 [J]. 四川大学学报（哲学社会科学版），2003（2）：134–139.

[38] 谭广鑫．巫武合流：武术秘密结社组织中的巫术影响研究 [J]. 体育科学，2017（2）：87–97.

[39] 唐豪．内家拳 [J]. 国术，1936（3–4）：81–113.

[40] 唐芒果，蔡仲林．两宋时期武术从业者群体研究 [J]. 南京体育学院学报（社会科学版），2015（2）：8–14.

[41] 田金龙，邱丕相．太极拳技术原型的提炼与推手技术体系的构建 [J]. 上海体育学院学报，2013（6）：77–80，85.

[42] 田金龙，邱丕相．武术内外家之争：焦点、论点及其分水岭 [J]. 上海体育学院学报，2020（11）：13–17.

[43] 田金龙．太极劲两次飞跃的学理研究 [J]. 南京体育学院学报（社会科学版），2011（1）：27–29.

[44] 田金龙．太极拳空灵境界的证悟 [J]. 上海体育学院学报，2012（5）：73–76.

[45] 王俊奇 . 宋代枪的种类及其使用琐谈 [J]. 文史杂志，1997（6）：13.

[46] 王开文 . 朝鲜半岛的武技史话 [J]. 成都体育学院学报，1999（2）：7-11.

[47] 王路平 . 宋神宗时期的八阵法与阵图 [J]. 长安大学学报（社会科学版），2014（1）：105-110.

[48] 王赛时 . 裂石开碑，卷铁舒钩：中国古代硬功趣谈 [J]. 中华武术，1992（7）：31.

[49] 王晓东 . 清代国家摔跤组织“善扑营”考略 [J]. 体育学刊，2015（2）：110-114.

[50] 王学深 . 清代“宁夏府”进士群体初探 [J]. 宁夏社会科学，2016（3）：188-194.

[51] 温力 . 中国古代军事对武术发展的作用 [J]. 武汉体育学院学报，1999（4）：97-99.

[52] 吴九龙，王菡 . 宋代武学武举制度考述 [J]. 文史，1992（36）：240.

[53] 武冬 . 新时代中国武术发展的新思考 [J]. 武汉体育学院学报，2020（2）：53-58.

[54] 杨建英 . 武术传统中的自然生态剖析 [J]. 武汉体育学院学报，2012（12）：63-67.

[55] 杨建营，邱丕相 . 武术的文化进程探析 [J]. 上海体育学院学报，2008（2）：47-50，57.

[56] 杨建营 . 对接“国之大事”的武术发展战略调整 [J]. 上海体育学院学报，2018（6）：51-56，63.

[57] 杨建营 . 内家拳传承脉络及当代发展 [J]. 体育学刊，2017（4）：10-14.

[58] 杨建营 . 武术拳种的历史形成及体系化传承研究 [J]. 体育科学，2018（1）：34-41.

[59] 杨建营 . 中华武术独特的发力方式及其原理 [J]. 体育学刊，2018（3）：9-15.

[60] 于海 . 岳飞对岳家枪拳的开创及贡献 [J]. 兰台世界，2013（24）：78-79.

[61] 余大吉 . 诸葛亮八阵图及阵法试探 [J]. 中国史研究，1994（3）：24-33.

[62] 张冠凯 . 魏晋南北朝战争中的地形因素 [J]. 晋中学院学报，2016（4）：62-66.

[63] 张如安 . 内家拳大师张松溪生平辨误 [J]. 体育文史，1988（4）：28-30.

[64] 张如安 . 四明内家拳名师王瑞伯之谜初揭 [J]. 精武，2009（2）：27-29.

[65] 张如安 . 析单思南“从征关白”[J]. 体育文史，1996（6）：55.

[66] 张婷，华景梅，赵扬 . 论宋代女子的相扑运动 [J]. 东北史地，2015（6）：76-77.

[67] 张祥明 . 明代武举新论 [J]. 齐鲁学刊，2011（3）：46-53.

[68] 赵道新，黄积涛.道新拳论：关于两大武术体系的对话（一）[J].精武，2007（11）：16-19.

[69] 赵富学，周童，李攀飞.康熙时期武举科考制度的四次改革及其历史影响[J].成都体育学院学报，2020（5）：21-26.

[70] 赵景磊，郭玉成.身份认同视域下梅花拳传承特征与机制研究[J].成都体育学院学报，2018（6）：56-60+67.

[71] 郑红玲，串凯.赵匡胤及其棍术对北宋体育发展的影响[J].兰台世界，2013（30）：70-71.

[72] 郑振满.清代闽南乡族械斗的演变[J].中国社会经济史研究，1998（1）：16-23.

[73] 衷尔钜.陈元赟的事迹及其著作在日本的流传[J].文献，1988（1）：255-264.

[74] 周俊.清代武举制度考论[J].兰台世界，2013（3）：115-116.

[75] 周伟良.《易筋经》的作者、主要版本及其内容流变[J].首都体育学院学报，2009（2）：138-146+150.

[76] 周伟良.传统武术中的一缕神光[J].体育文史，1992（2）：47-48.

[77] 周伟良.古代武术的历史分期及其基本特征研究[J].中华武术（研究），2012（7）：14-35.

[78] 周伟良.河南唐村武术史料考略[J].中华武术（研究），2014（12）：15-40.

[79] 周伟良.试论明清浙东内家拳的拳理技法及文化价值[J].北京体育大学学报，2009（12）：100-104.

[80] 周伟良.武当武术的历史梳理：道教影响下的一个文化案例[J].学术界，2013（10）：198-207.

[81] 周伟良.武术文化与会党文化语境中的福建南少林研究[J].首都体育学院学报，2006（6）：1-10+14.

[82] 周伟良.也谈天地会少林故事的形成原因及对传统武术所产生的影响[J].北京体育学院学报，1991（4）：81-84+98.

[83] 周伟良.浙东内家拳历史源流考[J].杭州师范大学学报（社会科学版），2010（6）：108-113.

[84] 周兴涛.宋代武举三题[J].贵州大学学报（社会科学版），2007（5）：95-100.

三、硕士、博士论文

[1] 陈强.清代秘密结社对武术发展影响的研究[D].济南：山东师范大学，2019.

[2] 郭守靖.齐鲁武术文化研究[D].上海：上海体育学院，2008.

[3] 侯东罡.基于《十三刀法》的王余佑武学思想研究[D].开封：河南大学，2012.

[4] 田金龙.太极劲技理研究[D].上海：上海体育学院，2000.

[5] 王继东.明代的僧兵：以少林僧兵为考察中心[D].重庆：西南大学，2010.

[6] 张银行.闽台武术文化研究[D].上海：上海体育学院，2012.